我们一起解决问题

大数据竞争力

如何成为真正的数据分析型企业

[美] 托马斯·H.达文波特（Thomas H. Davenport）
珍妮·哈里斯（Jeanne Harris）◎著
邵旖旎◎译

Competing on Analytics

The New Science of Winning

人民邮电出版社
北京

图书在版编目（CIP）数据

大数据竞争力 : 如何成为真正的数据分析型企业 / (美) 托马斯•H.达文波特 (Thomas H. Davenport) , (美) 珍妮•哈里斯 (Jeanne Harris) 著 ; 邵旖旎译. -- 北京 : 人民邮电出版社, 2021.2（2022.9重印）
ISBN 978-7-115-54933-4

Ⅰ. ①大… Ⅱ. ①托… ②珍… ③邵… Ⅲ. ①数据分析—应用—企业管理 Ⅳ. ①F272.7

中国版本图书馆CIP数据核字(2020)第201180号

内容提要

托马斯·H.达文波特是管理学界的重量级专家。他与珍妮·哈里斯在这本书中为读者展示了大数据分析在企业中的应用价值和未来前景。他们基于对不同行业内代表性公司的长期观察和访谈调研，以丰富的案例阐释了数据分析型企业的竞争优势和核心特征，介绍了数据分析在企业人力资源管理、财务管理、供应链管理、客户管理等方面的应用与价值。

本书是各类公司管理者借助大数据分析构建竞争优势的实践手册，也是各类商业数据分析人员的入门指导书。

◆ 著 [美] 托马斯·H.达文波特（Thomas H. Davenport）
[美] 珍妮·哈里斯（Jeanne Harris）
译 邵旖旎
责任编辑 王飞龙
责任印制 杨林杰
◆ 人民邮电出版社出版发行 北京市丰台区成寿寺路 11 号
邮编 100164 电子邮件 315@ptpress.com.cn
网址 https://www.ptpress.com.cn
北京天宇星印刷厂印刷
◆ 开本：720×960 1/16
印张：17 2021 年 2 月第 1 版
字数：260 千字 2022 年 9 月北京第 5 次印刷
著作权合同登记号 图字：01-2018-8500 号

定 价：79.80 元

读者服务热线：（010）81055656 印装质量热线：（010）81055316
反盗版热线：（010）81055315
广告经营许可证：京东市监广登字20170147号

推荐序

大数据分析推动UPS不断发展

大卫·阿比尼（David Abney），UPS公司CEO

我非常确信，自满情结是当前企业所面临的最为严峻的挑战之一。那些墨守成规的企业完全忽略了自己身后悄然而至的威胁，并且因为陷入虚无的满足感中而付出了高昂代价。例如，传统照相机公司没能完全理解数码摄影技术引致的威胁，更没有意识到智能手机竟会成为自己的竞争对手；依赖分类广告的报纸没能主动应对Craigslist[①]一类的在线网站；影碟租赁公司也未及时对奈飞（Netflix）这样的流媒体公司做出反应。

类似的故事一再上演。商界佼佼者因为安于复制自己的成功模式而落败，继而沦为失败案例。毕竟，相比起质疑“打下江山的战略是否还能守住江山”，萧规曹随的阻力是最小的，遵循前人验证过的道路也是最舒

① Craigslist是由克雷格·纽马克（Craig Newmark）于1995年在美国加利福尼亚州的旧金山湾区创立的一个网上大型免费分类广告网站。国内的58同城网站的业务与之类似。
——译者注

坦的。

UPS 公司的创始人吉姆·凯西（Jim Casey）深知自满情结的危险，因而提倡他自己所称的“积极地永不知足”。凯西不断重组、改造 UPS 公司，从而应对一系列的潜在竞争威胁。随着时间的推移，我们最大的竞争优势之一正来自于公司很早就将大数据分析纳入公司战略发展框架，并将之作为持续评估和改进各个业务线的必要手段。

正是大数据分析助力 UPS 设计出史上最早的一批手持设备。1990 年，我们把这种手持设备发放到了每一位司机手中。为了充分发挥这些设备的功用，我们不得不把当时占主流的区域蜂窝网络进一步打造成可以覆盖全美的专有网络。此举使我们得以收集系统中每个包裹的物流信息，这反过来又帮助公司打造了全球最大规模的数据仓库。通过解读大数据分析的成果，我们不仅帮助公司达到了更高的效率水平，而且还能与客户共享大数据分析带来的成效。

我们由此嗅到了大数据分析的潜力，对大数据分析的需求也水涨船高。在预测模型的基础上，我们创建了一套名为“包裹物流技术”（Package Flow Technologies）的工具。2003 年，我们正式发布了这项技术，它每年可以帮助司机少跑 1.36 亿公里的冤枉路。我们开放了预测分析模块，与客户共享数据信息，实现了与客户的直接沟通，进而确保了每个客户都能拥有个性化的收货体验。

但对我们 UPS 公司而言，大数据分析系统的头牌当属一套名为“ORION”的数据分析系统（全称为 On-Road Integrated Optimization and Navigation，意为“路线集成优化导航”）。ORION 系统可以告诉司机哪条线路的用时最短、能耗最低。毫不夸张地说，ORION 系统给我们的业务带来了颠覆性的变化。在您手里的这本书中，托马斯·H. 达文波特（Thomas H. Davenport）和珍妮·哈里斯（Jeanne Harris）就把 ORION 系统称为实时软件的鼻祖，并认为这“可能是有史以来规模最大的商业数据分析项目”。

在数字革命来临之前，UPS需要由经理在数据集成中心绘制司机的配送路线，再将路线信息发送至司机的掌上电脑。司机经由培训之后，每天驾驶的路线几乎别无二致，他们往往先配送商业网点，再配送住宅客户，因为商业网点对物流往往有更高的时限要求。

但随着电商行业的不断变革，住宅客户对网购包裹的到货时间和具体地点的要求也越来越高。想要同时满足商业和住宅客户的需求，往往意味着司机需要多次经过同一路段，进而导致时间和能源的双重浪费。

我们的司机非常专业，客户也非常信赖他们。但我们预见到总有一天，我们的司机再也没法从既定路线里挖掘出任何一丝效率提升的空间。客户的利益和公司的利益是一致的，我们应该怎么办呢？（请注意，那时候IBM的Watson系统还没拿到《危险边缘》问答节目的冠军，我们也还不能把早期大型计算机随身带在身上。）而且，公司里还有一种意见认为，UPS的司机经验丰富、做事可靠、业务能力出色，电脑可没有能在司机现有能力基础上继续优化的本事。

幸运的是，UPS的工程师写了一个30页的算法，使我们能够针对全公司多达55000名司机，设计出每位司机每天的最佳送货路线。目前，ORION系统将每位司机的日常路线平均缩短了12千米，这意味着每年可以缩短1亿多千米的路程，相当于节省3700多万升的燃料。整体来看，ORION每年为UPS节约的总成本超过4亿美元。

在这个过程中我们意识到，对于客户而言，我们通过网络提取到的物流包裹运输数据往往和包裹本身一样富有价值。基于从UPS的网络中提取的数据，客户不断改进其业务流程并做出更明智的决策，这使得UPS成为广大客户更有价值的合作伙伴。

多年以来，我们一直宣传UPS热爱物流的理念，但我们也永远需要进行大数据分析。此外，我们还拓展了大数据分析范围，不仅将之应用于实体物流网络优化，还应用于我们业务的许多其他方面。

本书的这个最新版本修订并拓展了托马斯和珍妮的早期工作，还把对大数据分析的阐述又向前推进了一步，其中包含了大数据分析的新应用、新见解和新预测。两位作者展示了大数据分析如何持续不断地把技术由支持工具转变为战略优势。

在本书中，两位作者不仅向企业领导者介绍了大数据分析的含义，还就如何成为数据分析型企业的问题给他们提供了解决方案，引导他们密切关注大数据分析的经营和战略价值。迈克尔·刘易斯（Michael Lewis）所著的《魔球》（*Moneyball*）一书让大数据分析变成了一件新潮的事情（其中布拉德·皮特的表演很有助推作用），但真正让大数据分析成为企业的核心竞争策略的人，当属托马斯·H. 达文波特和珍妮·哈里斯。

前　言

十年间的四个时代——大数据分析演化史

在20世纪的最后30年间，人们从数据中认知事物的方法并未发生太大变化。技术进步自然是存在的，但图表展示和数据回归分析的做法却多年未变。1977年，数据分析师可能会在打孔式计算机上使用数据分析程序，提交相关数据；2005年，虽然数据提交方式升级成了键盘，但其他细节却非常相似。

然而，进入21世纪以来，变革的步伐显著加快。如果我们将2007年之前商业智能和数据分析的实践方式称为“数据分析1.0时代”，那么在短短十年内，我们就能看到数据分析2.0、3.0和4.0时代的身影——公司内部进行数据分析的方式发生了三次巨变。

当我们在2005至2006年着手撰写本书初版时，我们主要描述了漫长的数据分析1.0时代的相关情况，历数了在其中表现优秀的公司（我们之后也会重述关于“数据分析1.0时代”的观点）。当时进行数据竞争的公司大多采用陈旧的手段管理数据，并将数据转化为略有价值的结论。

在这里有一点值得一提。虽然数据量和分析手段会对数据分析产生帮助，但这与“产生有价值的结论”并不能完全画上等号。问题的关键在于企业到底能在多大程度上积极地利用这些资源，以及这些分析结论在多大程度上创设或改进了业务方法。本书提到的优秀公司并不总是能使用上最先进的分析工具，但它们非常善于围绕自身数据分析能力构建战略和商业模式。这些公司的高管深信，事实是决策和行动的最佳指南。有鉴于此，他们把数据分析内化为企业文化的重要组成部分。

当然，如果数据分析的外部环境发生变化，那么优秀的公司也会因时而变。我们并未逐一检视本书初版中提到的企业是否全都成功跨越了“数据分析 1.0 时代”，但我们知道其中不少已经实现了数据分析的升级转化。在本书前言部分，我们会阐述过去十年间出现的挖掘数据和变革业务的新机会。我们还会简要介绍一下更早的情况——之所以介绍这些，不是为了单纯地上上历史课，而是想要研究我们可以从中获得哪些启示。

数据分析 1.0 时代及其启示

在 21 世纪初即我们撰写本书初版时，站在数据分析前沿的公司已经掌握了数据分析 1.0 的技术，并且开始考虑如何部署下一个阶段的数据分析工作。但直至今天，很多公司还抱残守缺，滞留在数据分析 1.0 时代。尽管先进的数据分析技术和流程已经比比皆是，但每家公司都还需要完成一些属于数据分析 1.0 时代的工作。因此，哪怕您所在的公司已经大体跨越了这个阶段，了解个中内容仍然大有裨益。

数据分析 1.0 时代的公司曾经（或者如果您正在经历这个阶段，那么就是现在）非常注重描述性分析，也就是描述和展示历史情况，而轻视利用分析预测未来（预测性分析）或改进工作效率（规范性分析）。虽然我们在过去十年间的绝大部分时间里，都在努力鼓励企业不要局限于描述性分析，但描述性分析依旧不可或缺。您需要通过这种方式知道企业在过去几年里发生了什么，以及相较于更长的时间段呈现出了何种趋势。

直至 2017 年，成熟的公司依旧会进行描述性分析，但它们会控制描述性分析的总量，并尝试让用户（而非专业分析人员）成为执行分析的主体。逐渐地，市面上出现了用来进行“自助数据分析”的新工具，特别是在创建可视化数据分析方面更是如此。虽然新工具已经屡见不鲜，许多数据分析用户依旧愿意把电子表格作为他们的主要分析工具。尽管电子表格可能会出错，也很容易创建出“多个版本的真相”，但大家对于电子表格的热情依旧不减。

贯穿整个数据分析 1.0 时代的关键就在于如何获取数据、整理数据、把数据放入数据库以供以后访问，等等。随着过去几十年间数据量的激增，数据分析 1.0 时代亟待新的解决方案。在此期间，主要开发和使用的数据存储解决方案是“关系数据仓库”（relational data warehouse）。这相对于以前的数据存储方法，可谓向前迈出了一大步，但同时也带来了巨大的挑战。通过这种“提取—转换—加载”（英文简称为 ETL）模式获取数据，会耗费大量时间和资源，而且所有数据都必须以相同结构（即行列形式）输入才能成功存储。这导致的后果是，数据仓库变得异常烦冗笨重，以至于很难知道里面到底蕴藏了哪些数据资源。数据仓库的目标在于把用于分析的数据和日常事务性系统分开，但由于数据分析变得太过重要，部分数据仓库存储的内容也直接运用在生产过程中。

数据分析 1.0 时代的问题来源不仅限于技术，还包括被动应付、缓慢决策的企业文化。从数据分析 1.0 时代成长起来的一位数据分析专家把她扮演的角色形容为“被线牵着的木偶”。管理人员往往会要求数据分析师对一个问题展开分析，数据分析师随后会耗费长达一个月左右的时间收集数据、量化分析，并给出答案。然而，管理人员可能压根不理解分析师使用的分析方法，也可能没有真正把分析结果用于决策。这项工作唯一的作用就是让管理人员本人显得像是个重视大数据的高管。

在数据分析 1.0 时代，人们往往用“决策支持”来描述数据分析的作用，“支持”一词恰如其分地反映出数据分析工作的地位并不高——它仅仅用于支持企业内部决策，而且就连这些决策本身也往往不把数据分析当成一回事。量化分析师大多在后台工作，也不怎么和业务经理进行沟通。这造成的后果是，很多决策都是业务经理凭借直觉和胆量，“拍脑袋”做出来的。

尽管面临着这些挑战，在21世纪最初十年的中期，数据分析型企业还是在想方设法地打开局面。它们努力挖掘出可以利用大数据分析的层面，不遗余力地利用数据分析来提高决策效率和业务水平。虽然这项工作比想象的要困难得多，但这些公司依旧孜孜不倦地努力让大数据分析结果服务于公司业务。正是这些公司的努力激发了我们关于“大数据竞争力”这一主题的写作想法。在硅谷，数据分析的版图从那时就已经开始悄然发生变化。

数据分析 2.0 时代：硅谷的大数据曙光

在2007年前后的硅谷，互联网头部企业（谷歌、易贝、贝宝、领英、雅虎等）开始超越数据分析1.0时代。这些企业需要理解其网站产生的所有客户点击流数据，因此采用了一种新的数据分析范式。它们所分析的数据总量庞大、变化迅疾，并不总是以行列形式呈现。简言之，那就是大数据。数据分析2.0时代的分析方式主要适用于那些开拓型的公司。我们并不建议其他类型的企业简单粗暴地采取这种数据分析方法，但它们依旧可以从数据分析2.0时代学到不少经验教训。

为了存储、分析和处理这些大数据，互联网公司需要使用新技术作为支撑。因此，在2006年，道格·卡丁（Doug Cutting）和迈克·卡法雷拉（Mike Cafarella）创建了分布式计算系统（Hadoop），这是一种开源程序，用于存储跨分布式服务器的海量数据。分布式计算系统本身并不进行分析，但它可以对数据进行少量处理，是一种廉价而灵活的存储大数据的手段。

分布式计算系统成了各种处理大数据的开源技术的核心，这些开源技术的命名往往非常特立独行。包括 Pig、Hive、Python、Spark、R 等在内的各种工具成为存储和分析大数据的首选（至少在硅谷如此）。这些工具进行的分析通常并不那么复杂（一个数据专家把这种现象称为“大数据等于基础数学”），但这种技术灵活性高、成本低廉，使得分析也可以应用于非传统结构形式的数据中，可谓是向前迈出了一大步。这种开源式发展趋势和技术的可得性开启了一个缓慢但意义重大的转变，这种转变直到今天仍在继续。在许多应用中，专有分析和数据管理工具也通常与开源工具相结合。

为了在这些新工具中兼顾编程和数据分析的工作，一个新的工种出现了。进行大数据分析的人开始把自己称作“数据科学家”。正如托马斯及其合作者帕蒂尔（D. J. Patil，白宫首席数据科学家）在《数据科学家：21 世纪最性感的工作》一文中指出的那样，这些人与传统的量化分析师有着显著差异。

首先，数据科学家不满足于后台工作。帕蒂尔一直告诉托马斯，他们想“站在公司前端”——与首席执行官或其他一些高级管理人员比肩而立，共同指引公司前进的方向。比如，帕蒂尔本人就从领英的数据科学家岗位跳槽到创业公司从事风险投资工作，之后又供职于白宫（他承认，自己不过是在白宫有一个地下办公室，但至少这是在白宫呀）。

其次，我们采访的数据科学家对决策支持不感兴趣。有人把向高管提供建议称作是工作上的“死亡地带”。在许多情况下，他们更喜欢和产品打交道，熟悉性能、负责展示——总之，是那些客户能直接用得上的东西。比如领英开发的数据产品，像“您可能认识的人”“您可能感兴趣的工作”以及“您可能喜欢的群组”等，这些产品帮助领英的业务实现了高速增长，最终帮助领英以 260 亿美元的高价被微软收购；再比如谷歌做的所有事情——也许除了手机和恒温器，都可以归为基于数据分析的产品或服务。

奇洛（Zillow）[①]也开发了自己的名为“Zestimates”的预测工具以及其他好几项数据产品。脸书（Facebook）则开发了它们自己版本的“您可能认识的人”，还有流行主题、新闻源、时间线、搜索功能以及许多不同的广告定向投放方法。

数据分析是前述很多公司的战略核心，这一点显而易见。比如，谷歌就是依托其网页排序算法提供服务。这些公司在数据分析方面的竞争可能比我们在本书第一版中写到的任何其他公司都要激烈。处于数据分析 2.0 时代的公司可以从中学到的经验在于，大数据分析的目标和定位至关重要。

数据分析 2.0 时代的商业文化更加急切、更具实验性。我们发现，数据科学家最常见的学历是实验物理学博士。脸书就聘请了大量数据科学家，它将数据科学家和开发者称为“黑客”，其座右铭就是“快速行动，破旧立新”。这是硅谷文化的一个有趣的组成部分，尽管它可能不适合许多大型企业。

数据分析 3.0 时代：大数据（和小数据）成为主流

2010 年前后，很多公司清楚地看到，大数据并不是昙花一现的风尚，其中蕴含着很多重要的技术与经验。然而，由于数据分析 2.0 时代的精神与大型老牌机构的企业文化相去甚远，因此需要构建一种全新的认知数据分析的思维方式。

在很多方面，数据分析 3.0 时代像是 1.0 和 2.0 时代的结合，它意味着“大公司注重大数据”，但同时小数据也举足轻重。很多公司可能希望分析点击流量数据、社交媒体情绪、物联网上的传感器数据以及客户位置

① 奇洛是一家提供免费房地产估价服务的网站，创建于 2006 年，主要向网民提供各类房地产信息查询服务。

信息——这些都是“大数据”，但它们也对如何将大数据与客户购物历史等“小数据”结合起来非常感兴趣。可以说，这不再是大数据或是小数据的时代，而是全数据的时代。

在数据分析 3.0 时代的语境下，分析不再是孤立的。它们与生产流程和系统息息相关——我们的朋友比尔·弗兰克斯（Bill Franks）是国际数据分析组织的首席分析官，他把这个概念称为“运营分析”。也就是说，营销分析不仅仅为新的营销活动提供信息，这些分析还被整合到线上的实时报价中；供应链优化也不会在单独的分析运行中进行，相反，它被纳入供应链管理系统，从而确保库存商品数不多不少。

数据分析 3.0 时代的公司还拥有各种分析目标——既包括制定决策，也包括打造新的产品和服务。它们仍然希望能够通过数据和分析影响决策，且影响的深度和广度都显著提升。其中，实在找不到比 UPS 公司庞大的 ORION 系统更出色的例子了，同时，ORION 系统也是运营分析的绝佳典范。ORION 系统是驾驶路线的分析软件，UPS 公司大约花了十年时间才得以在公司内全面开发和推广该系统。与传统的固定驾驶路线不同，ORION 系统根据每天的取件和收货地址生成路线。现在，ORION 系统已经可以实现每日更新路线图；未来，它将可以根据天气状况、取件电话或交通情况等因素实时改变路线。

ORION 系统的投入和回报都非常惊人——UPS 公司花费数亿美元来打造这套系统，而其创造的年收益更是跑赢了成本。根据 UPS 公司以普通分析方式进行的测算，ORION 系统每年为 UPS 公司节约的人工和燃料成本高达约 4 亿美元。这便是数据分析在 3.0 时代可以产生的收益规模。

决策对于已进入数据分析 3.0 时代的公司而言非常重要，同时这些公司也意识到，分析和数据不仅可以支持决策，还可以为产品和服务背书。互联网创业公司在数据分析 2.0 时代创造的那些数据产品，其实也可以在通用电气、孟山都（Monsanto）和联合医疗等大公司中大显身手。通用电气就是利用其喷气发动机、燃气轮机和MRI机器中的传感数据，搭建起一套崭新的“数字工业”商业系统的。这套系统不再考虑常规的服务周期，而是利用需求预测数据搭建新的服务模型。孟山都则建立起了一套名为“专业气象”（Climate Pro）的“科学化种植”系统，它利用天气、作物和土壤数据告诉农民种植、灌溉和收获的最佳时间。联合医疗集团有一个名为Optum的业务部门，通过销售数据分析服务和信息系统创造了670亿美元的年收入。

显而易见，在数据分析3.0时代，数据已成为主流业务资源，它们在许多公司的战略和商业模式中变得至关重要。总之，人们对大数据竞争这个概念的接受度越来越高。当然，这并不意味着数据分析创新很容易成功，也不意味着企业能够故步自封、停止创新。

数据分析4.0时代：机器学习兴起

前三个数据分析时代有一个共同特点，那就是由数据分析人员或数据科学家收集数据、建立假设并设置计算机的分析路径，之后生成相应的分析结果。但数据分析领域的最新变化可谓异常深远：它将人类这个“因素”从数据分析流程中抹去，或者更准确地说是限制人类的作用。

人们普遍认为，人工智能或认知技术可能是当今世界面临的最具颠覆性的技术力量。但很多人不知道的是，大多数认知工具都是以分析或统计模型作为基础的。在认知科学的范畴下包含着各种各样的技术，机器学习是其中最常见的技术之一，而究其本质，机器学习在很大程度上是统计性的。在机器学习的过程中，由机器负责创建模型，并且判定其中是否包含目标数据，进而创建一组新模型。对于某些形式的机器学习而言，甚至可以说正是数据本身创建了模型，因为模型由一组数据训练而得，也会产生适应数据的新模式。

在很大程度上，机器学习的兴起是对数据快速增长、软件可得性提高以及当今计算架构力量增强的一种回应。比如，神经网络——一种统计学机器学习模型，从20世纪50年代即开始被使用，自20世纪90年代以来一直流行于商业应用领域。但神经网络分析的最新版本（其中一些被称为深度学习，因为存在多层特征或变量用于预测或决策）则需要大量的数据来进行学习，也需要能够解决复杂问题的高水平计算能力做支撑。幸运的是，摩尔定律（预测每18个月计算机的处理能力将翻番）提供了其所需的算力。（用于训练机器学习模型的）标记数据虽然难以取得，但在许多情况下，存在着随时可以用于训练的数据源。例如，Imagenet数据库是一个用于训练人工智能系统识别图像的免费数据库，它拥有超过1400万张图像，人们可以在这个图片库上训练深度学习系统。

在软件方面，专有软件和开源软件都可以广泛运用于实现各种类型的机器认知。谷歌、微软、脸书和雅虎都提供了开源的机器学习资源库。DataRobot和Loop AI Labs这样的创业企业推出了拥有机器学习能力的专门产品。全球最大的一些技术公司也在为其产品添加机器学习能力。现在的独立认知技术软件，也越来越多地开始嵌入其他类型的软件中。譬如，SAS分析软件就添加了机器学习路径，以增强其传统的基于假设的数据分析。IBM则在Watson系统上下了血本，既开发出独立的软件产品，又以应用程序接口（API）的方式将其链接到其他软件上。Salesforce网站日前宣布推出Einstein系统，即一套嵌入到其销售、营销和服务的“云服务”中的认知学习系统。我们认为，几乎所有主流软件供应商都终将在其业务交易系统中嵌入认知功能。

在硬件方面，最重要的计算机均由外部部署。现在的云服务定价合理，而且可以提供几乎无限的计算能力，这意味着研究人员和软件开发人员甚至可以不用购买计算机，就可以很容易地获得他们所需的算力，从而使用认知系统来处理数据。比如GPU一类的新型处理器特别适合于解决诸如深度学习之类的认知问题。还有一些新兴的计算机基础架构系统将多个处理器组合在一个网格中，以实现复杂认知算法和工具的整体“堆栈”。

因此，一流的数据分析机构正在迅速向通用人工智能技术，特别是机器学习技术进行战略转变。要处理它们所掌握的庞大数据量，搭建其所需要的个性化、可快速调整的模型，机器学习技术通常是唯一可行的选择。

上述这些新技术虽不会在短期内取代人类数据分析师，但机器学习至少为数据分析师提供了强大的生产助力。有了这些半自动技术，系统便可以在传统数据分析师搭建一个模型所需的时间内创造出成千上万个模型。快速搭建模型意味着公司可以更认真细致地对待客户和市场，并可以对快速变化的数据做出反应。此外，机器学习模型可能比手工方法（也就是由人类数据分析师提出假设并精心建模的分析方法）更为精确，因为它们通常会考虑不同组合中的更多变量。一些机器学习方法还可以测试不同算法类型的“集成”，从而确定哪些算法最能解释问题。但这些方法的缺点在于，对于人类用户而言，机器学习生成的模型往往不是非常直观，也难以解释。

如果您的公司已经组建了一个数据分析小组，并且正在搭建市场营销、供应链、人力资源或其他领域的统计模型，那么如何过渡到机器学习状态呢？您公司的数据分析专家将需要掌握一些新技能。机器学习分析师或数据科学家需要收集大量数据并对机器学习所输出的数据进行监控，从而确保结果的相关性和合理性，而不是把精力耗费在缓慢而痛苦地识别变量和假设模型上。

数据分析师还可能会用上一些新工具。正如我们前文已经指出的，数据分析软件供应商正在快速地增添机器学习功能。虽然许多算法都有开源代码，但对用户提供的支持可能是有限的。同时，数据分析师可能需要使用新的硬件。由于机器学习模型通常需要运行大量数据，计算量也惊人，因此它们需要随时可以进行拓展的内存和云上硬件环境提供支持。

如果您的公司已经建立了中央数据分析小组，那么它可能已经在一定程度上具备了解释机器学习模型输出结果的专业统计知识。但正如我们所述，对这些结果进行充分和符合逻辑的解释是一项非常困难的工作。如果我们使用了成千个模型和上万个变量来支持业务流程，那么挨个解释模型可能就是一项不可能完成的任务。而且，机器学习的一些衍生模型——神经网络学习以及它更复杂的近亲深度学习——的变量几乎是无法解释的。我们可以说哪些变量（或者用机器学习中的术语——哪些特征）预测出了结果，但我们可能不知道这些变量在实际生活中的意义，以及它们是如何作用于结果的。

这个“黑匣子”问题——解释机器学习模型的困难——不仅是技术面临的挑战，而且是领导力方面的挑战，当这些模型被用于受到高度监管的行业时更是如此。企业内部管理者和外部监管者虽然无法完全理解模型的含义，但可能不得不学着信任模型输出的结果。在这个过程中，关键是要警惕这些模型是否真的有效。例如，如果模型没法再有效地通过分析营销计划来预测销售量，或是通过分析销售关注度实现的客户转化率来预测销售量，那么就要重新检视模型了。

为了展示从人工分析到自主分析的转变，我们不妨分析一个（匿名的）具体的案例。案例所涉及的公司是一家大型技术和服务供应商，该公司在全球拥有超过 500 万家客户，提供 50 个主要产品和服务类别，并拥有数百种应用，每个销售小组平均负责 4 个核心客户。在这个案例中，公司拥有的数据规模庞大、分类复杂。为了有效占据市场，公司需要针对每个客户和潜在买家制订销售和营销策略。如果能模拟评估每个核心客户的购买倾向性得分，那么销售和营销的效率就可以大大提升。

这种方法被称为倾向建模，用传统或机器学习分析方法都可以实现。该公司曾经采用传统的人工建模方式，聘用了 35 名统计学家，每年生成

150个购买倾向性模型。后来，它聘请了一家总部位于加州圣迭戈、名为"现代分析"（Modern Analytics）的公司，专门利用后者所谓的"模型工厂"进行自动分析。通过机器学习，该公司的购买倾向性模型数量在第一年就迅速从150个增加到350个，第二年继续增加到1500个，现在的模型总数已达到5000个左右。这些模型利用5万亿条信息，每月能生成超过110亿条数据，每条数据都能预测一名特定的客户公司高管购买某项产品或认可某种营销方法的倾向。为了说服顾客购买产品，系统一共生成了8万种不同的策略。如果想要通过传统的倾向建模方法实现这种密度的数据分析，恐怕总共得需要成千上万的数据分析师。

当然，现代分析公司依然需要一些人工介入，但并不多。该公司雇用了2.5名全职员工来搭建模型、生成数字。95%的模型都是在没有任何人为干预的情况下实现的，但数据分析师需要对剩下的5%模型进行调整。此外，这家科技公司还聘请了几个人，用以把模型的含义翻译和传达给销售和营销人员，但员工总数肯定远低于之前所需要的35名数据分析专家。

回到之前的假设，如果您公司已经具备了一些数据分析技能，那么数据分析小组也可以实现类似的工作。比方说，思科（Cisco）系统的内部数据分析师和数据科学家就把每季度需要由人工创建数十个倾向性模型的工作，转变为由机器学习系统创造数万个自动生成的模型。

这个世界纷繁复杂，爆炸性增长的数据量更是印证了这一点。我们无法依赖传统的手工分析方法来处理一切工作，因此是时候迈入数据分析4.0时代了。当然，已经具备一定传统数据分析方法和经验的公司，会更容易实现4.0时代的自动化。

这场变革对企业的意义

当然，数据分析领域的快速变化会对企业产生重要影响，这种变化意味着新的技能、新的员工行为、新的管理模式以及新的商业模式和竞争策略。虽然这个过程中的细节还在不断发展，但我们会尽量呈现已经发生的变革。

首先，在这么短的时间内发生如此多的变化，意味着有意在大数据方面有所作为的企业必须非常灵活，能够将新技术和新方法纳入工作范畴。比如，我们在本书初版中大篇幅介绍的第一资本（Capital One），无疑是数据分析 1.0 时代的领导者。而且它跟上了时代的步伐，现在正广泛将人工智能技术运用于网络安全、风险评估和市场营销等方面。该公司聘请了大量机器学习和人工智能方面的数据科学家，充分利用从分布式计算到 Python 在内的所有最新的开源工具，以及一种名为 H2O 的机器学习技术。无论从哪个方面看，它都会长期利用数据分析进行竞争。

遗憾的是，数据分析时代更迭时，技能的更新是累积的。换言之，当我们迈入下一个阶段时，在数据分析 1.0 时代所需的技能也不会完全无用。这在一定程度上是因为公司仍然需要完成数据分析 1.0 时代的报告工作和其他任务，而且前一个时代所需的技能仍然适用于之后的时代。更确切地说，数据分析 1.0 时代的量化分析师当然需要懂得统计知识，但也需要知道如何生成和整理数据。他们还需要对业务有所了解，需要有效地就数据和分析进行沟通，并且需要建立决策者对他们的信任。不论这算是好事还是坏事，当公司迈入数据分析 2.0 时代时，这些要求都依然存在。

但数据分析 2.0 时代也需要掌握新技能。如前所述，数据分析 2.0 时代的数据科学家需要具备实验技能，还需要能够把非结构化数据调整为适合分析的结构化数据。这往往意味着他们需要熟悉开源开发工具。如果数据科学家要协助开发数据产品，他们还需要了解一些产品开发和工程方面的知识。出于一些不为人知的原因，大数据开始流行的时间正好与可视化数据分析崛起的时间重合，所以熟悉、掌握数据和分析的可视化展示方法也至关重要。

在数据分析 3.0 时代，所有这些 1.0 和 2.0 时代的技能仍然不可或缺。那么新增了什么技能要求呢？除了在合并大小数据时所使用的新技术外，还需要进行很多公司改革。运营分析意味着将数据和分析方法纳入关键业务流程，那么此时的管理技能就变得至关重要了。比如说，在 UPS 公司，ORION 系统最昂贵、最耗时的一项工作就是管理变革——让司机们学会并接纳新的线路图使用方法。

当然，数据分析 4.0 时代涉及大量新的技能——机器学习和深度学习，自然语言处理，等等。此外，还需要工作设计技能，用以确认哪些任务可以由智能机器完成，哪些（希望）可以由聪明的人类专家完成。

因此，到目前为止，我们已经历数了不同时代对量化分析师和数据科学家的技能要求，但其实经理和高管也同样需要转变，因为将企业文化转向数据分析驱动的重任就落在他们身上。而对很多企业而言，这个过渡并不容易。

作为此问题的一个例证，咨询公司纽万塔（NewVantage Partners）曾对公司进行了长达数年的跟踪调研，了解其在大数据方面的进展。它们最近的一次调研在 2016 年底完成，调研对象覆盖了 50 家大型成熟企业，而且调研成果中不乏好消息。比如，80.7% 的受访者——包括公司高管和技术高管——认为其大数据计划是成功的[①]；48% 的受访者认为其公司已经在大数据投资方面收获了“可观的成效”；只有 1.6% 的受访者认为他们在大数据方面的尝试以失败告终。其实对于其中的一些受访者而言，现在下定论还

① 参阅纽万塔公司发布的《2017 年大数据执行报告：最新发现的执行总结》。

为时过早。

相较而言，企业和员工的转型就没那么成功了。43% 的人认为“缺乏企业内部协同”是大数据分析转型进程中的一大阻碍；41% 的人特别指出，中层管理人员是大数据分析转型进程失败的罪魁祸首；还有 41% 的人认为，“业务部门拒绝配合或缺乏理解”才是真正原因；86% 的受访者称，他们的公司试图创造一种“数据为本”的文化，但只有 37% 的人认为他们成功了。

我们认为，症结在于绝大多数企业在这些问题上都缺乏强有力的领导。如果公司领导没有在“大数据会提升工作效率、改善工作绩效”这一点上定下整体基调，那么就没法指望中层管理人员加入到数据分析的浪潮中去。可以说，如果没有坚强的领导，任何类型的企业文化变革都很难发生。但目前还没有足够的领导人乐于将数据和分析作为公司决策和市场竞争的基础。这个情况在过去十年间肯定已经有所改善，但情况还并不太乐观。

如果想要制定新的战略和商业模式，那么还需要新的管理技能。如今，很多企业感受到了来自数字化初创公司的威胁——这类初创公司以优步（Uber）和爱彼迎（Airbnb）为代表。于是，这些企业照猫画虎，试图打造新的数字商业模式，或是尝试利用物联网和社交媒体等新技术。但他们需要理解的一点在于，数字商业模式的关键在于对商业模式进行分析。企业需要从分析中学到东西，并采用数据分析驱动的行为和策略。对于数字产业的初创企业而言，这些认知已然是其第二天性，但老牌企业往往难以理解个中要义。

想要实现这些技能和战略的变化，需要公司领导能力有所变革。物理学家马克斯·普朗克（Max Planck）曾说：“每举办一次科学家的葬礼，科学就向前进步一点点。”或许，公司向大数据分析方向的转变过程也是如此。

本书主要内容

大数据竞争的观点并非由我们首创，但我们认为本书（以及此前撰写的一系列相关文章）是第一部探讨这种现象的书籍。[①]在本书中，你会发现我们搜集到的相关资料比任何地方都多：对概念的探讨更为深入，数据分析型企业的例子更为丰富，我们还提出了更多亟待解决的管理问题，以及对数据分析的更专业的应用。

本书的第一部分阐述了大数据竞争的定义和关键特征，并讨论了（以及分析了）大数据分析如何能够带来更优质的业务绩效。本部分还介绍了大数据分析的一系列应用，其中先描述了大数据分析在公司内部的应用，之后分析了如何在与客户和供应商合作的过程中实现大数据分析的外部应用。

在第一章，我们试图勾勒出大数据竞争的大致轮廓，并提供了几个商业和体育领域的例子。第二章描述了数据分析型企业的具体特征，并提出一个五阶段模型，用以说明一家公司在大数据分析方面是如何定位的。第三章介绍了大数据分析如何有助于提高业务绩效，并加入了有关该主题的一些数据和分析。第四章和第五章描述了大数据分析在企业中的一些应用。它们被分为两类，一类是面向公司内部的应用，另一类是在管理客户和供应商等外部关系方面的应用。

第二部分更多的是一个操作指南。首先，我们为想要在大数据分析方

① 包括托马斯·H.达文波特、珍妮·哈里斯、大卫·德龙、阿尔文·雅各布森合写的《从数据到知识再到结果：构建分析能力》，该文载于2001年第2期《加州管理评论》，第117～138页；托马斯·H.达文波特所写的《大数据分析中的竞争》，该文载于2006年1月的《哈佛商业评论》；托马斯·H.达文波特所写的《分析这一点》，该文载于2005年10月的《首席信息官》；托马斯·H.达文波特、珍妮·哈里斯合写的《自动决策的时代已经到来》，该文载于麻省理工学院的《斯隆管理评论》2005年夏季刊。

面有所作为的公司制定了一个总体路线图。整个章节都在专门讨论将大数据分析转化为现实优势所需的两类关键资源——人力资源和技术资源。最后，我们讨论了未来业务分析的一些关键走向。

我们深知，本书中的很多想法不会是大数据竞争研究的终结。自从这本书首次出版以来，我们很高兴地看到企业和公共部门逐步接受了大数据竞争的概念。许多学者和顾问也开始讨论这一话题。不少优秀的书籍和大量的文章帮助推动了这一领域的发展。此外，有更多的书籍分析了如何实施商业智能、利用大数据，如何搭建和完善供应链、营销、数据可视化、机器学习等领域的分析模型，以及如何进行基本的定量和统计分析等。数据分析领域接下来仍会继续发展进步，商业世界也必然会花费更多的时间和精力来关注这一领域，我们也将需要各个方面的指导。

我们会尽最大努力帮助企业走上这条实现商业成功和管理优化的道路。然而，重要的是需要记住，本书只是一个概述。我们的目标不是让商业人士掌握进行严肃数据分析工作所需的一切知识，而是激起您对大数据竞争的兴趣，并让您有足够的动力继续学习和探索。

本书的修订部分

由于在过去十年间数据分析领域发生了很多变化，我们也对这本书进行了诸多修订。除了前言部分是全新的以外，我们保留了本书第一版的章节结构，但对每一章都进行了修改，增添了新的主题内容、新的例子、新的研究成果等。第四章和第五章包括许多关于机构内部和外部如何使用数据分析的例子，这些例子都进行了实质性的更新。第八章主要讨论技术架构问题，也如读者所预料的那样，进行了大幅度的修订。本书第一版所讨论的“未来”已经大有不同了，所以分析未来的第九章也随之更新。在本版中，我们添加了以下主题的内容：

- 数据科学家及其岗位职责；
- 大数据及其给分析工作带来的变化；
- 分布式计算及其他用于管理和分析数据的开源软件；
- 数据产品——基于数据和分析的新型产品和服务；
- 机器学习和其他人工智能技术；
- 物联网（IoT）及其对数据分析的影响；
- 新的计算架构，包括云计算；
- 在运营系统中嵌入数据分析；
- 可视化数据分析。

我们还增添了部分已经存在了一定时日的内容，这些内容在我们撰写本书初版时还未问世。DELTA模型有一个（我们希望）很容易记住的名字，这个模型解释了一家机构想要在数据分析方面更上一层楼，必须关注哪些因素。这个模型已经在我们（与罗伯特·莫里森）合著的《在工作中分析》一书中有所提及，但我们仍然认为这是一个优秀的框架，于是在本书中也做了相关表述——主要集中于第二章和第六章。

不论您是否乐于见到这一点，大数据分析领域的一些情况并没有发生太大变化。构建数据分析文化、领导力的重要性以及将大数据分析用于解决紧迫业务问题的需求等都与2007年的情况相当相似。我们在本版中保留了所有这些问题，而且找寻了证明其重要性的许多新例子。十年前，它们就是实现大数据竞争最困难的要素，时至今日依旧如此。

目 录

第二部分 构建大数据分析能力

Part 1

第一部分

大数据分析带来的竞争优势

第一章

大数据竞争的本质——运用数据分析构建独特竞争力

1997 年，一位三十多岁的电影迷在一家大型影视租赁连锁店布洛克布斯特（Blockbuster）租借了电影《阿波罗 13 号》，一段时间之后，他对于高达 40 美元的滞纳金感到非常震惊。这个人曾经是一位软件极客和教育改革家，被掏空的钱包引起了他的深思：为什么音像店不能像健身房一样，按月缴费之后就可以随意去消费呢？受到这次经历的影响——加之有其出售软件公司而获得的 7.5 亿美元作为后盾——他，里德·黑斯廷斯（Reed Hastings），就这样跳入了“新经济”的泡沫海洋，创办了奈飞公司。

在当时看来这确实够傻的，毕竟，布洛克布斯特已经在美国和其他许多国家开设了数千家门店，每年可以赚得超过 30 亿美元的收入——而且它还不是这一领域同奈飞竞争的唯一对手。人们真的会选择在网上租借奈飞的影碟，等待美国邮政的服务人员送达（在 20 世纪 90 年代末期，美国邮政经常被调侃为“蜗牛邮政”），再回到邮局把影碟寄回去吗？当然，奈飞可以走许多互联网创业公司的路线，这些企业拥有所谓的“商业模式”和营销口号，但就是没有客户。

我们现在已经知道，奈飞的成功出人意料。奈飞成功的一个重要原因就在于它是一个数据分析型企业。这家在线内容创建和分销公司的收入从 1999 年的 500 万美元增长至 2016 年的 83 亿美元，这是依靠其运算、统计和数据管理能力进行竞争的一个优秀例子。奈飞向全球 190 个国家和地区的 9300 多万用户提供了广泛的内容选择——包括电影、电视节目、纪录片和原创节目等。每一分钟，奈飞的用户都会上传和下载 69444 小时的视频。奈飞的用户可以在闲暇时观看他们选择的电影，还不用缴纳滞纳金。

奈飞采用两种重要方式进行数据分析，一是由客户行为驱动，二是由购买模式驱动。前者是一套名为 Cinematch 的电影推荐“引擎”系统，它有自己独特的算法。奈飞聘请了具有编程经验的数学家来编写算法和代码，从而定义电影的细分类型，并把客户给电影的评分排名关联到这些电影类型中，这套系统每秒可以评估数千个客户的打分，还会考虑客户在当前网站的行为等因素，从而确保为每一位来访客户呈现个性化的网页。

对于那些不是奈飞员工却可以将 Cinematch 算法效率提升 10% 以上的外部量化分析师，奈飞对其进行悬赏（奖金高达 100 万美元）。虽然最后获奖的算法过于复杂，完全无法采用，但不可否认，这是一种创新的众包分析方法。毫无疑问，奈飞的数据科学家从这项工作中学到了东西，并改进了公司的算法。奈飞的首席执行官里德·黑斯廷斯指出：“如果星巴克的秘诀在于递给顾客拿铁时的一个微笑，那么我们的秘诀就在于让网站适应用户的独特品位。”[①]奈飞公司致力于分析用户的观影选择和评分反馈，其中包括超过 10 亿条用户电影评论，并以最适合用户口味的方式推荐相关电影。奈飞会经常推荐那些能满足客户喜好但没有那么火爆的电影。换言之，奈飞的主要竞争市场在于“长尾部分，也就是正态分布曲线的边界部分，最

① 引自耶娜·麦格雷戈所写的《在奈飞，秘密酱料是它的软件》一文，该文载于《快公司》2005 年 10 月刊第 50 页。其他有关奈飞的信息来自：其公司网站；马克·霍尔的《网络分析成为现实》，该文载于《计算机世界》2002 年 4 月刊；蒂莫西·穆拉尼的《奈飞：邮购电影屋，以及愚蠢的布洛克布斯特》，该文载于《商业周刊》2006 年 5 月 25 日在线版；2006 年 7 月 7 日，我们与奈飞的首席产品官尼尔·亨特的电话访谈。

流行的产品并不包含在内”[①]。

如今，奈飞在新娱乐内容制作方面有着稳固的地位，该公司已经开始在电视节目制作前就通过分析预测其是否会热播。在奈飞的分析预测案例中，最典型的例子当属奈飞的首个原创网络剧《纸牌屋》。这部网络剧的主演是凯文·斯派西（Kevin Spacey），目前已播到第五季。迄今为止，奈飞公司已在该剧的制作上投入了至少 2 亿美元，因此投资这部剧可谓是个重要的决定。虽然奈飞并未公布《纸牌屋》的收视率数据，但这部剧已被公认是爆款热播剧。这份成功并非偶然，奈飞利用数据分析提升了剧播成功的可能性。它采用了之前为电影推荐系统开发的因素分析方法，来预测观众是否喜欢这个系列，并且分析了多达 7 万部电影和电视节目的特征，由此决定是否启动《纸牌屋》项目：

- 奈飞知道，很多人非常喜欢一部类似的电视剧，相当于英国版的《纸牌屋》；
- 奈飞知道，男主角凯文·斯派西广受观众喜爱；
- 奈飞还知道，由大卫·芬奇（David Fincher）制作或导演的影视作品深受奈飞的用户欢迎。

当然，投资该剧肯定还存在一些不确定性，但了解前述事实无疑能帮其更好地下对赌注。该公司还在《纸牌屋》的营销过程中采用了预测分析方法，为其拍摄了 10 个不同的预告片，还预测了每个用户会最喜欢哪一个预告片。当然，这些赌注也有了回报。据估计，仅凭借《纸牌屋》一部剧，奈飞就在全球赢得了超过 300 万用户。

虽然我们对奈飞如何分析其他节目不得而知，但这家公司似乎也在对其他节目使用类似的方法。大多数由奈飞制作的原创剧都在第一季播出后

① “长尾”概念的流行源自克里斯·安德森的《长尾理论》一书。

得以续约——可以说命中率远远超过90%。此外，奈飞还有很多节目被“艾美奖”提名，这也为奈飞赢得了可观的收入。

正如很多数据分析型企业一样，奈飞拥有强烈的数据分析文化，对业务采取“测试中学习”的方法。

奈飞的首席制作官尼尔·亨特（Neil Hunt）指出：“从产品运营到工程团队，我们都聘请专业人员，建立量化测试文化。我们通常同时进行着几百个不同的消费者体验实验。例如，现在我们就正在尝试‘奈飞放映室’，它可以为用户播放电影预告。我们做了四个不同的测试版本，并从每个测试版本中选取了2万名订阅用户进行试验，此外还有一个看不到放映室的用户控制组。在此过程中，我们会衡量用户花在观看预告上的时间，观看完成率是多少，用户为此在待播列表中添加了多少部电影，最终如何影响用户对订购的电影的评分，以及各种其他因素。数据分析的初步结果非常乐观。”①

里德·黑斯廷斯拥有斯坦福大学的计算机科学硕士学位，曾任和平公司（Peace Corps）的数学教师。奈飞公司已将科学引入令人瞩目的艺术产业中。正如《商业周刊》的一篇文章所言：“奈飞利用数据来做出本来应该交给直觉的那些决定。用户平均对200部电影进行打分，奈飞还会对消费者的租借历史和电影评级进行统计，以预测用户会喜欢什么。用奈飞董事会成员理查德·N. 巴顿（Richard N. Barton）的话来说，‘像里德这样的极客，认为电影只是一个数据问题，按照这样的观点，奈飞就是电影界的魔球’。”

在测试过程中，奈飞采用了各种各样的定量和定性方法，包括初步调查、网站用户测试、概念开发和测试、广告测试、数据挖掘、品牌认知研究、用户满意度分析、渠道分析、营销组合优化、细分研究和营销材料有效性分析等。可以说，从营销到运营再到客户服务，分析精神遍布奈飞公司的各个角落。

① 源自托马斯·H. 达文波特于2006年7月7日对尼尔·亨特进行的采访。

奈飞公司看起来是独一无二的，但在许多方面，它是很多普通公司和企业的缩影。虽然这些企业的数量现在还不多，但已经在迅速增加，因为它们已经认识到数据分析的潜力，并积极地将潜力开发出来。各行各业都可以看到这类公司的缩影（如表 1-1 所示），其中一些公司并没有被公认为数据分析型企业。还有一些公司，比如博彩行业的凯撒娱乐（Caesars Entertainment），以及棒球行业的 Oakland A 俱乐部，都已经在各路文章和书籍中广受称赞。还有一些公司，比如亚马逊和谷歌，更是已经在其分析引擎产品中充分利用了互联网的力量，可谓数据强手。此外，诸如百威啤酒（AB InBev）和宝洁公司这样的企业，已经在其熟悉的快消行业深耕了一个世纪有余。这些公司只有两个共同点：它们在大数据分析的基础上开展商业竞争，而且在行业中都是翘楚。我们认为，这两个共同点有其内在的关联性。

表 1-1　各行各业都存在数据分析型企业

金融服务	消费品	酒店和娱乐
• 美国运通 • 巴克莱银行 • 第一资本 • 复兴科技基金 • 加拿大皇家银行 • VISA	• 百威啤酒 • 嘉露酒庄 • 耐克 • 宝洁公司 • 特斯拉	• 凯撒娱乐 • 芝加哥小熊俱乐部 • 迪士尼 • 万豪国际酒店 • 奈飞公司
工业产品 • 西麦斯公司 • 通用电气	**制药** • 阿斯利康 • 默克公司 • 福泰制药	**零售** • 亚马逊 • 乐购 • 沃尔玛
保险 • 艾特纳 • 安泽保险 • 进步保险 • 联合医疗	**交通运输** • 施耐德 • 优步 • UPS	**数字业务** • 脸书 • 谷歌 • 领英 • 奇洛

什么是大数据分析

本书中谈到的大数据分析，指的是广泛使用数据进行统计和定量分析，解释并预测模型，通过实事求是的管理来推动决策和行动（一些关键术语见《数据分析的含义》专题框）。大数据分析可能人为操作执行，也可能通过完全自动化的方式进行。

正如图 1-1 展示的那样，数据分析可能是描述性的、预测性的、规范性的或自动性的。每一种分析方法都对应着公司业务活动的一系列问题。通过大数据分析可以回答的问题，往往是所有问题中价值更高、意义更大的那一部分。

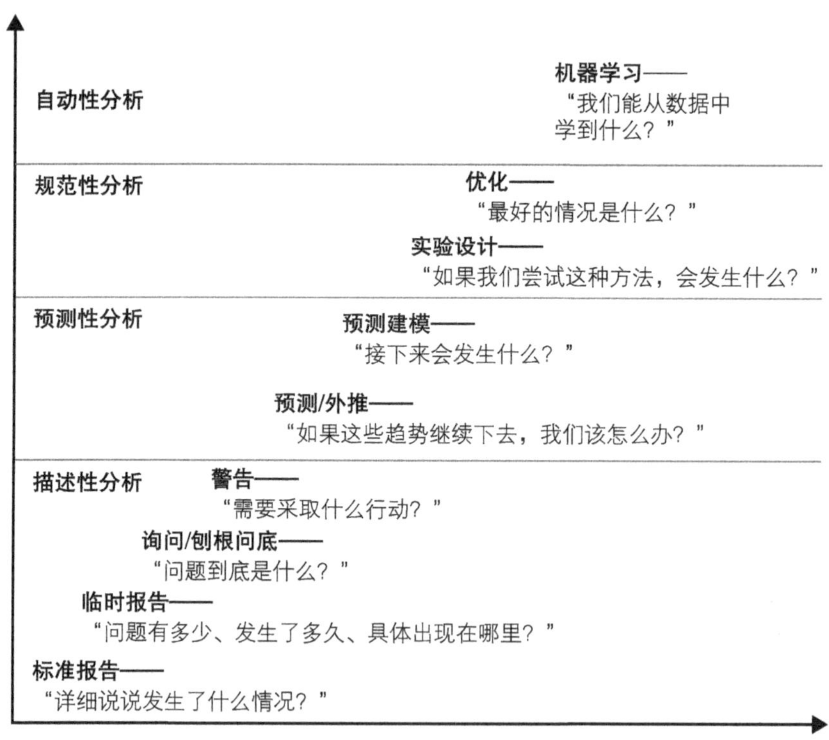

图 1-1　数据分析功能与企业的潜在竞争优势之间的关系

数据分析的含义

1. 数据分析型企业：广泛、系统地使用大数据分析，从而比竞争对手对竞争理解得更透彻、业务做得更强的企业。

2. 分析：广泛使用数据、统计和定量分析，用以解释并预测模型，同时以实事求是的管理来推动决策和行动，具体包括以下几项。

- **描述性分析**（亦称商务智能或性能报告）：提供历史数据和当前数据的来源，赋予一家公司使用来自各种数据源的内部和外部数据进行预警、探索和报告的能力。
- **预测性分析**：使用定量方法（如倾向性分析、问题分解、网络分析和计量经济学预测）以及技术（如模型和基于一定规则建立的系统），利用过去的数据预测未来趋势。
- **规范性分析**：采用各种定量方法（如优化）和计算机算法（如模型、机器学习和推荐引擎）来确定企业的最佳行为和操作。
- **自动分析**：采用人工智能或认知技术（如机器学习）来创建和改进模型，并从数据中学习——所有过程都没有加入人为假设，分析师的参与度也非常低。

原则上，分析可以使用纸笔完成，也许还可以使用 PPT 展示，但现在任何一个进行数据分析的理性人都会使用计算机和软件。分析软件包括相对简单的统计和优化工具（当然，Excel 是最典型的例子），传统的统计软件包（如 MATLAB 或 Stata），复杂的数据可视化和描述性分析套件（如 Qlik、Tableau、MicroStrategy、Oracle Hyperion、IBM Cognos），全面的描述性和预测性分析软件（如 SAS），预测行业软件（如 FICO）以及报告和分析企业系统的模块（如 SAP 商业模块和 Oracle）。开源统计编程工具（如

R、Python）也正在快速发展，这些开源功能既可以进行传统的统计分析，也能处理大量非结构化数据。正如我们将在本书后面的章节所要讲到的，优秀的分析能力还需要良好的信息管理能力做支撑，这样才能获取、转换、管理、分析和处理外部和内部数据。正因如此，有些人会简单地把“数据分析”等同于“分析技术”。但这是一个很大的错误——正如本书所指出的，真正有意义的分水岭其实产生在人力和企业管理方面的大数据竞争中。

为何进行大数据竞争

当今时代，很多行业都存在诸多公司，它们提供相似的产品，使用类似的技术，最后剩下的唯一差别就在于业务流程的效率。此前能产生差异的很多壁垒都已不复存在——在全球竞争中，独特的地理优势并不重要，专有技术可以被迅速复制，产品或服务的突破性创新也似乎越来越难以实现。所剩无几的竞争优势就在于谁能以最高的效率和效能开展业务，并做出最明智的企业决策。数据分析型企业会从业务流程和关键决策中挖掘每一分价值，将大数据分析越来越多地嵌入它们的产品和服务中。

大数据分析几乎可以支持任何业务流程。然而，想要具有竞争力，企业必须在某些方面具备独特的能力，从而占据本行业中的绝对优势。这通常关乎业务流程上的选择和决策，或是差异化的产品设计。或许您的公司希望能比竞争对手更精准地识别优质忠诚的客户，从而向他们收取产品或服务的最优价格，并以此获取利润。倘若如此，那么大数据分析可能是帮助您的公司从行业中脱颖而出的有效工具。或许您的公司在销售商品的过程中，既需要维持尽可能低的库存水平，也需要避免因库存不足而断货。倘若如此，那么大数据分析往往能成为优化供应链的关键。或许您已经通过整合一些独特的数据和专有算法来提升您的产品和服务的区分度，又或许您在一个劳动密集型产业竞争，想要聘请、留住或提拔这个行业最优秀的人才，那么大数据分析也可以助您一臂之力。

另一方面，或许您的运营业务流程与其他企业相比没有太大区别，但您觉得在企业决策方面需要进行优化；又或许您在选择店铺的最佳位置——如果是这样，那么您可能正是在进行分析性工作；您还可能要通过并购来做大企业规模（只选择最优的标的进行并购），大量研究表明，绝大多数并购以失败告终，但您却成功了——如果是这样，那么您可能并非主要依赖直觉来做这些决定。总之，好的决策背后通常有系统的数据收集和分析作为支撑。

因此，数据分析型企业往往选择了一种或几种独特竞争力作为其战略的基础，然后应用大量数据统计、定量分析以及基于事实的决策，来提升其所看重的独特竞争力。大数据分析本身并不是一种策略，但利用大数据分析方法来优化独特的业务能力则构成了一种策略。无论战略中强调的独特竞争力是什么，大数据分析都可以将这种竞争力推向更高的水平。例如，第一资本将其大数据竞争的方法称为“基于信息的战略”；凯撒娱乐的独特竞争力在于客户忠诚度和优质服务，它通过大数据分析策略优化了自己的独特竞争力；通用电气正在通过使用传感器数据，在意外宕机前就及时识别问题并加以修复，从而使其工业服务流程效率远超同业。

任何行业的企业都能成功地在数据分析方面展开竞争吗？这是一个有趣的问题，我们之前也一直就此进行讨论。一方面，几乎任何一家企业都有大数据竞争的潜力。例如，水泥行业似乎是大家能想到的最为平淡无奇、鲜见数据分析的行业，但全球水泥巨头西麦斯（CEMEX）就已成功地将数据分析应用于优化供应链和交付时间上，从而强化了其独有的竞争优势。我们还曾认为，时尚行业可能永远不会由数据分析驱动，但后来我们发现该行业也存在许多以数据分析为基础的预测，用来考量哪些服装风格和颜色可能会在当季热销。

另一方面，一些行业显然更容易接受大数据分析的概念。如果您的企业会生成大量交易数据（如金融服务、交通运输、游戏行业），那么大数据竞争就是一种顺理成章的策略（尽管许多公司仍未这样做）。同样，如果您可以利用互联网或社交媒体上提供的丰富数据，对您的客户和市场进行了解和认知，那么大数据竞争是使您脱颖而出的好方法。如果您的商业模式基于一些难以衡量的因素，比如风格品位（如时尚企业）或人际关系（如高管猎头行业），那么大数据竞争则需要更多的突破性工作——尽管正如我们所描述的，这些行业已经开始在一定程度上进行数据分析了。几乎每天，我们都会发现一些之前推崇直觉而现在正在成为数据分析型企业的例子。例如，葡萄酒行业曾经高度直觉化（目前在某些地方仍然如此），它建立在不可预测的消费者偏好之上。然而如今，对各类葡萄酒的消费者吸引力进行定量分析和预测已然不再是“天方夜谭”，像嘉露酒庄（E.&J.Gallo）这样的大型酿酒庄园在市场销售、农业种植和对消费者偏好的理解等方面都在积极地开展大数据分析。

我们是怎么走到这一步的——大数据竞争的起源

整个世界显然都在不断调整，大量企业朝着大数据竞争的方向努力前行。公司高管一直在寻找新的优势和差异化竞争来源的同时，他们同时也史无前例地掌握着海量的公司信息。企业资源规划（ERP）系统、销售点（POS）系统以及移动设备、网站和电子商务等造就了人类历史上数量更多、质量更优的数据。新一代的技术管理人员，也就是第一代在计算机环境下成长的高管，正在进入各家公司，并以技术为利剑，创造公司管理的新天地。最后，通过计算机软件处理数据的能力也终于成熟。在过去几年间，软件制造商大幅延展了数据分析产品的功能，硬件供应商也优化了其快速分析和管理大型数据库的技术。

其中，大数据分析往往被应用在一些数据密集型业务部门中，进行“小而全”的分析工作。早在 20 世纪 60 年代末，研究人员就开始尝试通过计算机系统来分析数据和支持决策。这些软件被称为决策支持系统（DSS），主要用于在小范围内进行分析，或代替人们进行重复工作，譬如进行生产规划、投资组合管理和运输路径分析等。两位 DSS 技术先驱彼得·基恩（Peter Keen）和查尔斯·斯塔贝尔（Charles Stabell）认为，决策支持的概念形成于 20 世纪 50 年代末 60 年代初，主要源于赫伯特·西蒙（Herbert Simon）等研究人员在卡内基理工大学（现在的卡内基–梅隆大学）进行的组织决策研究，以及 60 年代主要在麻省理工学院（MIT）进行的互动计算机系统方面的技术研究工作。[①]还有人认为，这些概念的起源与第二次世界大战期间和战后的军事应用密切相关，虽然据我们所知，当时的计算机还很难应用于军事领域。

20 世纪 70 年代，计算机统计分析成为一项更为主流的工作，因为 SAS 研究所和 SPSS（现为 IBM 的一部分）等公司引入了计算机软件包，所以许多研究人员和商务人士有了获得统计数据的渠道。然而，尽管可供统计的数据量大大增加，DSS 系统在这一时期却并未流行开来，而是逐步演变为执行支持系统。这些软件主要帮助高管人员直接使用计算机和数据进行业务监测和业绩报告（而对决策的重视却少得多）。这项工作本身也未能全面铺开，部分原因在于高管们不愿从事人工操作。

---

① 关于决策支持主题的最早一批图书作品包括彼得·基恩和迈克尔·斯科特·莫顿所著的《决策支持系统：以机构为视角》（1978 年）。之后关于这个主题的图书还有约翰·罗卡特和大卫·德龙所著的《执行支持系统：应用计算机的顶级管理》（1988 年）。另请注意，DSS 领域的开创性研究还包括小汤姆·格里蒂 1971 年的文章《机器决策系统的设计：投资组合管理的应用》，该文载于麻省理工学院《斯隆管理评论》1971 年第 2 期第 59 ~ 75 页；查尔斯·斯塔贝尔 1974 年的文章《关于营销决策支持系统的开发》。

于是，分析技术成为最常用的存储少量数据和进行临时查询的手段，用以支持决策并监测业绩。对数据管理的关注变得很重要，因为大量之前从 ERP 和 POS 等交易系统中获得的数据，现在可以从互联网中获得。这种关注数据的软件被称为在线分析处理工具（OLAP），后来进一步升级为“商业智能系统”。相应地，数据管理活动被称作数据仓库，较小的数据仓库则被称作数据集市。

同时，大数据也部分根源于一项被称为“知识发现和数据挖掘”的研究，这项研究最早可以追溯到 1989 年。在此之前，在没有前提假设条件的情况下进行的数据探索实践往往被认为过于分散化，对企业没有价值。从技术上讲，大数据一词是指“由于总量庞大、性质不稳定且非结构化，以至于无法使用传统技术进行操作和分析的数据”。正如我们在引言中提到的，大约 10 年前，谷歌和领英等硅谷科技公司开发了新方法，用以处理和分析它们抓取到的所有数据。它们公布了这些工具后，大数据和机器学习也开始渗透到其他行业的数据分析型企业。

现在，这个领域有了很多新名字，如“大数据分析”“商务智能”“高级分析”等，这些概念通常是指以决策为目的进行数据收集、管理和报告，以及对数据采用分析技术和计算机算法来加以处理。商业智能和分析平台是技术行业内一个热门的领域——事实上，高德纳（Gartner）于 2016 年对 84 个国家的近 3000 名首席信息官进行的调查发现，商业智能和数据分析已经连续五年被认为是技术公司最重要的技术。我们在 2002 年和 2006 年对使用 ERP 系统的大型企业进行的两项研究也显示，公司追求的主要效益来自于更明智的决策，数据分析是利用好 ERP 数据的最佳手段（2006 年的研究结论）。

尽管具体名称有所不同，但这些概念有几个共同的特点。它们主要以技术为重点，讨论如何使用计算机存储、分析和显示数据与分析结果。它们往往关注于一个非常狭窄的问题领域——唯一的例外是业绩监控系统，但这个系统只有在商业领域才能派上用场。此外，它们还被降级到企业的后台业务范畴——主要由技术人员和专家使用，而很少能直接接触高级管理人员。除了少数例外，可以说它们很少能影响企业之间的竞争。

如今，大多数大型企业都安装了数据分析软件和分析工具。但这些软件工具往往仅由一个部门管理和使用，与整个企业的成功没有太紧密的联系。例如，保险公司可能在精算部门用到一些分析工具和方法，从而确定保单的合理定价。制造公司可以使用分析工具进行质量管理，市场营销工作也可能具有一些为客户进行终身价值分析的功能。但无论这些活动多么有价值，如果高管、客户和股东都看不到，那么就很难说它们会推动公司的竞争战略。虽然它们对个人工作很重要，但对公司的整体竞争格局而言可谓微不足道。

然而，本书重点关注那些将数据管理、统计和定量分析、预测建模以及以事实为基础的决策提升到“艺术水平”的公司。这些企业的数据分析工作很有存在感，它们被首席执行官四处宣传，每一位股东和利益相关方都会有所耳闻。这些公司的数据分析工作并非在后台完成，人们可以在董事会、年度报告和新闻片段中见到数据分析的“身影”。这些企业利用了表面上人人都能获得的资源，并将其细化到一定程度，使其公司战略（以及越来越多的产品）都围绕这些数据分析而构建生成。

合适的数据分析决策时机是什么时候

有相当多的证据表明，基于数据分析进行决策比基于直觉进行决策更有可能是正确的。至少在那些可以用数据进行分析的业务上，最好把事实作为决策的基础，而不要单纯依靠相信、认为或感受。而且，大多数公司确实可以从更具分析性的决策中获益。当然，在某些情况下，决策不能或不应该以分析为基础。马尔科姆·格拉德威尔（Malcolm Gladwell）的通俗著作《闪电侠》一书就对直觉决策“献上了一曲赞歌”。讽刺的是，就在许多企业严重依赖分析决策的情况下，一本赞美直觉的书竟然变得异常流行，但也许这正是它所主张的“保持浪漫”的一部分。这本书很有趣，也讲了很有意思的故事，但它并没有明确指出，直觉只有在某些情况下才是合适的。

显而易见，决策者在没有数据而又必须做决策的情况下，使用直觉便成了不二选择。决策顾问加里·克莱恩（Gary Klein）也对“消防员如何应对正在燃烧的建筑物”的问题提出了类似的论点。即使是具有相当分析力的公司，在没有数据的情况下，有时也必须诉诸直觉。例如，亚马逊首席执行官杰夫·贝索斯（Jeff Bezos）非常喜欢对亚马逊进行小范围的新功能测试，在推出新功能之前严格量化用户的反应。但如果不将测试版用于足够数量的图书，该公司的“书内检索”功能就无法进行测试（亚马逊第一批试点了12万本书），相关功能的开发成本也很高，增加了业务风险。在这种情况下，贝索斯决定相信本能，开始试点。而在新品推出时，这个功能确实很受欢迎。

当然，任何定量分析都基于一系列假设。当假设背后的条件不再适用时，就不应再采用分析手段。例如，第一资本和其他信用卡公司在经济普遍繁荣的前提下，对客户偿还余额的意愿做出过分析性预测。如果经济大幅下滑，这些预测就不再适用，继续相信这些预测将是非常危险的。这不仅仅是一个假设的例子。许多发放抵押贷款的银行发现，它们对还款的假设在2008—2009年的金融危机中已然失效，那些没有迅速改变模式的银行都已经走上了破产清算的道路。

关键问题是，可以通过分析进行决策的范围在不断扩大。随着时间的推移，曾经非常适合直觉决策的领域也会不断积累数据用于分析，直觉决策变得不再理想。例如，一些高管至今仍然认为，依赖直觉进行重大的并购决定是可行的。然而，优秀的公司已经利用详细的数据分析来做出这类决策。例如，宝洁公司在收购吉列之前就使用了各种数据分析技术，包括物流和供应链分析、股市价值驱动因素分析和人力资源方面的数据分析。再过几年，那些在重大收购中还不广泛使用数据分析的公司将被认为是在不负责任地胡闹。IBM 已经在使用算法来评估潜在并购标的。它的专业并购分析工具不仅加快了交易进度，而且消除了很多公司在并购工作中最大的问题根源——人为错误。

事实上，现有趋势表明，几乎每个公司未来都会朝着数据分析型企业的方向演进，可用的数据量只会继续增加。几乎每一个供应链上的托盘或纸箱都会配置射频识别（RFID）传感器，进而生成大量的新数据供公司收集和分析；每台工业机器、每辆车都会生成大量的传感器数据；每部手机都会生成大量关于用户及其行为的数据。在零售行业，智能购物车也会收集“购物流”数据，或者记录哪些商品以什么顺序被拿下货架（亚马逊已经开了一家实体店，传感器可以在您将要离开商店时，显示出购物车里有哪些商品）。在石油勘探和采矿领域中，（已经很庞大的）数据量将呈现指数级增长。在广告领域，越来越多的企业正在迅速转向互联网和有线电视等媒体，这些媒体可以监控哪些广告会被谁看到——这也创造了一个巨大的新数据流。而且，自动算法还会生成应该在什么网站上投放哪些广告的决定。

分析软件会变得唾手可得，每家公司都能轻而易举地进行分析。40 多年来，SAS 和 IBM 等以统计为导向的软件公司向普通公司和用户提供了日益复杂的分析服务，并且未来也将继续提供。SAP、甲骨文和 Salesforce 等企业系统供应商正在将描述性、预测性和规范性分析集成到其产品中，使经理能够实时分析系统数据，监测业务动向。FICO 公司和 MMIS 公司等还针对不同业务需求的新行业提供软件。起源于硅谷的开源分析工具（如 R 和 Rapidminer）和计算架构（如 ApacheHadoop 和 Spark）正在所有企业中迅速得到运用。微软正在将越来越高级的分析能力纳入基础的办公软件。未来，软件可用性在大数据竞争中不会成为问题，虽然高效使用分析软件的能力本身永远不可能用金钱买到。

我们还可以假设，硬件方面也肯定不会出现问题。如今，能够对大型数据集进行广泛定量分析的笔记本和平板电脑已经非常普遍了。来自亚马逊、微软、Teradata、甲骨文和 IBM 等公司的专用计算机和云平台可以轻松管理拍字节（petabyte）甚至艾字节（exabyte）量级的数据。云服务为数据存储和分析提供了无限可扩展的处理能力。毫无疑问，在不久的将来，人们利用智能手机也能进行严谨的数据分析。更大的挑战在于，企业如何对其大数据分析进行控制，并确保每个用户都能基于正确的分析和假设做出决策。

然而，要想继续成为数据分析型企业，就意味着必须保持业内的领先地位。大数据竞争在某种意义上犹如军备竞赛，企业需要不断发展新手段、新算法、新数据源、新数据操作技术和新决策方法。接受这种发展变化的公司将会彻底打消其在流程和商业模式发展方面的顾虑。数据分析型企业还必须在其业务的许多方面进行实验，并针对每一个方面进行学习。为了有效执行量化决策，大数据分析必须是公司里所有员工广泛具备的能力，而不仅限于少数具有量化专业知识的“科学怪才”的自娱自乐。

我们制定了一个路线图，描述了打造高效的数据分析型企业所需要的主要步骤。这个路线图涉及关键的先决条件，例如至少有一定数量和质量的相关业务领域的数据，以及有称手的硬件和软件。但成功的关键要素还是人。一个先决条件是，经理必须有足够的想要进行大数据分析的动力，才能进一步发展这一想法。但一家企业在数据分析的道路上到底能发展多快、走多远，关键还是要看人力支持情况。奈飞、凯撒娱乐、第一资本和 UPS 等公司都获得了首席执行官级别的支持，这些高管甚至对大数据竞争充满激情，这才推动公司能够走上全速前进的道路。

还有一些企业的高管对数据分析缺乏热情，这就必须先通过一条“自我证明”的道路来验证大数据分析的价值。这条道路相对缓慢，而且即便证明了大数据分析确有其价值，公司也还是需要获得强有力的高管支持，才能成为真正的数据分析型企业。我们将在本书的第二部分（特别是第六章）中详细讨论这一路线，以及这条道路上的每个具体步骤。现在，我们只想强调的是，尽管数据分析本身以计算机为基础，似乎理智冷静，但其带来成功的最重要因素与人的热忱度密不可分。

职业体育运动领域的数据分析——及其对商业数据分析的启示

通过关注职业体育，我们或许可以更好地了解一个行业的大数据竞争进展情况。虽然具体的体育项目不同，但这些体育项目都会生成大量数据，以及昂贵的人力资源（运动员）。体育竞技虽然与企业竞争不同，但这两个领域都需要优化关键资源，当然也都需要取胜。

或许最具分析性的职业运动是棒球，棒球业长期以来一直是定量和统计分析的先进领域。迈克尔·刘易斯出版了《魔球》一书，他在书中生动地描绘了棒球俱乐部运用统计以及其他新方法的故事。这本书（以及 2011 年由布拉德·皮特主演的电影）描写了专业团队 Oakland A 是如何进行数据分析的。虽然 Oakland A 的总工资不高，而且即便是最好的数据分析型队伍也不是每次都能赢得胜利（如 2016 年赛季 Oakland A 就失败了），但他们一直保持着季后赛的优良纪录。据各大联盟球探透露，刘易斯讲述了 Oakland A 的总经理比利·比恩（Billy Beane）运用数据分析手段选拔参赛球员的故事。当时，比恩意识到，他自己就拥有了一个伟大球员的所有典型特质，但显然他并不是一个伟大的球员，所以他开始更注重统计数据展现出的球员的实际表现，而不是传统意义上所谓的球员天赋潜力。比恩和全队开始采用新的球员表现指标，不再使用传统的“跑动打”或跑垒得分，而是专注于上垒率和攻击指数。与商业中的数据分析型企业一样，他们发明了新的指标来评估和提升球队的成绩。

然而，比恩实际上并不是第一个采取统计方法的 Oakland A 的总经理。20 世纪 80 年代初，时任总经理桑迪·奥尔德森（Sandy Alderson，后任通用汽车的首席执行官，现任圣地亚哥巴神队首席执行官）就采取了具有统计倾向的分析方法，具体原因有以下两点。第一，在做出这一决定前，Oakland A 已有好几年表现不佳，正处于倒闭的边缘。第二，有人给奥尔德森提供了一个古老的（实际上是基于苹果二代的）计算机统计数据库和分析包。其中，棒球统计数据从 STATS、LLC 和 ELIAS 体育局等渠道采集，而且早在球队开始使用之前，这些统计数据就已经提供给了它们。上面这些往往是公司采用大数据竞争的普遍性原因：紧迫的业务需求、数据的可用性以及可以处理数据的软件。

在过去几年间，棒球俱乐部的数据分析方法得到迅速发展。另一支采用魔球方法的球队是波士顿红袜队——一支既有数据分析能力又有钱投资昂贵球员的球队。波士顿红袜队也有商业需求，截至 2004 赛季，该队已经连续 88 年未能在世界大赛中夺冠。波士顿红袜队的例子还说明了企业决定采用大数据分析的另一个原因：新的领导层的需要。2002 年，该队的两位新的大股东分别是量化对冲基金经理约翰·亨利（John Henry）和此前拥有圣地亚哥巴神队股权的电视制片人汤姆·沃纳（Tom Werner）。数据分析手段显然对亨利非常有吸引力，沃纳也在巴神队的案例中意识到，传统的棒球队伍往往并不像它们自己声称的那样确实知道到底是什么因素造就了冠军球队。波士顿红袜队的高管支持团队在大数据分析中采取了全面领先的方法（我们会在第六章中详细讨论）。

两位股东深知，他们需要一个管理团队，这个团队必须也认同这种通过大数据分析来超越竞争对手的理念。于是，沃纳从巴神队带来了曾就读于耶鲁大学的西奥·爱泼斯坦（Theo Epstein），任命他为球队总经理，从而使其成为美国棒球史上最年轻的球队总经理。与爱泼斯坦一起工作的还有副总经理杰德·霍耶（Jed Hoyer）。爱泼斯坦和霍耶对棒球有着深厚的热情，对胜利有着强烈渴望。但之所以聘用这二人如此关键，是因为他们也有无视传统棒球理论的坚定信念，倾向于利用详细的大数据分析来助力决策。与其他致力于数据分析策略的企业一样，波士顿红袜队很快聘请了最优秀的数据分析人才作为顾问——比尔·詹姆斯（Bill James），他被广泛认为是世界上最优秀的计算机计量学家，以及棒球统计学家（他甚至自己发明了这个专业名词）。其他球队压根聘请不到既适合这个岗位又没找到工作的数据分析天才。这一事实也间接表明，当时棒球业的大数据分析还远没有普及。数据分析以及高薪引入的新型人才队伍很快就为波士顿红袜队带来了回报，他们在 2003 年美国联赛冠军系列赛（ALCS）的一场比赛中，击败了其长期劲敌纽约扬基队。

然而，这次系列赛中的另一场比赛则体现了大数据分析的一个核心挑战：如果要执行分析得出的结论，就必须事先在队内广而告之。在系列赛的第七场，也是决定性的一场比赛中，波士顿红袜队的王牌球员佩德罗·马丁内斯（Pedro Martínez）准备投球。数据分析师已经证明，在大约 7 局或 105 个投球后，对方击球手往往可以有效防御马丁内斯的出击（当年，对方球队对马丁内斯的第 91 ~ 105 次击球的平均阻击率为 23.1%，而阻击他的第 106 ~ 120 次击球则更容易，阻击率提升至 37.0%）。于是他们曾警告主教练格雷迪·利德（Grady Little）说，等到了那个节骨眼，马丁内斯绝不应该继续留在场上。然而，当马丁内斯在第七局后期开始发挥不稳时，主教练利德（甚至不顾马丁内斯的投手教练的建议）还是让他继续参加了第八场比赛。在那场比赛中，纽约扬基队把马丁内斯打得落花流水。扬基队赢得了 ALCS 比赛，利德则被炒了鱿鱼。这是一个强有力的例子，说明如果一线经理和员工不接受数据分析给出的建议，会产生什么后果。幸运的是，对于长期饱受折磨的波士顿红袜队球迷而言（包括本书作者之一），利用数据和金钱几乎无往而不胜，2004 年的赛季就证明了这一点，波士顿红袜队走出了长达 88 年的低谷期，获得了世界大赛冠军。波士顿红袜队在 2007 年再次赢得了冠军，后来在 2013 年又一次夺冠。

一些棒球专家认为，波士顿红袜队想要利用数据分析来打造一支更优质的球队赢得比赛，并不是一个可靠的策略。不过，数据可并不支持这一反对意见。统计专家内特·希尔（Nate Silver）的数据新闻网站发现，采用数据分析策略的球队具有相当大的先发优势："那些在 2009 年至少配备了一名数据分析师的球队，在 2012 年至 2014 年赛季内的胜率超过预期 44 个百分点。"因此，数据分析人才在美国职业棒球大联盟的知名度比十年前提升了很多，也就不足为奇了。

有令人信服的证据表明，所有企业，即使是那些很晚才采用数据分析技术的企业，都可以参与大数据竞争并取得胜利。芝加哥小熊队（The Chicago Cubs）是迟迟不愿接受数据分析的球队之一。这支球队已经有一个多世纪没有得过任何世界大赛的冠军——这是全队在棒球史上最长的一个低谷。但在 2009 年，这支球队被里克茨家族（The Ricketts）收购，后者决心为家乡赢得一个总冠军。芝加哥小熊队的主席汤姆·里克茨（Tom Ricketts）是一位熟稔量化分析的高管，他亲身体验了大数据分析的力量，知道大数据分析能够获得卓越成效。里克茨知道，他需要引进具有数据分析头脑的领导者来改造芝加哥小熊队。因此，在 2011 年，他聘请了曾在波士顿红袜队任职的西奥·爱泼斯坦担任棒球运营总裁，并聘请杰德·霍耶担任总经理。他向两人提出了职业棒球领域最大的挑战：打破小熊队的

"比利山羊的诅咒"。[①]

里克茨允许爱泼斯坦可以做任何有助于打破诅咒的事情。爱泼斯坦和霍耶知道，单单依靠数据驱动的分析还远远不够，因为大多数联赛球队在2011年之前就已经在一定程度上采用了这些方法。但里克茨承诺可以提供足够的时间和充足的资源，用以彻底改造全队。

管理团队首先从编纂一本叫作《小熊之路》的说明手册开始——这本小册子详细介绍了球队的理念，并详细总结了球队为获胜而需要了解的一切知识。例如，手册里指出，在棒球联合总会（Big League）及其属下的棒球分会所采用的训练技巧和流程应该是一样的。手册还详细介绍了施展特定动作的最佳方式。例如，文中明确说明了当球员在垒位上转弯时，应该用哪只脚撞到袋子。

在基层组建团队是一项艰巨的任务。幸运的是，虽然"薪酬天花板政策"让股东没法给场上队员开出天价薪水，但对前台人员的工资却没有明确限制。于是，由心理学和神经科学博士克里斯·摩尔（Chris Moore）领导的小熊队研发小组成立，研发小组针对比赛和球队的方方面面开展分析。

小熊队在改组后的第一年输掉了一百多场比赛。但到了2016年，他们在职业棒球方面的战绩已经创下了纪录。时隔108年后，他们让各地的小熊队球迷（包括本书的另一位作者）收获了巨大的喜悦——芝加哥小熊队赢得了2016年一项世界大赛的冠军。

先进的大数据分析技术已经扩展到每一项职业运动中，包括高尔夫球、曲棍球、网球等。在大多数分析团队中，棒球数据分析师的评估和招募环节与球员别无二致。ESPN杂志的年度"数据分析"栏目、内特·希尔的数据新闻网站以及主流媒体都报道了数据分析师招聘和评估团队能力的情况。

① 不清楚什么是"比利山羊的诅咒"的读者，可参阅维基百科。

麻省理工学院的斯隆体育数据分析大会会从各个体育项目的专业团队中选拔主讲人，会议有多达数千名听众参加。

橄榄球也很早就采用了数据分析方法。例如，新英格兰爱国者队（The New England Patriots）在数据分析方面就特别成功，在过去 15 年中赢得了 5 个“超级碗”，最近一次赢得冠军是在 2017 年。该团队在赛场内外广泛使用数据和分析模型。深入的数据分析能够帮助团队选择球员，并确保球员薪酬低于上限。球探服务在其他球队并不鲜见，新英格兰爱国者队却拒绝使用球探服务来筛选球员，并根据非传统因素对潜在优秀球员进行打分，考量天赋水平、是否具备团队精神和牺牲精神等。

新英格兰爱国者队还广泛利用大数据分析进行现场决策。例如，它们利用统计数据来决定是踢解围球还是“奋力一搏”，在触地得分后是尝试一分还是两分，以及是否对裁判的决定提出质疑。该队教练和球员都以深入研究比赛录像和赛后统计而闻名。据悉，该队主帅比尔 · 贝里希克（Bill Belichick）也一直在深入研读经济学家关于足球结果统计概率的文章。在场外，球队更是利用详细的数据分析来评估和改善“球迷整体体验”。例如，在每场主场比赛中，大概有 20 至 25 名工作人员各司其职，对体育场的食品提供、停车位、人员疏导、洗手间清洁和其他指标进行定量测评。球队还依据测评结果决定是否与外部服务供应商续约，从而激励供应商提高服务水平。①

在美国国家橄榄球联盟中，有一些球队大量使用统计分析进行决策，其中包括亚特兰大猎鹰队（the Atlanta Falcons）、巴尔的摩乌鸦队（Baltimore Ravens）、达拉斯牛仔队（Dallas Cowboys）和堪萨斯城酋长队（Kansas City Chiefs）。其他球队也使用数据分析，但并不经常用。例如，绿

① 本材料来源于托马斯 · H. 达文波特于 2005 年 1 月 11 日对时任新英格兰爱国者队首席运营官安迪 · 瓦辛丘克进行的电话采访。

湾打包工队（the Green Bay Packers）分析了很多回跑时丢了球的比赛录像片段，发现只有在球员肘部没有与地面保持水平的时候，才会发生这种丢球。尽管爱国者队和其他球队都通过数据分析取得了成功，美国国家橄榄球联盟中还是有一些球队未能把握大数据分析的实质，也尚未意识到其中的价值。

相比之下，美国职业篮球虽然在历史上没有棒球业那么依赖于量化分析，但数据分析方法现在正在给这项运动带来革命性的变化。表现优异的几支球队都聘请了统计顾问或者重视统计的高管，其中包括马刺队（San Antonio Spurs）和勇士队（Golden State Warriors）。与棒球和橄榄球一样，职业篮球俱乐部及其数据分析师也在寻求新的分析切入点，例如对比分析球员在场上和场下对球队的价值，这一概念也被称为“罗兰评级”，这取自这一概念的提出者，非专业统计学家罗兰·比奇（Roland Beech）。

大数据分析在国际体育中发展迅速，职业足球俱乐部也采用类似的技术。AC 米兰（AC Milan）是欧洲最负盛名的球队之一，它通过多渠道对球员的生理和心理数据进行分析，搭建预测模型来防止球员受伤。球队旗下的米兰实验室还会识别出最有可能导致各个球员受伤的风险因素。实验室还会对可能加入球队的候选球员进行分析。在 2006 年的世界杯中，意大利国家队夺冠，其中好几位球员正是在米兰实验室接受了训练。

在过去的几年里，职业足球的数据分析水平飞速提升。体育作家格雷厄姆·鲁斯文（Graham Ruthven）这样描述这个行业在过去几年间发生的日新月异的变化：“现在每个英超俱乐部都聘请了一支由影像和数据分析师组成的团队，可以说，条形图和饼状图就好像更衣室的小黑板一样，俨然成为这项运动的必要组成部分。”

2014 年世界杯冠军德国国家足球队的领队奥利弗·比埃尔霍夫解释了足球比赛中的大数据挑战：“在短短的 10 分钟内，仅仅 10 名球员就可以生成超过 700 万个数据点。”该团队依靠一系列传感器、现场摄像机以及一个名为“比赛观察”（Match Insights）的软件来解读数据，从而为每场比赛量身定制训练和准备工作。教练和球员都可以运用“比赛观察”系统来评估对手能力、设计比赛策略，就像在玩电子游戏一样。

为什么所有这些案例都发生在职业体育领域？对其他行业的企业而言，又有什么不同呢？其实，有许多准则都可以跨越体育和商业的行业壁垒，放诸四海而皆准。也许职业体育数据分析能教会人们的最重要的一课就在于它对人力资源的关注——挑选、奖励并且留住最好的球员。这并非企业人才管理领域的通行做法，但这种做法正在变得越来越普遍。随着高管和业绩骨干的薪资不断上涨，也许是时候开始分析和收集人们在什么情况下能有优异表现的数据，并确保团队里的成员都能做到人尽其用。包括谷歌在内的几家公司已经对人力资源管理开展定量分析，但体育行业在大数据分析方面仍然遥遥领先于大多数其他行业。

职业体育行业中的大数据分析竞争也说明，当可供分析的数据量足够庞大时，最重要的问题会出现在哪里。如果存在一个业务领域，在第一时间就可以获取大量的数据，那么这项业务可能很快就会陷入大数据竞争的海洋。职业体育领域的数据分析师非常具有创新精神，经常会采取新的手段，商务人士也应该效仿这一做法。

新技术为体育机构（和其他企业）生成更多的新数据提供了可能；这些新数据也为它们建立竞争优势创造了更多机会。正如达拉斯小牛队（Dallas Mavericks）的老板马克·库班（Mark Cuban）在接受 ESPN 网站采访时说的那样：“所有球队都在想方设法地挖掘数据，来对该引进哪位球员进行决策，市场也因而变得更加高效。我们一直在努力寻求新的独家数据源，用来帮助我们提升队内球员的实力。”数据分析团队还利用了一些技术，使其在实际比赛中做出决策时能够更为迅速明智，对数据的利用也更为充分。同样，数据分析型企业也在利用前沿技术进行创新，从而使自己能在不断变化的市场条件下变得更加灵活。

虽然数据分析是一个有些抽象和复杂的话题，但在职业体育中采用数据分析的过程也体现了人性的特点。一个球队之所以采用大数据竞争的策略，往往是因为领导者做出了这样的决定。这一决定往往与领导人自己的背景和经历息息相关。大数据竞争——无论是在体育还是商业领域，几乎总是与人力资源和领导力有关。

采用大数据竞争策略的球队普遍表现良好，这也并非偶然。当然，这些球队不会每年都赢得冠军，但数据分析型球队在其每一个运动领域中都取得了成功。随着大数据竞争不断走向白热化，而且态势愈演愈烈，各家球队也将不得不继续创新和扩展其大数据分析能力。

第二章
数据分析型企业的核心特征

大数据竞争到底意味着什么？我们将数据分析型企业定义为广泛、系统地使用数据分析，用以超越其竞争对手的企业。在本章中，我们将描述数据分析型企业的关键特质，并通过真实的案例，展示它们已经将这些特质发挥到了什么程度。

在我们研究的企业中，我们发现数据分析手段最成熟、结果最成功的公司有四个共同的关键特质：一是利用大数据分析来支持其战略性的独特竞争优势；二是整个企业都将大数据分析作为业务实施方法和管理手段；三是高级管理层积极推动大数据分析工作；四是企业敢于对大数据竞争进行战略性押注。我们发现，那些积极地应用大数据分析来指导业务决策的公司都具有这四个特征。（如果您对另一个版本的数据分析型企业特征感兴趣，请参阅《用于构建数据分析能力的DELTA模型》。）

用于构建数据分析能力的DELTA模型

在2007年首次出版本书之后，我们收到了许多读者的回复，大家都对搭建一个易于沟通和使用的数据分析能力框架很感兴趣。托马斯随后搭建了DELTA模型，其中包括数据分析型企业的以下五个特征，我们在《在工作中分析》中对此进行了详细介绍。

- 数据（Data）：数据分析型企业需要有关其业务和市场的、综合的、高质量的和易于读取的数据。大多数数据分析公司都拥有不同的数据来源和数据类型。
- 企业（Enterprise）：高度分析化的公司不会在断开连接的数据孤岛中管理数据资源，而会以协调的方式在整个企业中管理这些资源（包括数据资源、技术资源和分析师人力资源）。
- 领导力（Leadership）：推动数据分析成功的关键因素之一是强有力的、坚定的领导者，他们了解数据分析的重要性，并会在决策和行动中不断倡导数据分析的开发和使用。
- 目标（Targets）：企业不能对其业务的所有方面都进行均等的数据分析，他们需要针对特定业务展开更为深入的数据分析。
- 数据分析师（Analysts）：数据分析型企业之所以能成功，部分原因在于它们聘请并培训了优质的量化分析师和数据科学家。

升级版的 DELLTA 模型还增加了技术因素，特别适用于那些需要新的复杂技术架构的大数据分析环境。关于 DELTA 模型的更多信息详见本书第六章。

当然，我们并不知道当前的数据分析型企业具体有多少家，但在我们研究的初期，曾经有过一个很合理的估测数据。在对全球 371 家大中型公司进行的调查中，我们询问受访者（熟悉企业技术软件的技术高管或企业高管）其所在的企业的数据分析能力如何。相关选项中得票最高的一个选项是“大数据分析能力是企业战略的关键要素”，当时 10% 的受访者选择了这一选项。根据我们对数据的详细分析解读，这些公司中可能有一半是全面的数据分析型企业。

国际数据分析研究所（International Institute for Analytics）是一家数据

分析和咨询公司，托马斯是其联合创始人之一。这家研究所曾利用五个数据分析应用评级以及 DELTA 模型，对许多公司进行了系统的数据分析工作水平评估。在 2016 年对几个行业的 50 家公司进行的一项调查中，国际数据分析研究所发现，大多数相对成熟的大公司还都不是数据分析型企业。调查中只有"本地化的数字化公司"（电子商务企业）的平均得分接近数据分析型企业的水平；亚马逊的得分是所有被评估的公司中最高的。金融服务公司在采用数据分析手段的行业中排名第二，但平均而言尚不能达到数据分析型企业的要求，VISA 是该行业中排名最高的公司。排名最低的行业是医疗服务提供商和医疗保险公司。

数据分析型企业的主要特点

接下来，我们将详细讲述我们研究的几家企业是如何体现大数据竞争的四个特征的。真正的数据分析型企业会充分体现这四个特征；而在数据分析方面不太擅长的企业，最多可能只具备其中的一两项特征。

利用大数据分析来支持其战略性的独特竞争优势

按理说，如果数据分析要助力公司的整体竞争战略，就必须帮助公司打造一种重要而独特的竞争优势。正如我们在第一章中提到的，企业的独特竞争优势因行业而异，可能涉及供应链、定价和收入管理、客户服务、客户忠诚度、产品创新或人力资源管理等各个方面。譬如，在奈飞公司，其数据分析的重点在于预测用户的观影偏好；在凯撒娱乐，重点则在于客户忠诚度和服务；万豪国际的主要数据分析应用是收入管理；沃尔玛显然强调供应链分析；职业运动队一般关注人力资源即如何选择合适的球员。

拥有独特竞争优势，就意味着企业将这一方面视为自己显著区别于竞争对手的特征，以及能够在市场上取得成功的关键。而在没有明显的战略重心的公司中，大数据分析只是一种工具，我们可以将此应用于各种业务问题，而不必考虑这些问题本身的重要性。

当然，并不是所有的企业都有独特竞争优势，但那些没有自身独特优势的企业往往会在竞争中处于劣势。例如在零售行业，凯马特、西尔斯和JC Penney 的独特优势并不明显。从局外人的视角看，这些公司并没有哪一点比其竞争对手做得更出色——它们的客户和潜在投资人也已经注意到了这一点。如果没有独特竞争优势，一家公司就不可能成为数据分析型企业，大数据分析无处着手，不知该在哪项业务上发力。

一家企业自行选择的独特竞争优势也有可能得不到大数据分析的有力支持——至少在过去是如此。如果一家公司的战略决策是凭借主观臆断或是基于经验而非分析做出的，那么想要通过统计分析方法获得竞争优势往往会徒劳无功。

管理咨询历来就是以经验决策的方式进行的。从过往情况看，大多数管理咨询建议都是基于经验而非数据分析得出，但这个行业存在着引入大数据分析的潜力。在内部决策和客户服务中使用大数据分析的德勤和老牌咨询公司麦肯锡的业务部门麦肯锡解决方案部（Mckinsey Solution）都在大数据分析方面有爆发式的增长。咨询公司已经开始将其专有的算法作为其提供差异化服务的一种方式。科恩·费里（Korn Ferry）等高端猎头公司也开始以拥有用于分析的数据库作为招揽业务的卖点，它们宣称自家数据库可以分析各种情景下的高管表现。审计人员也可以将数据分析和人工智能应用到他们的工作中，德勤和毕马威正在积极推进这项工作。

除了发展现有的独特竞争优势，数据分析型企业还会监测和探索其下一步打算着力发展的独特竞争力。它们会构建一套监测体系，最大限度地发挥现有策略的价值，并且尽早开始探索新的策略。在第一章中，我们谈到职业棒球队已经开始采用新的球员表现指标。消费金融也是一个强调开发新数据分析指标的行业。

很多消费金融服务业务本身就会进行量化分析，因此在决策中采用大数据分析的措施并不困难。在消费金融领域，最常用的指标应该是信用或FICO评分，二者都是客户信誉的衡量指标。虽然市场上可能有许多信用评分机构，但每个消费者都只有一个正式的FICO分数。FICO分数由费埃哲公司（Fair Isaac and Company，现在的FICO公司）通过其1989年开发的算法生成。如今三大主流征信公司已经共同组建了一个名为VantageScore的公司来与FICO公司抗衡。VantageScore与FICO评分不同，其评分结果能与所有信用评级相对应。在欧洲，还有一些金融服务公司采用Scorex的信用评分。

在美国，几乎所有的消费金融公司都使用FICO评分来进行消费信贷决策，并决定其对金融消费者收取什么水平的利率。而诸如第一资本这样的数据分析型银行却比其他银行更早、更积极地采用了这种模式。数据分析型银行的独特优势在于能够找出哪些客户既能支付可观的利息，但又不至于拖欠银行贷款。FICO评分在银行业普及之后，又开始进一步扩展到保险业。同样，高度数据分析化的公司，如进步保险公司就认为，FICO评分高的消费者不仅更有可能偿还贷款，而且发生车祸的可能性也较小。因此，它们开始对FICO评分较高的客户收取较低的保费。

如今，在银行业务、资管业务和意外险销售中使用FICO评分的现象已经非常普遍。新的趋势是将FICO评分应用于更多的行业，从而挖掘有用数据，以便于完善决策。例如，一些分析师预测，信用评分将很快适用于人寿险和健康险的发放审批以及保费定价。有一家健康保险公司就正在探讨，在大健康行业发布相关政策前，是否可以使用信用评分来代替昂贵的体检。

一位教授还指出，这项评分还可能应用于就业领域。

“一般而言，存在经济问题的个人往往在其他方面也会有问题。如果你经济上有困难，那么你就更有可能需要在工作中请假，进而导致工作效率降低；如果你经济困难，你也会遇到婚姻和其他关系问题。如果一个人的信用评分很低，此人更有可能在生活的其他方面出现问题，这种说法是有道理的。如果一位雇主想要从海量候选人中筛出合适的雇员，那么信用评分是一种缩小选择范围的有效又容易实行的方法。”

由于信用评分普遍存在，一些公司开始尝试分解信用评分，并确定哪些因素与预期结果密切相关。例如，人们认为进步保险和第一资本都在进行信用评分的细分和分析，从而确定哪些信用分数相对低的客户可能并没有其总分预测的风险那么高。

在构建企业的独特优势方面，我们还想说明最后一点。构建这些关键能力应该是企业进行数据分析的主要目标。然而，我们注意到，随着时间的推移，数据分析型企业往往会将数据分析方法应用于各种领域。例如，万豪就首先展开了收入管理这一关键领域的数据分析工作，后来又开始进行忠诚度计划分析和网络指标分析。在奈飞，最具战略性的软件可能是预测用户的观影偏好，但该公司还在其供应链、新产品开发和广告中采用了测试和详细分析手法。凯撒娱乐起初在忠诚度和服务领域进行数据分析，但慢慢也将数据分析应用于其老虎机的定价和布点位置决策、其网站的设计，以及许多其他问题。沃尔玛、进步保险以及医疗供应商欧文斯·米诺尔公司（Owens & Minor）一开始都以内部分析为重点，但后来都把分析范围扩大到外部——沃尔玛把数据分析的对象拓展到供应商，其他两家公司把数据分析的对象拓展到客户。数据分析型企业需要从一项核心业务来开启数据分析的应用，但一旦在企业内形成了一种数据分析、测试和学习的文化，其向其他业务领域的传播就是不可阻挡的。

整个企业都将大数据分析作为业务实施方法和管理手段

参与大数据竞争的公司不会把数据分析活动仅仅委托给公司内的一个

小组或企业中一些分散的、毫无关联的员工。相反，它们将数据分析作为整个公司或企业层面的战略进行管理，并确保任何流程或业务部门都不会以牺牲另一个流程或业务部门为代价进行优化，除非是出于战略层面的目的。例如，在凯撒娱乐，时任首席执行官加里·洛夫曼（Gary Loveman）开始投入大数据分析时，他让公司所有的娱乐城主管都直接向他汇报工作，并确保他们以同样的方式实施公司的营销和客户服务计划。在此之前，每一座娱乐城都是一块天高皇帝远的“领地”，“由城主管理，偶尔会受到路过的国王或王后的干涉”。这导致凯撒娱乐几乎不可能实施跨市场区域的营销活动和提高客户忠诚度的措施。

在整个企业层面对数据分析工作加以管理，还意味着可以确保在整个公司内部广泛搜集数据和进行分析，同时也会使数据的分析和管理更加高效。如果事关公司成败的决策是在范围过于狭小、准确度过低的数据或错误的分析基础上做出的，那么后果可能会很严重。因此，数据分析型企业是将数据分析和数据搜集作为一项在整个企业层面开展的活动来抓的。

例如，RBC 金融集团（旗下最著名的子公司是加拿大皇家银行）之所以能够成为成功的数据分析型企业，其中一个原因是它在早期（20 世纪 70 年代）决定，所有客户数据的所有权都归于企业，并存储于客户文档信息中心。再比如，美国银行具备围绕资产和利率风险敞口进行数据分析的能力，并将这种能力归因于整个银行以统一的方式管理风险。与之相比，许多其他银行评估客户总体盈利能力或忠诚度的能力有限，因为不同部门或产品项目团队在定义和记录客户数据方面的方式不同或者互不兼容。

对于许多机构而言，将数据分析运用于整个企业的方法是对过去既有模式的一种革新。在过去，数据分析主要是个人或部门的活动，不参与大数据竞争的公司迄今基本仍然保持这种状态。例如，在一项针对 220 家机构的商业智能和分析方法的调查中（记住，报告等非分析性活动也包含其中），只有 45% 的受调查者表示他们应用商业智能系统的范围是“整个机构”或“全球范围”，53% 的人则认为范围仅覆盖了“部门”“地区”或“个人”。同样是在此次调查中，只有 22% 的受访公司相关人员回应说，他们已经在企业层面建立了正式的需求评估程序；29% 的公司根本没有进行需求评估；43% 的受访公司认为需要在部门或者业务的范畴内进行需求评估。①这种分析权下放的原因很容易理解——特定的重点量化部门（如质量控制、市场营销或定价部门）可能在开展工作时使用了数据分析，但这并不会影响企业的总体战略或管理方法。或许这些分析活动应该被提升为一种战略资源，从而获得更广泛的应用机会，赢得更多的管理层关注。然而，最常见的是，这些部门分析软件仍然处于后台。

另一种可能是，数据分析工作可能完全由这些部门内的个别员工来完成。在这种情况下，数据分析主要在一张张电子表格上完成。虽然员工个人使用数据和分析来支持其决策非常有用，但单独创建和管理的电子表格并不是企业进行数据分析管理的最佳方式。一方面，它们可能包含错误。一位学者的研究表明，20% ~ 40% 的用户创建的电子表格中包含错误；电子表格越多，错误就越多。虽然没有关于企业层面数据分析错误率的调查和研究，但在企业层面进行数据分析至少可以控制和消除很多在个人层面难以修正的错误。

另一方面，零散的个人数据分析会生成“多个版本的真相”，而大多数组织只想要一个最终的分析结果。比方说，如果在不同的个人和部门中，存在多个数据库和客户终身价值的计算方法，就很难将整个机构的注意力集中在那些最具价值的客户身上。如果一家公司有不同版本的财务数据分析报告，后果可能是很可怕的——例如，根据《萨班斯 – 奥克斯利法案》（*Sarbanes-Oxley*），这样甚至可能导致高级管理人员被判刑入狱。因此，在

① 数据源自 BetterManagement 的一项调查，格洛丽亚·米勒、达格玛·布劳蒂加姆和斯特凡妮·格拉奇在《商业智能能力中心：最大化竞争优势的团队方法》（2006 年出版）中有提及。

企业核心领导层面管理关键数据和数据分析工作有相当大的优势，这样可以确保支持决策的关键业务信息和数据分析结果只有一个版本。当然，信息和结果都可以广泛共享，以便在整个企业中采用。例如，凯撒娱乐将其客户分析管理方法总结为“集中驱动、广泛分布”。

企业层面的数据管理可以有多种形式。有些企业可能仅仅是由总部的技术部门负责管理数据，采购和安装所需的软件。另一些企业则可能在总部组建分析服务小组，协助高管进行数据分析和决策。正如我们将在第七章中讨论的那样，一些公司已经成立了这样的小组。

企业级数据分析的一种日益常见的方法是设立首席数据分析官（又被称为首席数据官或首席分析官，英文缩写为 CDAO）。首席数据分析官属于高级管理人员（通常直接向首席运营官或首席信息官汇报工作），虽然这是一个相对较新的职位，但高德纳公司估计，目前已有超过 1000 名首席数据分析官；预计到 2019 年，全球有 90% 的大型机构将设立这个岗位。

虽然首席数据分析官的工作职责描述各不相同，但通常而言，首席数据分析官的职责在于确保一家企业能够拥有成功利用大数据和量化分析以获得建立竞争优势所需的数据、能力（人力、财务、技术和运营）和思维方式。首席数据分析官的职责通常包括制定有关数据治理的策略（包括数据政策和网络安全）、确定需要加强分析能力的重点工作、培养分析人才，以及在企业层面构建各种数据分析功能。

富国银行（Wells Fargo）的首席数据分析官查尔斯·托马斯（Charles Thomas）表示，他的团队“主要负责支持企业利用洞察力和行动来落实经营战略、降低风险、优化业绩，并为富国银行本身及其客户、股东和工作人员提升价值”。①

① 参阅查尔斯·托马斯的领英档案（2017 年 4 月 20 日）。

首席数据分析官还可能领导一个“分析中心”，这是一个企业级的、技术精湛的多学科团队（包括分析师、数据科学家、技术专家和数据可视化专家），负责帮助企业应对最大的挑战。

例如，在大型卡车和物流公司施耐德（Schneider National），中央数据分析小组（也被称为工程和研究小组）是首席信息官领导的一个团队，负责高级分析、流程优化、性能报告和数据管理，以及与内外部客户就分析软件和问题进行合作。

高级管理层积极推动大数据分析工作

要想在企业内广泛推广数据分析方法，需要改变很多员工的思维、工作流程、行为和技能。这样的变化不是偶然发生的，必须由对数据分析和以事实为基础的决策具有热情的高级管理人员亲自主抓。理想情况下，数据分析的核心倡导者应该是首席执行官（尽管有些公司的首席运营官、首席财务官、首席信息官和总裁都曾成功地扮演过这一角色）。事实上，我们发现了几位首席执行官，正在推动他们的公司向数据分析型企业转变。其中包括凯撒娱乐的前任首席执行官加里·洛夫曼、亚马逊的创始人兼首席执行官杰夫·贝索斯、第一资本的创始人和首席执行官里奇·费尔班克（Rich Fairbank）、奈飞公司的首席执行官里德·黑斯廷斯、萨拉－李面包店集团（Sara Lee Bakery Group）的前任首席执行官巴里·贝拉查（Barry Beracha）。这些高管都曾在内部和公开场合表示，他们的公司正在进行某种形式的大数据竞争。例如，费尔班克曾经评论说：“这项工作的内容是收集与你从未谋面的 2 亿人的信息，并根据这些信息做出一系列非常关键的长期决定，然后借给他们钱，并希望他们把钱按时归还。”

费尔班克将这一方法概括为“基于信息的营销策略”。在退休之前，贝拉查曾任萨拉－李面包店集团的首席执行官，他在办公桌上放了一个牌子，上面写着：“我们相信上帝，但其他人必须用数据说话。”（这句话最早出自爱德华·戴明的作品）。洛夫曼经常问员工：“这是我们拍脑袋想出来的，还是用数据证明过的？”任何对倡议或策略提出想法的人都会被要求提供支持证据。洛夫曼还在凯撒娱乐聘请了一些非常善于分析的高级和中级经理。

洛夫曼提供了一个很好的例子，说明首席执行官（最好是整个高管团队）如何不断地推动员工使用测试和分析来做出以事实为基础的决策，从而改变一家公司的文化。他不仅在理性上支持数据分析，更是在感性上对这个问题充满激情。此后，他开始领导安泰保险（Aetna）的一个新部门，该部门的重点业务是利用数据分析来颠覆个人商业医疗保险行业。

如果没有高层的推动，很少有公司能进行必要的企业文化层面的变革，进而成为数据分析型企业。我们知道，“一个想法需要首席执行官或其他高管的热情支持”这类说法有些老生常谈，但在我们对数据分析型企业的研究中发现，如果没有高管的这种坚定和广泛的支持，我们根本找不到任何一个成功案例。例如，我们发现，一些公司的部门负责人或业务部门的领导（如营销或研发部门负责人）会试图提出一项以数据分析为导向的改革，但却无法仅仅依靠自己的力量来改变企业的文化。当然，这并不意味着这样的高管在其他情况下也无法引领这样的变革，我们确实找到了较低级别的倡导者在改变企业文化方面取得进展的企业。任何跨业务或跨部门的改变以及企业层面的变革，都需要高层管理者给予足够的支持和关注，以指导和协调不同部门之间的合作。

那么如何培养高管对数据分析的兴趣呢？当然，如果他们在大学里学过相关内容，会大有裨益。我们已经提到了奈飞公司的里德·黑斯廷斯曾是一位数学教师。凯撒娱乐和安泰保险的洛夫曼拥有麻省理工学院的经济学博士学位，并曾在哈佛商学院任教。亚马逊公司的杰夫·贝索斯毕业于普林斯顿大学，是量化工程和计算机科学专业的优等生。费尔班克和新英格兰爱国者俱乐部（New England Patriots）的首席运营官乔纳森·卡夫

（Jonathan Kraft）都是工商管理硕士，还都曾做过数据分析方面的管理顾问，之后在各自的数据分析型企业中工作。施耐德公司的总裁兼首席执行官克里斯·洛夫格伦拥有运营研究专业的博士学位。首席执行官可以与数据分析部门完全在一个频道思考问题，这无疑是最理想的情况。

然而，并不是每个推动数据分析工作的高管都具备或需要如此专业的背景。几乎每所大学都会教授统计和数据分析方面的课程。而首席执行官不必比其所有员工都更聪明或更具备量化分析的教育背景。真正需要高管做到的是，乐于钻研分析方法，有能力与量化分析师进行讨论，而且有勇气推动他人进行数据分析的思考和行动。

高级管理层对数据分析工作的推动会产生几个必然结果。首席执行官不仅能推动树立重视数据分析的企业文化和思维，还能提高企业在人员、技术、数据等方面投资的规模和持久性。正如我们将在之后章节中讨论的那样，整合这些资源并非易事，可能需要大量的时间。

例如，巴克莱（Barclays）银行下属的消费金融公司就有“五年规划”制度，用以构建该企业的大数据竞争力。① 巴克莱银行分管消费领域的高管看到了第一资本等美国银行向数据分析型企业转型过程中取得的丰厚成绩，并认为巴克莱没能充分利用其在英国的庞大客户基础。在采取大数据竞争策略时，巴克莱必须调整其消费业务的各个方面，包括其收取的利率、评估风险和设定信贷限额的方式、为账户提供服务的方式、控制欺诈的方法，以及实现交叉销售的方法。它必须整合1300万名拥有巴克莱银行卡的客户的数据，并确保优质数据足以支持巴克莱进行详尽分析。它必须进行大量的微型测试，才能开始学习如何以最低的价格吸引和留住最好的客户。公司还必须聘请具有量化分析技能的新职员，必须建立新的系统。考虑到变

① 本材料来源于托马斯·H.达文波特于2005年10月11日对基思·库尔特（巴克莱英国信用卡和贷款部门董事总经理）进行的电话采访。

革的规模如此宏大，巴克莱足足用了五年时间才最终实施以信息为基础的客户战略，也就不足为奇了。

我们在前文中已经提到了 UPS 公司的 ORION 项目，下面我们想具体介绍该项目的领导者。杰克·莱维斯（Jack Levis）是 UPS 负责流程管理的高级总监，他在 UPS 工作的 40 年间，曾经担任了很多职位，其中一个就是 ORION 项目的领导者。这个项目的执行者起初不过是个三四人的团队，最后发展为一个多达 700 人的大型团队。莱维斯还领导了早期的“包裹物流技术”项目，该项目为 ORION 提供了数据环境支持。莱维斯的数据分析能力很强，领导着 UPS 的运营管理团队吗，但他不是一个古怪的技术怪人。他拥有心理学学士学位，他也充分发挥了这个学位带来的优势。

莱维斯谦虚地将 ORION 归功于为此项目而工作的伟大团队——UPS 大家庭总共有成千上万名员工。但我们认为他确实做了很多正确的决策。他一开始就通过建立小规模项目团队的方式为 UPS 的司机设计新的路线方案。这个小团队用了五年的时间设计并开发了 ORION 的原型。莱维斯没有给任何人留下砍掉这个项目的理由。

后来，随着 ORION 项目的发展壮大，莱维斯在获得高级管理层的支持方面做得非常出色。他把这份功劳归功于他手下的几位副总裁，工程部门副总裁查克·贺兰德（Chuck Holland）也包括在内。但莱维斯说，最后几乎 UPS 管理委员会的每位委员都要么看过 ORION 项目的展示方案，要么自己切身体验过 ORION 项目。

莱维斯也是一个执着的人。好几次，ORION 项目都因为算法有误面临被取消的命运，但莱维斯及其团队在他的“空中掩护”策略下躲过了项目下线的危机，并不断重新检查算法的规则和约束条件，直到算法正确为止。

我们认为，莱维斯取得成功的最后一个秘诀在于他的思维很灵活。例如，他在项目的中途意识到，整个项目部署将是一个重大的管理变革问题，因此他开始着手赢得业务一线人员和司机的支持。莱维斯指出：“当我们拿出数据指标，拿出 ORION 项目能带来巨大收益的有效证据时，人们才会真正开始支持这一项目。当我们真正到达部署环节时——那时，ORION 项目已经花了大价钱——我们已取得了充足的成效，因此高级管理团队不断要求我们加快项目进度。我们从起初参与部署的 25 人团队，逐渐扩大到 100 人、300 人甚至 700 人的团队。”①

如果你问一个数据分析项目的负责人，该如何协调使用上亿美元的资金和几百号员工从而实现每年节约数亿美元的目标，那么他可能会说这简直是天方夜谭。莱维斯则展示了如何把如此宏大的愿景变为现实。

企业敢于对大数据竞争进行战略押注

定义数据分析型企业的最后一个依据在于，它们渴望实现的结果到底是什么。我们研究的数据分析型企业将其未来的成功归功于分析型策略。从结果回溯来看，这些策略非常符合逻辑、富于理性。然而，当时这些策略却是对行业标准做法的根本性背离。例如，第一资本的创始人向信用卡行业的所有企业领导人都一一宣传了他们的“以信息为基础的战略”思路，却没有找到支持这个想法的银行。只有西格内银行（Signet Bank）接受了这些条件，它们在围绕新的想法重建其信用卡战略和程序时，其实是在进行一场巨大的赌博。该公司——至少在业务部门——将其未来押注于大数据分析构建的竞争优势。

当然，并不是所有试图创造大数据竞争力的尝试都会成功，但这些努力的成果至少足以影响企业的命运。单纯提高数据分析量的战术级别的策略所产生的效果没那么大，只有进行战略性、竞争性的数据分析业务变革才会产生重大影响。

① ORION 案例的情况取自 2014 年至 2016 年托马斯·H. 达文波特、珍妮·哈里斯与项目负责人杰克·莱维斯和其他 UPS 高管的几次访谈；部分内容在托马斯·H. 达文波特于 2016 年 4 月 19 日所撰写的《为 UPS 带来巨大利益的规范分析项目》一文中有提及。

衡量分析活动结果的方法有很多，其中最明显的是效益指标。一项分析举措应该能为一个大型企业带来数亿乃至数十亿美元的成本节约或收入增长。这样的例子比比皆是。最早的尝试之一是美国航空公司的“收益率管理”改革，这在 20 世纪 80 年代极大地改善了这家公司的命运。这种技术主要用于优化每个座位卖给乘客的价格，仅三年就为公司带来了 12 亿美元的收入增长，将一些活跃的竞争对手（比如 People Express）挤出了市场。迪尔公司（Deere & Company）采用的一种优化库存的新方法（这种方法名为“非平稳库存的直接导数估计”），在 2000 年至 2005 年期间为该公司节省了 12 亿美元的库存成本。UPS 的 ORION 系统预计每年将为公司节省约 4 亿美元。20 世纪 90 年代中期，宝洁公司利用业务数据分析方法重组了其采购和分销业务，为该公司节省了 2 亿美元的成本。UPS 的 ORION 项目预计每年将为该公司节省约 5 亿美元。

数据分析项目推行的结果也可以通过总收入和总利润、市场份额和客户忠诚度来衡量。要是一家公司没能看到其财务或业绩上有成效，那么它就并没有真正在数据分析方面开展竞争。例如，凯撒娱乐（当时叫作哈拉公司，即 Harrah’s）在 1998 年启动了客户忠诚度分析计划，截至 2004 年，其市场份额从 36% 增加到了 43%。在此期间的 24 个季度中，公司有 23 个季度都实现了“单店”销售增长，并且每个细分市场的顾客量都在增加。而在采用这些方法之前，该公司曾连续 7 年未达收入和利润预期。第一资本在成立的最初十年里，每股收益和股本回报率每年至少增加 20%，并于 1994 年上市。巴克莱银行在英国的消费金融业务中采用了以数据为基础的客户管理战略，从而降低了新客户的招揽成本，提高了客户净值，降低了风险敞口，并使客户账户平均收入提升了 25%——连续三年皆是如此。克罗格公司（Kroger）是一家杂货零售商，它采用数据分析手段开展客户忠诚度计划，实现了 52 个季度同店销售额增长（而且这一数字仍在攀升）。正如我们将在第三章中讨论的那样，我们研究过的数据分析型企业的表现往往相对更加优异。

我们认为，这四个因素的重要性在大数据竞争方面大致相当。显然，四者之间并不完全独立。如果领导层尽心尽力，围绕企业的独特优势制定了数据分析主导的战略，那么很可能就会在整个企业层面实施相应的战略，通过分析得到的结果也能够反映战略取向。因此，我们将其视为支持分析系统的四大支柱（见图 2-1）。如果有一根柱子垮了，其他三根也就难以为继。

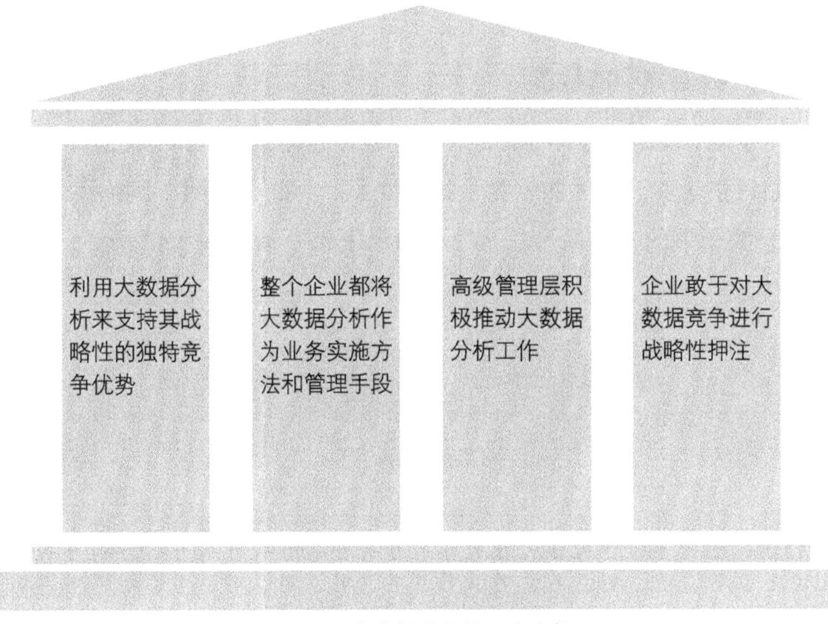

图 2-1　大数据竞争的四大支柱

但是，在这四个方面中，最重要的一条当属领导层的努力，因为它是实现其他三个要素的先决条件。在我们研究的很多企业中，要么企业会在新首席执行官上任时开始向数据分析型企业转变（如凯撒娱乐的洛夫曼），要么企业一开始就由具有强烈数据分析倾向的首席执行官创立（比如奈飞公司的黑斯廷斯或者亚马逊公司的贝索斯），这一点绝非偶然。有时，家族企业更迭领导人时也会转变为数据分析型企业。就拿嘉露酒庄来说，该公司由兄弟几人联合创建，其中一个人的儿子乔·嘉露担任首席执行官后，他比上一代领导人更注重数据和分析——起初只是在销售方面如此，后来又扩大到其他层面，包括对客户口味的评估。再比如新英格兰爱国者队的前任老板兼球队管理顾问鲍勃·卡夫（Bob Kraft）的儿子乔纳森·卡夫（Jonathan Kraft）在接管后，就开始带领球队朝着数据分析型组织的方向发展，其数据分析的应用领域既包括选拔赛评估和球员选择等内部问题，也包括影响球迷体验的外部问题。

评估大数据竞争的程度

确认了这四个因素是大数据竞争的标志性或决定性因素之后，我们就可以开始评估企业开展大数据竞争的程度了。为此，如图 2-2 所示，我们划分了大数据竞争的五个阶段，表 2-1 列示了每个阶段的关键特征。正如软件开发领域众所周知的“能力成熟度模型”（capability maturity model）一

图 2-2　大数据竞争的五个阶段

样，这几个阶段可以描述一家企业从几乎没有数据分析能力到成为标准的数据分析型企业所走过的道路。在第六章中，我们将描述企业走过这些阶段的总体路线图。

表 2-1 大数据竞争各个阶段的关键特征

	独特竞争优势 / 对大数据分析的理解	核心问题	数据分析目标	对数据分析价值的认知
第一阶段 毫无数据分析能力	• 进行的数据分析几乎可以忽略不计 • 基本上为误打误撞地进行分析	我们的业务出现了什么问题	为了优化业务，获取精确数据	无
第二阶段 开始进行局部的数据分析	• 进行局部数据分析，数据分析的频率听天由命 • 可能难以支持公司的独特竞争优势	我们如何改进公司业务？如何更好地理解公司业务	运用数据分析手段改进一项或多项公司业务	数据分析可能有助于提高单个项目的投资回报率（ROI）
第三阶段 产生数据分析意愿	开始努力实现更综合的数据分析	市场都发生了什么？我们是否可以预测未来趋势	运用数据分析手段改进企业独特的竞争优势	数据分析会影响企业未来表现与市场价值
第四阶段 初步具备数据分析能力	• 在整个企业开展大数据分析 • 能够利用大数据分析来获得企业独特竞争优势 • 知道该怎么做才能达到下一个阶段，但想要真正达到下一个阶段还有待时日	我们如何利用大数据分析手段实现企业创新、打造与众不同的企业竞争优势	建立广泛可靠的大数据分析能力——为打造企业独特竞争优势而进行分析	大数据分析是提升企业绩效和增加企业价值的重要驱动因素
第五阶段 成为数据分析型企业	• 在整个企业开展大数据分析 • 实现可观的收效 • 实现可持续的企业竞争优势	下一步需要做什么？我们的企业能做些什么？我们该如何保有领先优势	成为数据分析大师——实现完全的大数据竞争	大数据分析是业务表现和企业价值的首要驱动因素

达到第五阶段的公司是完全意义上的数据分析型企业，它们在前述的四个方面都达到了极高水平。这些企业之所以开展大数据分析工作，很显然是为了培养企业独特的竞争优势。它们在整个公司层面都采取大数据分析，公司高管满怀对大数据分析的热情，并且希望取得实质性成果。此类公司包括谷歌、凯撒、亚马逊、第一资本、进步保险、奈飞、沃尔玛和UPS，以及我们此前讨论过的几家球队俱乐部。这些公司总是可以把其大数据分析能力应用在公司业务的方方面面，不过它们现在已经开始把分析专注于公司战略所需要的核心能力上。我们最初观察的32家样本公司都或多或少地受益于大数据分析，其中有11家称得上是达到了第五阶段的企业。但需要注意的是，我们将注意力放在了那些对大数据分析产生潜在兴趣的公司身上，因此这一比例绝不能代表大数据分析在所有公司得到了广泛应用。在我们的另一项研究中，我们预计达到第五阶段的企业占比不超过5%（也就是在我们的调查中表示“分析能力是战略的关键要素”的企业总量的一半，我们认为另一半仍处于第四阶段）。国际数据分析研究所最近进行的大数据分析工作水平评估也证实了这一估算量。我们估计，目前处于第五阶段的公司大多是信息密集型服务公司，其中有四家从事金融服务，还有不少是网络公司。但是，我们发现好几个行业都存在处于第五阶段的企业，因此很难从整体上概括大数据竞争行业具有怎样的特质。

达到第四阶段的企业已经触及大数据竞争的边界，但其仍然面临一些小问题，因此没能充分实现这一目标。比方说，这些企业虽然具备数据分析技能，却还没有参与大数据分析竞争的勇气。又或者，虽然这些企业可能已经开展了大量的数据分析工作，却没把主要精力放在构建其独特竞争优势上。只要对大数据分析工作稍加重视，这些企业就能跻身于大数据竞争企业的行列。

在第四阶段，我们一共发现了七家具有代表性的公司。例如，我们研究的某家消费品公司，现在正处于大数据竞争的第四阶段，这家公司在几个业务领域都进行着活跃的大数据分析工作。不过，目前尚不清楚大数据分析是否与这家公司的战略密切相关，公司最近的年度报告中也并没有提及“大数据分析”之类的词汇，大数据分析能力并没有被提升为公司的战略性能力。诚然，这家公司以及我们所研究的所有处于第四阶段的公司，内部有很多员工都在勤奋工作，帮助公司成为一家名副其实的数据分析型企业，但单凭普通员工还不足以实现这一宏伟目标。

处于第三阶段的企业已经清楚地认识到大数据竞争的价值和前景，但它们仍处于大数据竞争的初期阶段。想要真正成为数据分析型企业，这些公司通常还面临着重大障碍，并且离克服障碍还有很长的路要走。我们认为，高管对大数据分析的认知和付出非常重要，只要高管能足够用心，就可以加快公司迈向数据分析型企业的步伐。关于这一点，我们会在第六章中进行更详细的阐述。在我们最初的研究中，我们发现 32 家机构中只有 7 家处于大数据竞争的第三阶段，但已经有越来越多的公司达到了这个阶段。一些公司最近才明确开展大数据分析的企业愿景，并准备付诸行动。还有一些公司的部门职能划分非常明确，业务部门具有极高的自主权，因此很难在整个公司内团结一致地开展大数据分析工作。

例如，进步保险是一家汽车保险公司，它一贯具备数据分析创新基因，目前已经达到了大数据竞争的第五阶段。有一家综合保险公司的首席执行官很愿意引进大数据分析手段，他甚至想要对标进步保险，启用强大的客户导向策略。但是直到最近，这家综合保险公司才勉强开始在传统的量化精算业务之外试水大数据分析，而且截至目前，公司内部负责寿险、财险和意外险的业务部门之间几乎没有任何合作。

我们还采访了三家医药公司的高管，其中有两家目前被我们认定为处于大数据竞争的第三阶段。这三家公司的所有高管都心知肚明，大数据分析是医疗行业未来的核心趋势。临床医学、基因组数据和蛋白质组数据的结合将带来医疗行业数据分析的革命性变化，也将大大推动医疗服务个性化的进程。然而，信息学①尚未完成在医疗领域的实践应用。我们的每一位受访者都承认，想要把握住大数据分析的未来，他们所在的公司和业内其他公司，都还有很长的路要走。其中一家名为福泰制药的公司在大数据竞争方面取得了重大进展，但由于信息学应用的限制，这家公司并没有努力建立全面的大数据竞争力，而是在其各个阶段的业务开展过程中，都尽可能多地利用大数据分析决策进行药物开发和营销。

我们把上述这些处于第三阶段的公司称作“产生数据分析意愿的公司”。尽管它们还面临战略落地问题，但考虑到公司高管的热忱度是推动公司实现大数据分析的核心要素之一，而且只要公司高管的热忱度足够高，就可以相对快速地推动实现大量企业变革，我们将这些公司的大数据竞争水平排在那些虽然进行了更多的数据分析工作但高管对此并无兴致的公司之前。

处于第二阶段的企业充分体现了过去为实现“商业智能”所采用的局部数据分析方法——强调利用一系列数据分析进行业务报告，但这尚达不到构建大数据竞争力的标准。这些企业虽然也进行数据分析工作，却并不打算在分析领域有所作为。我们在初步研究中发现了 6 家具备这种特征的公司，而这一现象在随机样本中更为普遍。国际数据分析研究所的分析显示，这类企业占比最高。

大数据分析工作不会对这些公司的业务方式带来任何改变。比方说，这些公司可能会在市场营销的过程中试着利用数据分析来识别最优质的客户，或对需求进行建模分析，但它仍然会选择面向所有客户群体开展营销，投放给市场的货物量也不会受到需求模型预测结果的影响。虽然数据分析工作可以为公司带来经济效益，但这尚不足以影响公司的整体竞争战略。

① 美国医学信息学协会将信息学在医疗领域的应用定义为“改善人类健康和提供保健服务的数据、信息和知识”。

这些公司所欠缺的主要是高管对大数据竞争的前瞻眼光。虽然一些公司的数据分析技术并不差，可以和那些大量采用大数据分析的公司相匹敌，但它们却没有将这些技术运用于公司战略。

处于第一阶段的企业虽然也想把数据分析纳入公司日常工作，但迄今为止，它们既缺乏这样做的充足意愿，又缺乏这样做的专业技能。我们把这类公司称作“毫无数据分析能力的机构”。它们在大数据竞争方面确实面临着一些实质性的人力和技术障碍，并仍然把精力集中在确保数据质量这样的基础性工作上。这些机构也可能缺乏进行实质性分析所需要的硬件、软件和技能，其高管人员也对大数据竞争毫无兴趣。就算是开展了一些所谓数据分析工作，也不过是不成气候的小打小闹。例如，在我们研究的一个州政府的机构案例中，初步研究阶段的访谈就暴露出以下几点障碍。

受访者指出，政府对于“时间就是金钱”的理念并没有那么强烈的观感，因此需要特殊的契机才愿意推动变革。此外，决策更多的是仰仗预算而非战略。这意味着，州政府决策通常是非常短期的，其关注点往往放在“一个财年内能做些什么”，而很少对政府工作进行长期考量。最后，受访者指出，推广实事求是精神的另一层障碍在于，目前的数据分析工具还并不充分普及。尽管存在这些困难，但州长、行政长官和财政长官对于将改革创新视角和更多的数据分析引入州政府决策非常感兴趣。他们甚至开始招录更多掌握数据分析技能的公务人员。

由于存在前述问题，尽管处于第一阶段的企业抱有成为数据分析型企业的愿望，但要想有所作为依然任重道远，它们还没有走上大数据竞争的道路。由于我们在初步研究中只考察了那些想在大数据分析方面有所建树的企业，因此我们只把两家处于第一阶段的机构纳入分析——一个州政府和一家工程公司（这家公司在人力资源方面的数据分析工作已经大有进展）。如今，没有几家企业愿意承认自己还徘徊在第一阶段——至少大公司都不愿把自己和第一阶段挂钩。处于第二阶段的企业目前仍然占大多数。

例如，如今许多公司还没有对客户的概念进行统一定义，也就没法利用整个公司的客户数据来细分和选择最优质的客户。它们难以将需求和供给信息加以对应，因此无法优化其供应链。这些企业也无法理解那些非财务业绩指标与财务业绩之间有什么关系，它们甚至可能连一张一目了然的员工名单都没有——进而也就更无法分析每个员工的特质。这样基本的数据问题在当今大多数公司中比比皆是。

我们之所以将这些不同的类别称为“阶段”而非“层次”，是因为大多数企业都需要经历上述每一个阶段。但是，如果拥有高管的鼎力支持，部分公司则可能越过某个阶段，或者至少加快升级的进程。随着时间的推移，我们观察到了很多公司在大数据分析方面取得的进展。我们发现，一家加速迈向第五阶段的企业，积极地招兵买马、选购技术，从而在短短几年内就在整个公司形成了大数据分析的格局。制约公司迅速迈进下一个数据分析阶段的主要因素在于改变公司的基本业务流程和员工的日常行为。这始终是公司变革中最困难、最耗时的部分。

在第三章中，我们阐述了大数据分析工作和公司业务绩效之间的关系。我们将在接下来的两章中讨论大数据分析在公司关键业务流程中的应用：第四章描述了大数据分析在财务和人力资源管理等内部流程中发挥的作用；第五章的重点则是利用大数据分析增强公司的对外工作，包括如何与客户和供应商进行个性化沟通。在讨论这些问题之前，我们将首先探究优秀的大数据分析能力与公司业绩之间到底有什么联系。

第三章

大数据分析与公司的业绩表现——如何将大数据竞争力转化为公司的持久优势

在 20 世纪 80 年代，两个金融服务顾问，理查德·费尔班克（Richard Fairbank）和奈杰尔·莫里斯（Nigel Morris）发现了信用卡行业的主要问题以及可能的解决方案。问题在于，这个行业缺乏对个体客户的关注，解决方案则在于开展数据分析。费尔班克和莫里斯认为，数据分析所得出的高价值结论能帮助公司快速发现、精准定位并悉心服务于利润率最高的优质信贷客户，而把那些利润率较低的客户拱手让与其他公司。他们向超过 15 家全国性零售银行兜售了这项“基于信息技术的市场发展战略”，最终弗吉尼亚州的西格内银行采纳了这项战略，并在其信用卡部门进行实践。当时，西格内银行根本算不上是信用卡行业的顶尖企业。

在接下来的两年，费尔班克和莫里斯两人在西格内银行的客户数据库上进行了成千上万次的数据分析测试——这让西格内银行以前那些靠直觉进行分析的专家大为光火。费尔班克和莫里斯发现，利润率最高的客户往往是那些快速借入大量资金，然后慢慢还贷的人。当时，信用卡行业对待这些客户与对待那些“小借小还”的客户别无二致。发现这一机会后，他们的团队迅速推出了业内首张余额代偿（balance-transfer）信用卡。这种信用卡把债务人本身看成“利润极高的”而不仅仅是“具有潜在价值”的客户，进而很快风靡了整个信用卡行业。最终，正是由于费尔班克和莫里斯在数据分析方面的成功，西格内银行将旗下的银行卡部门拆分出来，成立了一家独立的金融公司——第一资本。

如今，第一资本每年进行约 8 万项市场测试，用以提高其服务个人客户的能力。这些市场测试为公司提供了一种成本低廉的有效方法，帮助公司在全面投入某产品的市场营销之前，率先预测这项产品或服务的成功率。以储蓄业务为例，第一资本发现，它在大额可转让存单利率、展期激励、最低余额等方面进行的实验对客户留存率和客户新增率都产生了非常可观的积极影响。通过这样的分析，储蓄业务的客户留存率提升了 87%，吸引新账户的成本则降低了 83%。

通过这种数据分析营销的方法，第一资本能够先于其他银行识别并服务于新的细分市场客户。这种能力的核心在于，第一资本对于新机会的“测试—学习—实践”已然形成了有机的闭环系统。第一资本对于什么措施立竿见影、什么方法收效甚微都了如指掌，从而建立起了独特的战略资产，使公司能够规避无效方法和低价值客户。很少有公司能真正坚持这种大量采用数据分析测试的原则，但第一资本所倚仗的独一无二的战略优势全部建立在这种原则基础之上。

第一资本的大数据分析能力使其成为财富 200 强公司，该公司拥有着令人羡慕的增长和盈利业绩。大数据分析是这家公司持续超越同行并保持竞争优势的核心要素。它甚至启动了一项关于人工智能的重点计划，这是它推出的最新的大数据分析技术。第一资本首席信息官罗布·亚历山大（Rob Alexander）在接受《信息周刊》采访时表示：“机器学习将是银行业的一个重大的创新领域……无论是在数据量方面、与客户的互动量方面，还是在金融产品和服务的复杂度方面，银行业都走在前沿。精益求精的时机已经成熟，机器学习可以为提供更有针对性的定制化金融产品和服务，带来独一无二的解决路径。”

现在让我们把目光转向一家成立时间比较久的公司，它也已经成为一个数据分析型企业，这就是全球酒店和度假村公司——万豪国际。万豪专注于以事实为依据的决策和分析，这一点深深扎根于万豪的企业文化之中。正如万豪的一位高管所言："在这里，一切都靠数据说话。"早在20世纪50年代，万豪就明确了这一定位，当时，酒店创始人威拉德·万豪（J. Willard Marriott）就经常观察其汽车旅馆停车场的停车率，以便适时调整双床房的价格。

在过去的30年里，万豪的策略已由威拉德时代的"简单观察"转型为收入管理——利用数据分析帮助酒店制定最优的客房价格（这个概念也可被理解为酒店行业的"库存"）。这一举动背后的经济学原理非常简单：一家酒店的最佳盈利点在于精准预测出的维持客房满员的最高价格，在这个价格下的收益既优于定价过高导致客房空置，也优于定价过低使得客房供不应求而让利给顾客。万豪率先将收入管理的理念引入酒店行业。尽管其大多数竞争对手在优化收入方面始终对万豪望尘莫及，但在过去30年间，万豪还是不断精益求精。

最近，万豪进一步优化了其数据系统的工作效率，使得酒店客房的定价可以轻松地进行实时调整，并使万豪能够将收入管理进一步扩展到餐饮服务和会议室管理等方面，进而打造出万豪"酒店整体最优化"的业务模式。2003年年底，万豪开始启用全新的收入管理系统，并采用新的指标——"收入机会"衡量业务，从而将酒店获得的实际收入与理想状态下的最佳收入联系起来。不过短短几年时间，万豪的"收入机会"指标就攀升到91%，远高于创建指标时的83%。虽然万豪愿意让其加盟商使用该系统，但它同时也赋予各个地区高管不采纳系统建议的权力，从而应对诸如卡特里娜飓风导致大批群众撤到休斯敦等意外的本地事件。

成功的收入管理系统帮助万豪实现了持续增长的财务业绩。万豪在整个集团都采用了名为"总收益"的收入管理系统。针对集团近6000处门店，该系统可以实现97%以上的收入相关业务流程的自动管理与优化。

万豪一直是利润最高的连锁酒店之一，公司高管和投资分析师将其维持高利润的主要原因归功于收入管理的数据分析。万豪将收入管理的分析模式拓展到业务的方方面面，包括食品、饮料销售以及集团房间定价等，这一点也遥遥领先于大多数竞争对手。

除了收入管理外，万豪还将数据分析嵌入其他几个与客户有关的流程中。万豪通过其“万豪礼赏”客户忠诚度计划识别出利润最高的优质客户，并针对优质客户进行优惠促销活动。此外，万豪还是网络分析的重度参与者，并在酒店行业中率先使用社交媒体进行数据分析。万豪连续 16 年被《财富》杂志评为行业内最受尊敬的公司，这一点离不开其强大的数据分析能力。

另外一家数据分析型企业是美国进步保险公司，进步保险的创新能力使其遥遥领先于竞争对手。进步保险的高管坚持不懈地探索保险市场和商业模式的未知地带，这些市场和模式往往被那些只进行常规数据分析的公司所忽视。

进步保险是第一家在网上实时提供汽车保险的保险公司，也是第一家推出在线比价服务的保险公司——进步保险对自己的定价能力非常有信心，它认为那些比它费率报价更低的公司都是在为无利可图的客户提供服务。进步保险甚至率先推出了一个项目，为那些自愿使用公司“快照技术”的客户提供费率折扣，这项“快照技术”会监测用户突然刹车的频率、时速持续超过 120 千米的时间百分比等指标，从而更深入地挖掘客户信息，帮助进步保险比竞争对手更快更早地发掘新机遇，并在竞争对手发现机会之前采取行动。这项策略连同其他类似的策略，使进步保险能够在竞争激烈的市场中持续蓬勃发展，目前其市值已经超过 190 亿美元。

数据分析型企业每年都会进行数以千计的数据分析测试。《快公司》杂志社（*Fast Company*）的本·克拉克（Ben Clarke）估算了几家数据分析型企业每年进行的数据分析测试次数，具体内容如下。

财捷公司（Intuit）1300次，宝洁公司7000~10000次，谷歌7000次，亚马逊1976次，奈飞公司1000次。与日俱增的不仅是数据分析测试的次数，测试的质量和速度亦不断攀升。现如今，对公司创新程度的真正考验在于数据分析测试的效果。

亚马逊的首席执行官杰夫·贝索斯曾表示：“亚马逊的成功取决于每年、每月、每周甚至每天做多少次数据分析测试。我们尽量降低成本，以便尽可能多地进行测试。如果能把测试数量从100次增加到1000次，那么我们所研发出的创新产品也会大大增加。”

亚马逊、第一资本、万豪国际和进步保险的故事有什么共同点？这些案例不仅展示了大数据竞争的概念，更诠释了广泛应用大数据分析方法与公司业务绩效之间的直接联系。在本章中，我们将更详细地探讨这些关系，并阐述几家成功的公司如何将其在数据分析方面的能力转变为差异化和持久化的竞争优势。

大数据分析对公司业绩影响的证据

许多研究人员发现，以事实为基础的决策过程对公司业绩的出色表现至关重要。例如，在《从优秀到卓越》（*Good to Great*）一书中，吉姆·柯林斯（Jim Collins）指出：“突破性的结果来自一系列明智的决定、排除万难的执行力和持之以恒的积累。（从优秀走向卓越的公司）做出的优质决策比劣质决策要多得多，也比其竞争对手要多得多。这些公司在决策全流程中，都会将残酷的现实情况纳入考量。如果不正视残酷的现实，你绝对不可能做出任何明智的决定。”

有些研究人员还开始记录，企业投资于一项数据分析技术之后可以获得多少回报。例如，国际数据公司（IDC）是一家技术研究公司，它在一项研究中发现，那些提高产量型数据分析项目的投资回报率中值为277%；财务管理型数据分析项目的投资回报率中值为139%；人力资源管理型数据分析项目的投资回报率中值为55%。研究还显示，使用预测技术的数据分析项目的投资回报率中值为145%，而没有采用预测技术的项目的投资回报率中值为89%。核子研究公司（Nucleus Research）是一家研究技术价值的公司，这家公司对数据分析项目的投资回报进行了多年研究。2014年，核子研究公司的调查结果显示，花在数据分析上的1美元平均回报为13美元。

类似地，贝恩咨询公司（Bain & Company）在2013年对全球400家大公司进行了调查，并向受访高管了解了这些公司的数据分析能力。该公司的结论是，只有4%的公司“真正擅长分析”。但数据分析型企业具备下述特征：

- 在其行业内进入财务业绩排名前25%的可能性翻倍；
- 按预期执行决策的可能性提升了三倍；
- 更快做出决策的可能性提升了五倍。

为了填补大数据分析对公司业绩影响的证据空白，我们进行了两次调查——在第一次调查中，我们对32家公司进行了深入抽样，并对这些公司的数据分析情况进行评级；在第二次调查中，我们对那些优化了企业分析系统的公司进行了更深入的调查。

在第一项研究中，我们运用的是第二章中介绍的五阶段评级法，其中第一阶段意味着公司在大数据竞争方面面临大量挑战，第五阶段意味着公司具备熟稔的数据分析能力。接着，我们收集了所有调查对象的财务业绩数据。在对财务数据进行统计分析后，我们发现大数据分析能力与企业五年复合年增长率之间存在显著的正相关关系。①

在第二项研究中，我们对371家大中型公司的450多名高管进行了调查。我们将这项研究限于那些已经至少在企业系统的两个结点实施了数据分析策略的公司，进而确保有足够数量和质量的数据可供分析。②这项研究涵盖了8个行业的34家公司，是对早先一项关于企业系统和数据分析价值研究的后续跟进。

在这次调查中我们发现，企业制度与其决策有直接关系。例如，虽然许多企业最初投资于企业分析系统的目的是提高效率和简化流程，但我们发现，节约成本并不是其首要目标。在这两项研究中，大多数受访者（53%）将“改进决策”看作其三大业务目标之一。企业最初投资于企业分析系统的目的是想获得可靠的业务数据和单纯可靠的事实——这是发展数据分析能力的重要前提——从而帮助公司高管做出更明智、更快速的决策。公司能够确保其数据均为可靠的优质数据之后，公司高管就能将工作重点转移到如何利用数据和系统进行更好的决策上。

我们还发现，随着时间的推移，企业的数据分析能力往往会越来越强，对数据分析的依赖程度也会大大加深。在第一项研究中，近一半（45%）受调查的公司反映，公司的数据分析能力微乎其微，甚至压根儿没有进行过数据分析。然而四年后，只有8%的受访者表示其公司缺乏基本的数据分析能力。如今，几乎每家大公司都具备一定的大数据分析能力。

同样，拥有高质量数据分析能力和优质、充分的管理信息的企业数量翻了一番，占比从28%跃升到57%。

---

① 肯德尔的托布系数：0.194，误差：0.107（单尾测试）；斯皮尔曼的罗数系数：0.272，误差：0.094（单尾测试）。公开报告公司（N=20）样本量小，解释了显著性水平相对较低的原因。

② 在本研究中，我们将企业系统定义为集成软件包（来自SAP和甲骨文等供应商），可满足企业的大部分日常事务数据处理需求。

最重要的是，我们发现（以及其他研究人员随后的研究证实），数据分析与公司业绩之间存在着惊人的相关关系。当我们将业绩优异的公司（即那些在利润、股东回报和收入增长方面优于同业的公司——约占样本的13%）与表现不佳的公司（占样本的16%）进行比较时，我们发现，大多数高业绩企业会战略性地在日常运营中进行数据分析。而约10%的高管认为数据分析是公司战略的关键要素。业绩优异的公司进行战略性分析的比率比样本总量平均水平高出50%，更是表现不佳公司的5倍。

我们还发现企业对数据分析的依赖度与出色业绩表现之间息息相关。热衷于数据分析的公司（那些对我们所有问题的回答选项都是4或5的公司）占样本总量的25%（共有93家公司），它们对分析的热衷程度与公司收入、利润、股东收益等财务表现高度相关。[①] 事实上，低业绩和高业绩企业之间最明显的区别正在于，这些公司对数据分析的态度不同、运用的程度有别（见图3-1）。[②] 举例而言，65%的高业绩公司表示，它们具备高质量的决策支持或实时分析能力，而这一数字在低业绩公司中只占23%。只有8%的低业绩公司非常重视数据分析结论，而高业绩公司中的这一比例为36%。在我们的研究中，虽然1/3的低业绩公司认为它们拥有高于行业平均水平的数据分析能力，但高达77%的高业绩公司有数据分析的认知。最后，40%的高业绩公司会在整个企业内部广泛使用数据分析，但只有23%的低业绩公司实现了这一点。

① 利用皮尔逊的产品－时刻相关性系数，利润与分析方向具有显著的正相关关系，其 r=0.136（p=0.011）；收入增长在 r=0.124（p=0.020）时显著相关，股东回报在 r=0.122（p=0.022）时显著相关。

② 为实现研究目的，高业绩公司和低业绩公司是通过要求受访者评估他们公司在行业中的利润、股东回报和收入增长的排名（从1到5的尺度）来定义的。表现最好的选手得分为14分或更高（可能得15分），13%的样本得分在此级别。表现不佳者得分为8分或更少，占样本的16%。我们发现这些分数与公开报告的业务绩效相关。我们排除了政府受访者，因为无法使用这些标准来评估政府机构。

	低业绩公司	高业绩公司
具备较强的决策支持 / 分析能力	23%	65%
在很大程度上重视数据分析结论	8%	36%
具有高于行业平均水平的数据分析能力	33%	77%
在整个企业中使用数据分析	23%	40%

图 3-1 大数据分析的重要性：高业绩公司与低业绩公司的对比（2006 年）

之后的研究也得出了类似的结论。2010 年，麻省理工学院《斯隆管理评论》和 IBM 公司分析了来自 100 多个国家和 30 个行业的 3000 名高管的数据。研究人员的结论是："表现优异的企业使用数据分析的比例是表现不佳的企业的 5 倍。优质企业对待业务运营的方式与一般企业不同。具体而言，它们会尽可能广泛地将数据分析用于大大小小的决策。它们采用数据分析来引导企业未来战略方向的比例是一般企业的两倍，使用数据分析结论指导日常运营的比例也是一般企业的两倍。这些企业依据严格的数据分析做出决定的比例是表现不佳的机构的两倍多。"

2015 年，埃森哲公司（Accenture）和麻省理工学院的大卫·辛奇 - 利维（David Simchi-Levi）教授完成了一项为期 7 年的研究，通过分析来自 9 个国家和 8 个行业的 864 名受访者，他们得出结论："一家公司越是坚定地使用数据分析，其业绩表现也就越为出色。"（见图 3-2）。他们的调查发现，与业绩不佳的企业相比，业绩出色的公司有如下特征。

- 业绩出色的公司在关键领域使用数据分析来帮助自己做出决策的数量是业绩不佳的公司的 2 倍。
- 业绩出色的公司在决策中嵌入数据分析的数量是业绩不佳的公司的 2 倍。
- 业绩出色的公司能够将预测分析所得的结论以更快的速度嵌入其核

心业务流程中，并根据业务需要，持续对公司决策和业务流程进行观测和调整。

- 业绩出色的公司更倾向于将其技术方面的支出大比例投资于数据分析，这项投入往往是其他项目投入的3倍。
- 业绩出色的公司在聘请人才、培训人才和专家咨询等人力资源分析方面的支出比业绩不佳的公司高出了一倍。

这项研究充分表明，对于任何想要提高业绩的公司而言，投资于大数据分析是非常明智的选择。此外，我们的研究还证实，虽然采用数据分析作为其核心竞争力的公司还较少，但越来越多的公司希望在这方面有所作为。这些公司的领导层非常希望能在大数据分析上进行投资，以此作为提高公司业绩的手段。

	低业绩公司	高业绩公司
利用数据分析实现特定的业务成果	39%	79%
将预测分析结论嵌入公司关键业务流程中	34%	79%
持续对公司决策和业务流程进行观测和调整	32%	84%
在数据分析方面的投资超过其总投资的四分之一	17%	59%
将更多支出用于人力资源分析（包括聘请人才、培训人才和专家咨询）	40%	82%

图 3-2　大数据分析的重要性：高业绩公司与低业绩公司的对比（2015 年）[①]

将数据分析打造为企业的竞争优势

对数据分析抱有怀疑态度的人士可能会嘲笑说，数据分析无法为企业

① 资料来源：埃森哲、麻省理工学院的研究报告《利用分析取胜》（2015 年）。

提供可持续的竞争优势，因为任何一项见解或分析最终都可以被竞争对手采用。的确，一项数据分析结论可能只会带来短暂的好处。例如，收益率管理一度为美国航空公司提供了强大的支持，但此类管理现在在各家航空公司都已经司空见惯。

但是，企业可以采取多种方法来提升其在大数据分析方面的竞争优势。一些企业可以逐渐积累起关于其现有客户和潜在客户的独家数据，而其竞争对手对此却无法企及；一些企业能以独特的方式整理、调试并且操作数据，以供其客户使用；一些企业会开发特有的算法，从而获得更明智、更有见地的大数据分析结论，以便做出决策；还有一些企业会将大数据分析纳入公司特有的业务流程中，从而使其产品和服务变得与众不同。可以说，大数据分析已经越来越多地融入创新产品和服务中。

无论采用何种方法，如果企业想保持竞争优势，就必须明智地应用数据分析，高效执行分析结果，并不断进行更新。大数据竞争中的佼佼者通常具备以下能力。

- **难以复制**。照搬照抄其他公司的技术软件或技术产品，从而坐享其成是一回事（比如简单粗暴地制定产品价格、确定售卖位置或制定促销计划），想要将大数据分析融入企业文化则完全是另一回事。例如，其他很多银行也曾试图复制第一资本的实验和测试策略，但都没那么成功。采取大数据分析战略取得成功的银行，诸如英国的巴克莱银行，都找到了自己独特的竞争路线。第一资本的策略是坚持不懈地寻找新客户；而巴克莱银行则利用大数据分析，将新产品销售给现有的庞大客户群，从而提升单个客户的“利润率”。
- **独一无二**。成为数据分析型企业并没有特定的成功之路，每家公司进行大数据分析的方式都是由其企业战略和市场地位所决定的。例如，在娱乐行业，凯撒娱乐使用大数据分析来鼓励客户进行消费。

凯撒娱乐的策略对于“印象派”公司的史蒂夫·韦恩（Steve Wynn）而言就不太有吸引力，后者以直觉为基础，按照其独一无二的奢华风格打造了安可度假村和永利度假村。

- **能够适应多变的环境。**数据分析型企业能够跨越公司内部各部门的界限，以创新的方式应用大数据分析能力。例如，斯普林特公司（Sprint）没费多大劲儿就把自己在营销方面的数据分析经验运用于人力资源分析，用以改进其人力资源管理流程。该公司依托其“客户产品体验周期”模型搭建了一个类似的“员工职场体验周期”模型，从而优化聘用流程，留住优秀员工。
- **优于竞争对手。**哪怕是在那些数据分析专家盛行、数据量庞大的行业，一些企业也比其竞争对手更善于利用信息。例如，虽然每个金融服务公司都可以从FICO获得消费者信用风险信息，但第一资本凭借其出色的数据分析技能，对潜在的风险信贷客户做出更精准的判断，从而超越其竞争对手。第一资本的管理层提到了“去平均”的概念，即如何打破类别化或指标化概念的束缚，从而赢得更多的大数据分析优势。
- **可持续更新。**任何一项企业竞争优势都需要建立动态目标，进而对企业的竞争优势进行持续优化、不断投资。大数据分析特别适合进行持续创新、定期更新。例如，进步保险就认为，自己的竞争优势在于通过大数据分析提升公司业务的灵活性。当竞争对手注意到进步保险瞄准新的细分市场，如二手摩托车市场时，进步保险已经悄无声息地占领了这个市场，并把目光投向了下一个机会。当其他保险公司还在采用参考信用评分的定价方法时，进步保险已经开始开发“快照式”的即收即付系统了。

需要注意的是，一些行业会受到严格监管，或数据可用性有限，处于这些行业的公司会不可避免地受到限制，难以充分发挥大数据分析的功用。例如，在美国境外，制药公司无法从医生个人那里获得有关处方药的数据。因此，与美国市场相比，世界其他地区的药品营销工作的数据分析能力普遍要低得多。但在其他情况下，大数据分析可以永久地改变一个行业，或迅速地变革一项业务流程。正如《魔球》和《做空大师》的作者迈克尔·刘易斯在谈到投资银行时指出的那样："金融衍生品和其他新型金融工具的引入，使得资管公司面临着史无前例的复杂局面。以往那些依赖直觉买进卖出的学院派正在眼睁睁地看着年轻的 MBA 们以及更厉害的——麻省理工学院的博士生们凭借其前所未有的大数据分析能力和丰富知识进行交易。不到十年时间，这些老家伙就要被扫地出门了。"[①]

政府数据分析

到目前为止，我们还没有进行太多关于政府数据分析的讨论，因为我们在这本书中重点说的是企业应当如何进行大数据分析竞争，而政府机关的行事风格与传统意义上的市场化机构并不相同。各国政府确实在军事领域进行着大数据竞争，最早在政府中使用数据分析的领域就与国防息息相关。这也不足为奇，毕竟开发第一批计算机的目的就是用来计算导弹轨迹之类的军事数据。罗伯特·麦克纳马拉（Robert McNamara）在 20 世纪 60 年代担任美国国防部长时，向军队广泛地引进了数据分析方法——虽然当时的数据分析实践并不总是成功的。在目前的军事现状下，大数据分析被广泛用于军事情报领域，包括自动分析文字和语音通信，虽然这有时会引起相当大的公众争议。

① 摘自迈克尔·刘易斯 2006 年 6 月 16 日于旧金山在埃森哲公司的演讲。

然而如今，大数据分析在各级政府中已被广泛使用，从基层政府到州政府、再到联邦政府不一而足。大数据分析虽然不一定能提高政府的竞争能力，但肯定可以使政府的办事效率大幅提高。例如，基层政府利用犯罪统计分析来震慑犯罪分子，这称得上是利用大数据分析手段取得的令人最为叹为观止的成就之一了。在纽约市，警方的“警务情报系统”（CompStat）可以将犯罪行为与市内的具体地点联系起来，用于指导警察该如何选择驻警地点。“警务情报系统”之所以能够成功，也离不开纽约市政府愿意将决策放权到辖区层面。自应用以来，“警务情报系统”为减少纽约犯罪情况做出了卓越贡献，并受到各界的广泛赞扬。然而，还有其他几个因素同时发生了变化，因此很难单独剥离出“警务情报系统”产生的积极影响。[①]

就在最近，纽约警察局和微软联合推出的“区域感知系统”（Domain Awareness System，DAS）正销往美国各地。该系统能够借助大数据分析的力量，更精准地迅速实现打击犯罪和防止恐怖袭击的目的。DAS 系统的传感器等各类设备采集的数据量达到了惊人的水平，它能采集：

- 来自 9000 个闭路摄像机的图像信息；
- 来自全市 500 个电子眼读取的超过 20 亿个车牌数据；
- 600 个固定或移动（通常由警官佩戴）的辐射传感器；
- 覆盖 24 平方英里（约 62 平方公里）的枪声检测系统；
- 来自 5400 万个市民拨打的紧急救助电话的语音转文字数据；
- 该系统还可以调取纽约警察局内部的犯罪记录系统，其中包括 1 亿张传票。

① 摘自维基百科对 CompStat 的描述。史蒂文·莱维特在《了解 20 世纪 90 年代犯罪率下降的原因：解释衰退的四个因素》中质疑了 CompStat 对降低犯罪率的影响，该文载于《经济展望》杂志 2004 年冬季第 1 期第 163~190 页。

在美国其他地方，多个城市的警方都在利用大数据分析手段打击犯罪活动，并在最能止暴制乱的区域部署警力。亚特兰大警方通过引进“警务预测解决系统”，使其总犯罪量下降了 19%。洛杉矶警方通过预测模型，使入室盗窃案件量减少了 33%，城区暴力犯罪案件量减少了 21%。

除了预防犯罪，还有许多值得在全美国政府机构推广的数据分析软件，其中一些可以大幅节省政府经费。包括马萨诸塞州在内的几个州都进行了财政优化数据分析，并节省了数亿美元；这些数据分析既适用于应税报酬，也适用于非税报酬。还有一些州政府推行了欺诈监测分析，从而减少对社会福利、购物优惠、医疗保险和医疗补助的欺骗性支付。此外，自然资源部门还采用大数据分析手段，对矿产、天然气、石油以及公园等公共资源进行数据建模和优化改善。

纳税分析是美国联邦政府在国防领域以外最早进行的大数据分析项目之一。美国国税局（IRS）于 1963 年启动了“纳税合规度计划”，用于分析哪些纳税人可能在纳税方面弄虚作假，从而缩小纳税人在实缴税款和应缴税款之间的“税差”。对于国税局而言，这项计划非常有用，但也有人认为数据收集成本过高并侵犯隐私，因此这项计划在 1988 年被终止。2000 年，国税局重新启动了大数据分析工作，推出了“国家研究计划”，并继续将其作为分析纳税合规情况以及确定纳税基数的依据。

医疗保健也是政府机关广泛应用大数据分析的领域之一。医疗保健支出是联邦政府的一笔主要开支，它也是联邦政府最大的非国防支出项目。医疗保险和医疗补助虽由联邦政府实际支付，但由各州分别管理。退伍军人事务部下属的退伍军人医院是联邦政府层级的一个大型医疗机构。这家医院利用电子病历和相关分析，成功跻身美国最优秀的医疗机构之列。正如《商业周刊》一篇题为《美国最好的医疗服务》的文章所描述的那样：“20 世纪 90 年代中期，时任退伍军人事务部副部长的肯尼斯瓦·凯泽（Kenneth W. Kizer）博士，主持搭建了美国最先进的电子病历系统。凯泽还推动了医疗分散化决策，关停了效率低下的医院，重新分配了医疗资源。最关键的一点是，他主持建立了医疗问责制度以及聚焦于医疗质量的办事风格。”

退伍军人医院采用了慢性病预测模型、循证药物学、自动化治疗方案、电子化药物处方决策等大数据分析方法。退伍军人医院所形成的经验充分说明，大数据分析对政府部门也可以产生与市场化机构一样的积极影响。

虽然退伍军人医院饱受批评，比如老兵等待治疗的时间过长等，但总体而言，其护理标准仍然很高。2014 年，宝洁公司前首席执行官、数据分析的有力倡导者罗伯特·麦克唐纳（Robert McDonald）被任命为退伍军人事务部部长。他进行了一系列数据化改革，其中一项就是设立中央数据分析司，以便为整个退伍军人事务部提供大数据分析方面的专业知识。

世界各国政府都在越来越多地采用大数据分析预测。新加坡一项名为“智慧国家”的综合城市规划系统，正在从各个层面改变着公共政策的决策方式。无论是从战略层面（如经济规划），还是业务层面（如交通规划），抑或到实施层面（如确定当地图书馆应陈列哪些书籍），都可以看到这个系统的身影。爱尔兰税务和海关管理局等政府机构也通过运用预测模型来辨别虚假的报税单，从而提高国家税收。荷兰、乌拉圭、巴西、智利和阿拉伯联合酋长国已开始运用大数据分析预测手段侦破案件，并打击犯罪活动。菲律宾的急救人员运用大数据分析预测手段来提高该国对自然灾害的防御水平。

向客户提供大数据分析产品和服务

虽然本书重点在于介绍企业应当如何使用大数据分析来优化其核心业务流程，但事实上，企业还有另一种方式可以从大数据分析中获利，即直接向客户提供大数据分析产品和服务。企业既可以开发独立的大数据分析产品，也可以将大数据分析作为自家现有产品的增值服务。对于有能力考虑这一选择的企业，我们在这里不妨简单说上几句。

正如我们在前言中提到的那样，这种对大数据分析产品的关注在数据分析 2.0 时代就已经初现端倪。在那个时代，谷歌是通过大数据分析来拓展业务的最佳范例。谷歌不仅在其搜索服务中向消费者提供大数据分析业务（我们将在第四章中对此进行详细讨论），同时还为广告商提供大数据分析服务（我们将在第五章中对此进行详细讨论）。谷歌在 2005 年收购了一家网络数据分析公司，并把这家公司的业务改造为人人可用的“谷歌大数据分析服务”，为优化搜索引擎（SEO）、提高客户参与度、增加点击率和其他广告营销计划提供大数据支持。这家网络数据分析公司创造了一套独特的商业模式：它向客户免费提供大量服务（当然，它也附带一个付费的“专业版”，内含更复杂的大数据分析功能）。谷歌之所以愿意提供免费大数据分析服务，是为了通过获取网站和用户行为的相关指标来提升自身对互联网数据的理解。谷歌并没有选择与其他网络数据分析供应商展开竞争，而是试图“普度众生”，帮助网站发行商和广告商了解它们的营销方案是否奏效，以及如何从互联网这一新兴渠道中获利。使用网络大数据分析的人越多，互联网的整体体验就会越好，从长远来看，谷歌也会从中受益。谷歌甚至成立了一个线上的“大数据分析学院”，用来普及网络大数据分析的基本原则。此外，谷歌还发布网络大数据分析方面的文章，举办网络研讨会，并提供相关公共课程。

正如我们在前言中提到的，大型企业也开始推出大数据分析相关的产品和服务。例如，通用电气就在“工业互联网”上押注数十亿美元，投资涵盖了涡轮机、喷气发动机和机车等保养维护预测软件、机车线路优化分析、医疗保健数据分析等方面。[①]威瑞森电信公司在体育娱乐公司和酒店住宿公司的授权下，分析其客户的手机定位数据，从而更精准地确定广告和服务的投放对象。飞利浦公司则推出了一项名为“CareSage”的数据分析服务，通过综合运用（来自自家公司和竞争对手的）可穿戴设备和家庭监测器的数据，为老年患者提供综合完善的体能监测和健康护理服务。这套数据分析系统可以识别出最有可能出现健康问题的患者，从而方便临床医生在病情爆发或需要住院之前就提前诊治患者。简而言之，如果您的公司可以生成与客户相关的数据资料，那么您可以考虑一下如何对数据进行优化分析，从而将优质的产品和服务回馈客户。

毫无疑问，金融投资公司也是最早将大数据分析作为其核心竞争力的行业之一。算法交易在整个金融行业遍地开花，人们普遍认为，金融决策的数据量太大、速度太快，以至于不可能仅凭人力完成分析工作。以桥水基金（Bridgewater Associates）、复兴科技基金（Renaissance Technologies）、二西格马基金（Two Sigma）为代表的诸多对冲基金公司几乎全盘仰仗大数据分析进行交易决策，而且这些基金的收益率甚是可观。正如最近一篇文章所言：“像二西格马和复兴科技这样的量化基金近年来一直取得稳健的投资回报，而大多数依靠人脑进行交易决策的对冲基金则在及格线边缘勉力挣扎。”这些量化对冲基金的投资经理可谓是全球报酬最高的商务人士，其年收入往往高达数十亿美元。

大数据分析的趋势也反映在数据分析咨询行业的崛起上。埃森哲、德勤、IBM等公司已将大数据分析咨询作为满足客户需求的行业增长点。这些公司的分析师通过帮助客户建立大数据分析能力，解决客户各式各样的战略问题，抑或是帮助客户构建和完善特定的业务计划（如客户忠诚计

① 参阅马尔科·安西蒂、卡里姆·拉哈尼的文章《数据普及：连接、传感器和数据如何彻底改变商业》，该文载于《哈佛商业评论》（2014年11月）。

划）。他们经常为特定行业量身定制解决方案，如帮助金融服务行业开展自动授信业务等。咨询行业的量化分析师可以帮助客户完成那些需要大量数据分析的解决方案，而信息管理专家则可以帮助客户搭建强大的数据分析技术环境。在广告营销、供应链管理等特定行业有专长的分析师往往与客户密切合作，而单纯具有技术专长或统计技能的分析师则越来越多地驻扎在海外，特别是在印度。

有的时候，从事大数据分析的公司也会承接数据管理咨询等相关业务。唐恩杭比（Dunnhumby）是一家自称在消费者分析领域颇有心得的公司，它利用数据科学帮助零售商吸引客户、建立品牌忠诚度。在零售领域，唐恩杭比与乐购公司（Tesco）密切合作，帮助这家巨型零售商提高客户复购率。它推出了“乐购卡”计划，“乐购卡”成为乐购公司优化商品采购的重要分析工具（我们会在第五章更深入地分析乐购公司）。唐恩杭比还与美国的克罗格公司密切合作，开展类似的客户忠诚计划。

卡塔琳娜公司（Catalina）也向零售商兜售大数据分析服务，帮助后者了解优惠券等促销活动的实际效果。这家公司每周从5万多家零售商那里采集超过3亿笔交易数据。在这些零售商的数据授权下，卡塔琳娜拥有全球最大的数据库之一，其中包含了2.6亿多条采购数据记录。卡塔琳娜分析整合关于客户购买行为、人口特征、购买态度和偏好等方面的信息，并将这些信息出售给零售商。此外，卡塔琳娜基于大数据分析结果，向客户提供定制化的优惠券设计业务。卡塔琳娜称，它采用的新型设计方案可以将优惠券的平均兑换率提高到传统促销方法的十倍以上。

在许多情况下，仅仅出售数据是不够的，还需要有人能够真正解释和使用数据。因此，很多公司往往还需要从外部供应商那里购买咨询服务。例如，信息资源公司（IRI）长期以来从成千上万的零售商终端、消费者终端以及食品监管部门收集数据，进而了解零售终端的消费模式。就在最近，IRI更是将业务拓展到消费品和制药行业，帮助相关企业分析数据，做出利润更高、效果更好的广告营销决策。曾任 IRI 全球商业和消费者洞察部门负责人的苏尼尔·加尔加（Sunil Garga）认为，由于大数据分析的兴起，“在过去的 24 个月里，市场营销领域日新月异，比过去 24 年产生的变化还要大，而且这种变化速度只会有增无减。可以说，这是一场大数据分析革命”①。

对于销售数据本身和数据分析能力的公司来说，它们面临的挑战在于如何让客户相信自己对大数据分析能力存在需求。根据我们采访到的高管意见，客户之所以不愿为数据分析付费，主要原因并不是为了节约成本，而是他们对大数据分析方法及其能够取得的成效缺乏了解。这也正是谷歌通过其数据分析产品向公众普及网络大数据分析方法的原因所在。

在一系列的销售数据分析革命中，许多老牌公司也不甘落后，想要通过大数据分析方法来提升其产品价值。例如，医疗产品公司正在设计带有传感器的产品，以便能够远程分析健康数据，避免客户反复去医院诊疗之苦。此外，人们还发明出可以传输数据的备份机，这些备份机可以提醒服务提供商及时对主机进行保养，避免宕机。在不久的将来，洗衣机也将能够“倾听”嵌入衣服内的传感器，从而确定合适的洗衣温度。

随着可穿戴传感器的出现，大数据分析产品甚至出现在高尔夫球运动领域。高尔夫球运动在过去几十年里与技术创新可谓相生相伴。以佳明公司研发的 TruSwing 挥杆智慧分析仪为例，它由一个传感器组成，该传感器可连接到所有安装在智能手表、手机和平板电脑上的数据分析软件中，并根据玩家的挥杆动作、球的飞行轨迹和距离进行分析，从而提高挥杆的效率。高尔夫球玩家可以在每次挥杆后从手表上获得即时的挥杆反馈，也可以使用移动软件生成精准的 3D 动画，进而获得更详细的数据分析。高尔夫

① 本材料来源于珍妮·哈里斯于 2006 年 10 月 2 日对苏尼尔·加尔加进行的电话采访。

球玩家不仅可以分析个人的挥杆波动，还可以与朋友的挥杆动作进行比较分析。这样一来，客户就可以与朋友或职业球员分享运动数据，并获得如何提高挥杆水平的专业指导。

大数据分析的边界

我们希望自己可以断言，只要企业具备出色的大数据分析能力，就能高枕无忧地坐等公司业绩提升，但也有不少例子可以反驳这一说法，大型航空公司就提供了反例。美国航空公司和美国联合航空公司都是采用大数据分析方法的先驱，都进行了座位定价收益管理、航线优化管理、资源调度优化管理以及客户忠诚度分析（其中美国航空公司比美国联合航空公司更胜一筹）。毫无疑问，如果不采用大数据分析，这些航空公司的情况只会更差，但在过去20年的大部分时间里，这两家公司的表现都很糟糕。当然，燃料价格下跌和航空业整合使两家公司最近的表现有所改观，并且它们都还在努力探索新的数据分析方法。

为什么会陷入这种局面呢？有两大因素导致这些公司在长达几十年的时间里无法成功地实施大数据分析策略。

第一，它们虽然采取了大数据分析手段，但其所分析的业务模式已经过时了。虽然两家大型公司都率先对收益率进行数据分析管理，但廉价航空公司仍然能够推出价格更低的机票（这里的低价是指平均而言，而不是指特定的座位）。同时，虽然两家大型公司率先分析了如何优化许多不同机型的复杂航线，但像西南航空这样的竞争对手只需使用一种机型就节约了资金，也省了很多麻烦事。此外，大型公司虽然在数据分析的基础上率先推出了客户忠诚度计划和促销活动，但这些公司为客户提供的服务太差，资源也有限，以至于飞行常客很难对大型航空公司产生信赖。

第二，其大数据分析策略不成功的另一个原因在于，其他航空公司也采用了这些方法。即便是西南航空和捷蓝（JetBlue）等廉价航空公司，也会认真进行收益率管理和机组调度分析。倘若这些廉价航空公司内部缺乏大数据分析能力，它们还可以从维塔瑞技术公司（Navitaire）、PROS 公司或沙博顾问公司（Sabre Airline Solutions，以前是美国航空公司的一部分，但现在已重组为一家独立公司）等供应商那里购买大数据分析服务。对于那些有心进行大数据分析的航空公司而言，要想获取行业数据其实并不难，行业协会和外部数据提供商都有大量的航空数据。

总之，航空公司采用大数据分析方法的障碍很少，因此必须非常努力，才能在大数据竞争中脱颖而出。未来，也许航空行业还会出现大数据分析的全新走向。

本章小结

亚马逊、第一资本、万豪国际、进步保险和谷歌等公司的成功表明，使用大数据分析可以带来出色的业绩，甚至使企业具备核心竞争优势。十多年的研究表明，大数据分析能够带来丰厚的回报；调查数据也证实，大数据分析方法与优秀的企业绩效息息相关。此外，我们还讨论了使大数据分析方法成为企业竞争优势来源的五大因素。在接下来的两章中，我们将更详细地探讨某些公司是如何利用大数据分析超越其竞争对手的。其中第四章主要讨论公司内部流程，第五章则讨论客户和供应商等企业外部流程。

第四章

公司内部流程中的大数据分析——如何优化财务、并购、运营、研发和人力资源管理

大数据分析可以应用到企业的许多业务流程中，从而帮助企业获得竞争优势。我们把大数据分析支持分为两类：内部流程支持和外部流程支持。第五章将讨论大数据分析的公司外部应用（也就是与客户和供应商密切相关的业务），本章则将侧重于大数据分析的内部应用（请参阅图 4-1）。这二者之间并不总是泾渭分明，就本章内容而言，公司内部流程有时也会涉及外部数据和其他企业，但供求关系、客户和供应链相关的内容并不是本章重点。公司内部流程的重点在于公司内部管理，如财务会计、业务研发和人力资源管理等。事实上，大数据分析最开始只是运用于公司内部的管理决策。直到最近，因为公司积累了更优质的外部数据，可以与外部世界实现联动，大数据分析才被纳入到与客户和供应商的合作中来。

因此，问题的关键并不仅仅在于确定哪些业务流程可以通过数据分析的手段加以优化，更在于帮助企业构建具有战略意义和竞争优势的内部管理体系。例如，每家公司都可以轻松建立财务考评制度或运营计分系统，但这到底将如何帮助公司形成独特的战略能力呢？无须多言，与客户息息相关的领域更可能具有战略价值。因此，内部数据分析必须在这一方面进行努力，才能产生战略性影响。换言之，大数据分析应当帮助企业切实提升财务水平或业绩。我们在《用于公司内部流程的常见分析方法》这一专

题框中列举出了一些常见操作。

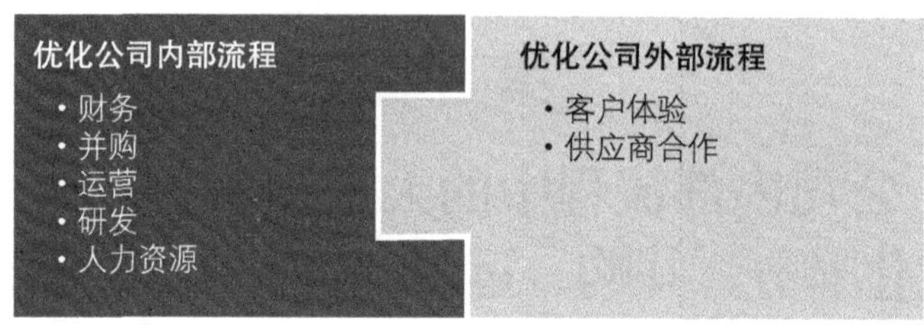

图 4-1 大数据分析的应用领域

用于公司内部流程的常见分析方法

- **ABC 成本法**（activity-based costing，也被称为作业成本分析法）。ABC 成本法的首要任务在于准确地将成本分摊到业务的各个方面，包括客户关系、生产流程和分销渠道等。ABC 成本法依据公司所开展的活动、材料、资源和产品进行建模，然后再根据成本预测需求，从而实现成本优化的目的。
- **贝叶斯估计法**（可用于预测收入）。利用贝叶斯定理，结合新的证据及以前的先验概率，可以得到新的概率。
- **组合优化法**（可用于优化产品组合）。当部分或全部变量的值必须取整数（比如人数必须为整数）且有许多可能的组合时，利用组合优化法可以高效分配有限的资源，从而确定实现特定目标的最佳解决方案。这种方法也被称为整数编程法。
- **约束分析法**（可用于产品配置）。使用一个或多个约束条件，得出满足算法的一组可行解。约束分析法可以通过对约束条件进行编程，利用一个或多个算法，实现特定配置并解决相应问题。
- **实验设计法**（可用于网站分析）。举个简单的例子，参与者被随机分配到两组中，其中一个组（也称程序组或实验组）利用程序进行特定行为，另一个组（也称比较组或对照组）则不利用程序采取行动。如果是否利用程序会导致结果变量的统计存在显著差异，则认为该程序具备假设的效果。

- **未来价值分析法**。将企业市值拆分为现有价值（对企业现在值多少钱的推断）和未来价值（对未来增长预期的推断）。
- **遗传算法**（可用于代码破解或产品工程设计）。遗传算法是借助进化和自然选择中发现的原理所开发出的一种随机优化模型和搜索技术。当存在大量变量和复杂约束条件时，遗传算法尤其派得上用场。适用遗传算法的例子包括卫星通信的最优调度、货物最优装载量计算、交货路线优化等。
- **蒙特卡洛模拟**（可用于研发项目的估值）。蒙特卡洛模拟是一种计算机技术，它通过对多个实验中的假设事件进行数学建模，并将结果与预定的概率分布进行比较，来评估某些结果或风险的概率。
- **多元回归分析**（可用于判断非财务因素将如何影响财务业绩）。多元回归分析是一种统计技术，可用于确定一组自变量对单个因变量的影响。
- **神经网络分析**（可用于预测所需的工厂维护）。神经网络分析是一种以大脑结构和大脑运作方式为模型的系统，神经网络系统的状态可以不断进化，最终可以自主区分输入数据的类别，并且运用在大型数据库中。通常情况下，神经网络最初由"训练"得来，或者提供大量存在相关关系的数据和规则。例如，分析师需要事先告诉系统，"祖父的年纪比父亲大"。
- **模拟计算**（可用于药物研究）。利用数学原理和/或规则操作参数，从而模拟不同的值将如何生成最终结果。模拟结果可用于确认最佳输出量或预测特定行为。药物研究人员可能会采用生物模拟的方法，研究细胞或其他活体对生物化学或其他干预措施的反应。

- **文本分析法**（可用于评估呼叫中心的性能，或挖掘推特数据以反映客户情绪）。文本分析法可以用于评估文本中特定术语、短语的出现频率、语义关系和重要程度。
- **产量分析法**（可用于半导体制造）。产量分析法利用基本统计信息（比如平均值、中位数、标准差等）来了解货物的体积和质量，并将不同批次的货物进行比较，通常以可视化方式呈现分析结果。

财务部门的大数据分析

尽管财务在本质上是一个量化分析部门，但在利用数据分析做出关键决策方面，财务已经落后于营销、供应链、运营甚至人力资源等其他部门。首席财务官（CFO）一般被认为是一家企业中“与数字打交道的家伙”。他们通常积极倡导员工使用预测性数据和规范性数据分析进行决策，但这种积极的态度往往表现在其他部门需要决策的时候。

现在，大型公司的财务部门一直在通过业绩报告、绩效测评、量化考核以及线上查询等方式开展工作。但问题在于，这些描述性分析难以解读出数字背后到底有怎样的暗流涌动，而且也只能对过去的趋势进行描述。财务专业人员可能偶尔会在 Excel 软件中尝试使用回归模型，但那些把高级的大数据分析上升为（与外部报告类似的）核心功能的财务尝试仍然非常罕见。

我们乐观地认为，这种情况正在发生转变。随着首席财务官对大数据分析模型的运用效果感到愈发满意，我们预计财务领域将会采用更多的创新型数据分析软件。例如，从三年前开始，英特尔公司就有一些财务专业人士开始倡导更多地使用大数据分析。他们向首席财务官建议在整个公司范围内广泛培养高级数据分析能力，并获得了积极的反响。英特尔公司采取的一项初期尝试就是将自身的财务分析能力与该行业的龙头公司加以比较，结果发现硅谷的互联网公司或科技公司的大数据分析能力都比英特尔公司要先进得多（其中很多公司已经投身于大数据竞争的浪潮）。于是，英特尔公司在大数据分析预测方面启动了多个项目，其中既包括对其收入和库存水平进行分析预测，也包括对英特尔资本公司投资项目的潜在损失进行分析预测。英特尔公司的财务部门也付出了很多努力，向其财务人员和财务经理进行高级数据分析方面的专题培训，并正在争取开设相关的学位证书项目。

从财务部门所获取的数据量和拥有的大数据分析水平来看，它们未来必然将更频繁地进行高级数据分析。在接下来的内容中，我们将要讨论一些关于财务数据分析的应用案例，这些案例表明，财务数据分析与业绩表现息息相关。财务数据分析应用可以分成几个大类，包括（向监管机构和股东提交的）外部报告、企业绩效管理（涵盖管理报告和考评系统）、成本管理和风险管理。

利用数据分析完善外部报告

倘若一切都要遵循先例，那么外部报告的内容并不会给企业带来竞争优势。从某种意义上说，发布更迅速、内容更准确的报告通常也没有什么太大的用处。例如，思科公司多年来一直吹捧自己的系统，宣称其能够在一个财务周期结束时立即锁定账簿，而且瞬间就能报告财务结果。但我们非常想知道，公司到底会用这个功能来干什么：美国证监会并不要求即时锁定账簿记录，而且公司在拿到财务数据之后会做些什么也不得而知。但公司管理层确实可以通过即时财务信息做出更优质的战略、投资和运营决策，这又另当别论了。

财务报告和业绩考评系统可以说是最常见的用于支持商业决策的措施。随着合规经营的重要性与日俱增（如《萨班斯 - 奥克斯利法》的出台），这些工作显然对管理任何企业而言都必不可少。虽然各家企业并不会攀比财务报告和业绩考评系统的质量，但构建考评系统以及对照核心业务指标跟进项目进展情况对于公司战略的执行而言至关重要。

如果监管机构对于数据质量提出新要求，那么这往往可以成为提高数据分析效率，进而提升公司业绩的潜在机会。例如，医药公司常常会和医生打交道，这时，医生既有客户的身份，同时也是医疗顾问、医学专家和药品推销员。由于可能发生潜在的利益冲突，四十多个国家颁布了“禁止医疗回扣”的条例，要求医药公司和医生之间的交往必须公开透明。有鉴于此，医院必须将所有医生开出的处方单进行汇总，并且汇报给医疗监管部门。艾弗集团（Everest Group）认为：“医学界往往将医疗监管部门日益复杂的新要求视为一项负担。但是必须承认，医疗监管机关的要求也催生了对医疗数据分析的需求，这些数据分析需求可以进一步推动药物研发和生命科学分析。医疗企业可以利用大数据分析的力量，在充满挑战的市场中提升附加价值，并借此机会打开差异化竞争的新天地。”例如，医疗器械制造商捷迈邦美（Zimmer Biomet）使用美迪斯奔（MediSpend）的数据和分析软件来查询全球各地的法律规定，从而确保其业务合法合规地开展。同时，它还利用这些数据打造了有利于医疗设备和药物开发的全新商业模式。

正如我们在第一章中所言，报告本身通常没什么进行大数据分析的价值，但这一论断也有例外。比如，大数据分析就可以对报告中的未来业绩进行预测。

上市公司必须定期为投资者和分析师提供公司未来业绩的预测。悲观预测的后果可能是毁灭性的；投资者可能会强势卖空那些“未达预期”的公司。大多数公司会遵循过往的情况对公司业绩加以直接推断。然而，在某些变化程度高、不确定性强的行业，这些推断可能会产生问题，导致没法准确预估企业业绩。

信息技术产业的不确定性很强，其产品和客户需求变化都很快，因此每个报告期的销售量波动极大。惠普公司发现，在这样的环境下，想要准确预测公司收入几乎是不可能的。2001 年的某个季度，惠普公司的收入增长预测误差达到“大跌眼镜”的 12%。于是，公司高管决定将量化研究人员引进惠普实验室团队，用以解决更准确地预测公司收入的问题。

研究人员采用贝叶斯估计法（参见本章前面专题框中的内容）来预测公司月度和季度收入。经过几番调整，该算法生成的收入预测明显比以前所采用的更直接的算法更为精确。惠普公司把新算法的结果展示在公司业绩报告中，该公司时任首席财务官鲍勃·韦曼（Bob Wayman）指出：“拥有可靠的测算方法让人非常安心。相较于我们过去的测算方法而言，新算法更清晰明了，严谨性和实用性更强。”

从运营角度来看，如果能更精准地预测未来绩效，对公司提早采取应对措施也大有裨益。借助“近乎实时”的操作数据，管理人员可以快速识别市场新态势，进行分析预测，并立刻采取行动。例如，在上一次经济衰退期间，戴尔公司的高管使用预测模型，比竞争对手提前几个月发现市场销售将呈颓势。于是，他们先发制人地对价格和产品进行调整，从而使其财务表现在经济低迷时期好于同业（或者说至少不那么糟糕）。更重要的是，随着经济衰退接近尾声，他们能够再次适时调整销售策略，进而提升市场份额。

利用数据分析优化公司绩效管理和考评系统

公司也往往希望能从非财务因素的角度解释公司业绩表现，而这往往是财务报告所做不到的。成功的公司绩效管理不仅要求公司准确预测业绩，还需要解答一些更“形而上”的问题：哪些业务对公司绩效影响最大？如何知道现有做法是否与公司战略背道而驰？基于上述考虑，公司需要一种可以量化的测评方式，帮助公司筛选出有助于业务发展的运营要素，并衡量出业务发展进度如何。

过去十年间，管理层在公司报告方面最大的进步在于，原来管理层只审阅由信息部门提交的制式报告，并且只审查静态考评系统。但现在，整个公司数据的大门都向管理层打开了，这一点是前所未有的。信息部门的工作人员和管理层能够利用商业智能软件，浏览并操作整个公司五花八门的财务和运营信息，从业务警报、公司管理信息，到数据筛选和可视化工具，不一而足。由于数据分析工具采用了自然语言处理等人工智能技术，因此也能够帮助管理者理解和解释数据。例如，瑞士信贷（Credit Suisse）就把 Quill 开源编辑器（由 Narrative Science 公司开发的一种高级自然语言处理系统）整合到其投资数据分析平台 HOLT 中。瑞士信贷通过分析其独家数据和市场数据，生成投资研究报告，评估上市公司的业绩预期、股价上行空间和下行风险，从而帮助分析师、银行家和投资者做出长期投资决策。瑞士信贷的智能分析已经全面覆盖到其平台内的所有 5000 家公司，其能分析的公司数量提升了三倍有余。分析师不再需要自己撰写简单机械的总结报告，进而能够把更多精力放在维护客户关系和深度业务分析中去。

这些绩效管理系统不仅可以用来报告公司财务业绩，还能运用在客户关系、员工学习与创新、运营管理等非财务领域，这些都可谓是向前迈出的一大步。但绝大多数使用综合考评系统的公司仍然把主要精力放在财务报告方面。在考评系统中添加非财务性指标固然是一件好事，但如果投资者和监管机构并不关心这些指标，那么他们的关注重点自然会放在财务相关的数据上。

大多数考评系统的另一个问题在于，就算公司确实在财务指标和非财务指标这两方面都进行努力，也很少会把二者联系到一起去。管理学教授大卫·拉克尔（David Larcker）和克里斯·伊特纳（Chris Ittner）研究了几家使用综合考评系统的公司。研究涉及的几家公司都没有建立用于分析财务业绩和非财务业绩关系的因果关联模型。

非财务资源或无形资源（如人力知识资本、品牌和研发能力）对公司业绩以及外界对公司价值的认识而言越来越重要。即使是最乐观的研究也只显示，每股收益、净收入、净利润或投资资本回报率等财务因素对公司市值的解释力仅占约 50%。在一些行业，每股收益对公司市值的影响占比更是不到 5%。我们相信，那些对公司全部的价值来源——无论有形或无形、当前或未来——进行管理的团队相较于不对公司价值进行管理的团队而言，具有更为显著的竞争优势。

一些公司正在努力建立对财务性和非财务性的公司价值驱动因素的全面认知。一些走在前列的公司已经开始探索如何能够实现即期股东价值和未来股东价值之间的平衡。这些企业正在讨论如何将华尔街分析师的研究数据和未来价值分析纳入公司业绩考评系统，以便更好地理解公司决策将如何影响股东价值。那些有意发展这种能力的公司也正在走向打造大数据竞争优势的道路。

当公司业务环境发生巨大变化时，业绩报告和考评系统是最有可能带来竞争优势的方式。在这种情况下，观察和了解新的业绩形式至关重要。公司需要制定新的措施，建立新的业绩考核模式，采取新的管理方式。在此阶段，企业变革的速度和效能肯定可以成为其竞争优势，或是至少可以推动公司朝着建立大数据分析竞争优势的方向发展。例如，我们研究的一家财险和意外险公司需要进行业务转型。这家公司的财务表现非常糟糕，过去 4 年间亏损达 10 亿美元。它为每 1 美元的保单支付了 1.4 美元的赔偿费用。虽然公司曾对其财务业绩进行过大数据分析，但依旧把握不准其一蹶不振的病灶何在。

作为企业重大转型的重要举措之一，这家保险公司把变革重点放在了 3 个关键业务流程上：建立生产商（代理）关系，承销盈利性好的保单，以及严格执行理赔规则。除了重新设计这些流程，公司还为这些流程制定了新的标准，并把这些标准纳入其综合考评系统。综合考评系统是一种快速向管理团队展示业务流程绩效变化、衡量整体变革举措成功与否的手段。综合考评系统评估了公司是否有能力实现下述目标：

- 选择进入有利可图的新市场；
- 吸引和选择合适的客户；
- 根据风险进行定价；
- 降低理赔的比例。

公司还完善了工作人员和管理层的奖励制度，以配合实现这些绩效目标。公司承保系统中还嵌入了一些自动化分析程序，从而加快业务进度，提高定价决策的质量。

该公司利用这些流程变革和报告方法得以扭转乾坤，开始获得可观的利润，最终被另一家保险公司以 35 亿美元的高价收购——相较于几年前几乎为零的公司价值水平而言，可谓实现了大幅攀升。

成本管理中的数据分析

有些人可能会质疑，成本管理是否能给企业带来竞争优势。确实有一些例子能够体现出企业可以利用有效的成本分析与管理提高自己的战略实力。

在医疗行业（至少在美国），很少有医院知道治病救人的真实成本，因此能进行成本控制的医院更是凤毛麟角。犹他州医科大学（University of Utah Healthcare，UUHC）是一个例外，该大学拥有盐湖城地区的四个学术医疗中心和各种诊疗中心。犹他州医科大学潜心努力多年，研究如何准确地衡量成本。它采用以医疗工作为基础的成本计算方法，开展了一个名为“价值驱动结果”（VDO）的项目。VDO 充分综合了一名患者的所有可用数据，从而为患者提供全面护理，并增进对患者的了解程度。犹他州医科大学首先利用每个患者各个医疗项目的实际成本，生成精准的成本核算数据。然后采用综合优化方法，将所需收取的医疗费用分摊至每个医疗项目上。在收集到成本信息之后，犹他州医科大学还开发了核心医疗质量指标，并将医疗质量数据与成本和临床数据结合起来，以便对成本效益进行全面分析。

随后，医院能够运用统计方法回答一些显而易见的问题，而在此之前没人能答得上这样的问题：医疗质量不佳的代价到底是什么？医生的成本或医术究竟在哪些方面有显著差异？患者到底有没有在某些检查项目上多花冤枉钱？

犹他州医科大学还邀请院内医生参与到 VDO 数据以及分析工具的开发和运用的过程中。程序员在医生的指导下开发了自动描述分析工具，而且还配有更新与反馈的功能，从而确保正在开发的工具能够满足医生们的实践需求，并回答医生们提出的问题。VDO 项目的效果非常惊人：虽然在过去几年中，该地区其他学术医疗中心的成本在以年均 2.9% 的速度攀升，但犹他州医科大学的成本反倒年均下降了 0.5%。

对于很多企业而言，能源成本也是一笔不小的开支。微软公司在华盛顿州的雷德蒙德拥有一片 500 英亩（约 2 平方千米）的企业园区，园区内建有 1 490 万平方英尺（约 138 万平方米）的办公空间和实验室。为了节约能源、降低运维成本，微软打算斥资 6 000 多万美元升级不兼容的网络设备以及 3 万多个传感器。电气设施总监达雷尔·史密斯（Darrell Smith）希望尽可能减少这个更新改造项目对公司日常工作的影响，同时降低费用支出。此外，微软团队还担心无法保障员工正常的办公环境，进而对工作成果带来负面影响。因此，史密斯和他的团队开发了一个名叫“数据毯”的智能建筑系统，它能够将建筑物中数千个传感器以及暖通空调、风扇和照明系统等设备中的数据综合在一起。很快，开发团队每周便能积累多达数十亿个数据点。关于这么做的好处，微软公司是这么说的：

“这些数据为团队提供了深入的数据支持，帮助团队实现了更精准的诊断，而且推动团队做出了更明智的决策。智能建筑系统对 13 座微软大楼进行了测试分析，得出的结果非常喜人——微软不仅实现了节能减排，节约了数百万美元的运维成本，而且还能对这些大楼的运维情况了如指掌。这可不是一件小事——现在不管是 7 号楼的阻尼器卡住了，还是 H 号演播室的阀门漏水了，工程师们都可以从办公桌上的高科技仪表盘中迅速检测到问题症结所在，而且只需点几下鼠标就能解决问题，这可比亲力亲为去发现毛病、修补漏洞要省事多了。”

举例来说，在微软的一个车库里，排气扇竟然白白运转了一年（同时导致了价值 6.6 万美元的能源浪费）。智能建筑系统上线后瞬间就发现了这一漏洞，并解决了这一问题。此外，智能建筑系统还向工程师通报了另一栋楼冷却水系统中存在加压困难的问题，工程师用了不到 5 分钟就解决了这个问题，每年为公司节省约 1.2 万美元。

智能建筑系统还可以确定待办事项的优先次序。系统可以自动权衡维修的成本与收益，平衡维修的资金成本、人工成本与其他因素，比如维修工程会对在该大楼工作的员工产生多大的影响。在这种权衡决策之下，系统可能会优先考虑修复那些重要研究实验室的小毛病，再去解决那些无伤大雅的高成本问题。据史密斯介绍，在智能建筑系统识别的问题中，几乎有一半可以在一分钟内得到解决。

通过智能建筑系统，工程师们能够把更多的时间花在预防和解决问题上，而不再疲于收集原始数据或是应付紧急情况，他们对此赞赏有加。电气工程师乔纳森·格罗夫（Jonathan Grove）指出："我过去有 70% 的时间在收集和整合数据，只有 30% 左右的时间真正在进行工程作业。智能建筑系统以通俗易懂的形式为我提供数据，因此现在我可以将自己 95% 的时间用于工程作业，这实在是太棒了！"

微软公司预测，智能建筑系统的年均节能率为 6%~10%。每一个新算法上线，微软公司都会找到节能的新机会。例如，"检测室内温度"的新算法可以在每次发现室温过低时，自动将空调暂停 15 分钟。研究小组对于通过智能建筑系统实现能源和成本的进一步节约非常有信心。

风险管理中的数据分析

对于每家企业而言，识别并最小化风险都是一项至关重要的工作。多年以来，风险管理人员一直在利用数据分析工具来帮助他们完成风险管理工作。而最近的技术发展和新数据更是为利用大数据分析降低风险注入了新的活力。虽然每家公司面临的具体风险各不相同，但总体而言，最常见的两个领域是欺诈检测和网络安全。

金融服务企业面临的一项日益严峻的挑战在于，如何保护其客户和公司本身避免欺诈索赔或欺诈购买的风险。据保险反欺诈联盟（Coalition Against Insurance Fraud）的保守估计，骗保行为每年给保险行业造成了约 800 亿美元的损失。现在，金融机构越来越多地依靠先进的欺诈检测算法实时识别客户是否在进行信用卡诈骗。VISA 和美国运通公司（American Express）这样的信用卡公司多年来一直在使用先进的分析方法来识别信用卡盗刷和信用卡欺诈购买行为。这些信用卡公司通过将消费内容和消费地点的信息与客户过去的购买行为进行比对，可以查明可疑行为，并提醒持卡人注意潜在风险。

保险公司也在利用大数据分析来确定它们应该把精力放在哪里。据英菲尼迪公司地产和伤亡索赔业务高级副总裁比尔·迪布尔（Bill Dibble）介绍：

“我们发现，就像申请消费信贷一样，我们可以对汽车保险索赔申请的真实性进行评分。新技术能够对申请人的行为做出具体的推断，从而显著提升评分的准确性。为此，我们设计了一种新算法，在索赔人首次报告出现事故时，对其欺诈概率打出不同的‘分数’。然后，我们借助上述根据欺诈概率进行评分的软件系统，可以在一两天内将可疑索赔转交给调查人员，从而进行更深入的分析。由于使用了这项技术，我们不仅将识别潜在欺诈索赔所需的时间（过去需要 30~60 天）缩短到 24 小时以内，而且在确认欺诈索赔方面也取得了很大的进步。”

在一起索赔案中，英菲尼迪开发出一种新的算法，进而赢得了 1200 万美元的代位求偿权。

从过去的情况看，技术部门更擅长为其他业务部门搭建预测分析模型，但在采用数据分析手段来提升自身业务方面却步履缓慢。好在这种情况已发生变化。大型公司所面临的网络安全问题日益严峻，试图制造麻烦的黑客越来越多，受到网络攻击的软件数量也与日俱增。一份报告显示，数据泄露数量正以每年 85% 的速度攀升。

随着连接设备的激增，保护公司数据的任务无疑只会越来越重。公司内部的网络安全系统往往只会对黑客攻击和异常事件做出反应，而只有在问题发生后（有时甚至是很久之后）才会进行调查和采取行动。最为常见的一项应对网络攻击的技术名叫“病毒库”，这项技术只能汇总已经出现过的网络攻击方法，对于防止新型攻击而言收效甚微。分析预测方法最初只是为了识别和防止信用卡欺诈而开发，而现在则被拓展到维护网络安全领域。包括深度学习在内的一些认知技术也可以识别交易模式中的异常情况。这些方法能够比“病毒库”更迅速地发现潜在威胁，并在黑客攻击和数据丢失之前避免危害后果发生。考虑到网络安全问题的敏感性，仍有必要对其进行人工确认和调查，特别是在威胁来源于公司内部的情况下。通过大数据分析则可以大幅减少人工调查的工作量。如今，政府部门和市场化机构都在使用大数据分析，并正在尝试使用认知技术和自动化技术来改进网络安全系统。这些技术何时能够完全成熟尚不可知，但这些措施的必要性和最终被采用的确定性都是毫无疑问的。

公司并购中的数据分析

从过往经验看，也许除了详细的现金流分析，公司并购并不把数据分析工作看成是重点。公司进行并购交易时，通常很少关注供应链效率、客户反应预测或是对并购后的公司内部成本影响进行量化分析。这或许是绝大多数并购交易——估计高达 70%~80%——在产生经济价值方面并不成功的原因之一。

我们还没有发现任何一家公司能在并购分析方面做到真正的一骑绝尘，但这种情况或许正在改变。德勤在 2015 年对 500 名企业高管进行的一项调查发现，68% 的高管将大数据分析用于并购交易（尽管只有 40% 的高管将其视为并购交易的关键要素），超过 80% 的高管认为大数据分析在未来的并购交易中会变得越来越重要。大数据分析在并购交易中最常见的用途在于了解客户、市场和劳动力薪酬的情况。但一些走在前面的企业已经开始利用预测分析来识别和实现潜在的并购协同作用。

当然，一些并购交易必须迅速完成，以至于很难甚至压根无法进行深入的分析。例如，当美国银行（Bank of America）获得收购富利银行（Fleet Bank）的机会时，它只有48个小时的时间做出最终决定。但对于大多数并购交易来说，进行数据分析的时间还是很充裕的。例如，宝洁公司考虑收购吉列公司的时间长达一年多，之后才最终宣布成交。宝洁通过大数据分析发现，协同可以带来巨幅的供应链成本节约（包括裁员以及客户协同效应的潜在收益），宝洁借此确定了应该提出多高的报价。同样，全球水泥巨头西麦斯公司也利用大数据分析来测算通过在被并购的公司推广自家的业务流程和系统，到底能否增加市场份额、提高盈利能力，从而量化其预期收益。

IBM也曾试图在并购活动加入更多严谨的大数据分析。IBM最近一直在拓展其并购版图。为了提高并购成功率，它开发了一种名为“并购专业系统”的机器学习算法。该系统可以量化关键环节的风险大小，提供可视化的数据结果，提出定性的策略建议，并将过去交易的执行情况与最初的业务计划进行比较，进而创建财务对比图。IBM并购业务总监保罗·普莱斯（Paul Price）表示：“并非每个人都是并购流程的专家。但我们所做的是构建一种共同语言、一种世界语，用于整个公司的全流程交易。我们现在的经营策略更加立足于公司的财务现状和运营实际。”

运营管理领域的数据分析

长期以来，运营管理是公司的一个重要数据分析领域，在涉及其中的制造、质量、安全和物流环节时尤为如此。初级运营管理主要包括全面质量管理和六西格玛管理。如果认真去做，这些管理方法可以包括详尽的对生产流程变化、产品缺陷率和问题来源的统计分析。制造和质量分析对全球制造业产生了巨大影响，但迄今为止，它们对服务业和制造业内那些非生产环节的影响还十分有限。对许多企业而言，似乎还难以对产品质量的控制情况进行统计，甚至难以在制造之外的环节树立强有力的“生产流程为王”的价值观念。当然，这意味着企业很难在数据分析的基础上进行充分的竞争，因为这些数据分析往往仅限于制造环节，而且这些分析一般侧重于提高生产率而不是通过创新的方法帮助企业获得竞争优势。

生产制造领域的数据分析

实际上，制造业真正的数据分析型企业不会将自己的业务局限于制造业。此处有几个不错的例子可以说明这一点。第一个例子是美国的一家小型钢铁制造商。洛基山钢铁厂（Rocky Mountain Steel Mills）是俄勒冈钢铁公司负责生产钢轨、钢管和钢条的子公司。2005 年初，洛基山钢铁厂面临着一项有关产能的关键抉择。由于价格方面承压，该公司于 2003 年关闭了旗下的无缝钢管厂。无缝钢管的主要客户是石油钻机生产商，而在 2005 年，石油的价格大幅上涨，于是该公司副总裁兼总经理罗布·西蒙（Rob Simon）开始考虑是否有必要重启无缝钢管厂来满足石油钻机企业对无缝钢管的需求。然而他发现，公司以前要么是凭借经验和直觉进行决策，要么是用简单的成本产量分析进行决策，这根本无法在产品需求、产品定价、生产限制和行业产能都快速变动的条件下，帮助公司做出“到底要生产多少无缝钢管”的决策。

于是，西蒙决定采用一种大数据分析方法，并为洛基山钢铁厂安装了一套名为“利润认知分析”的软件。他开始每月进行数据分析监测，用以决定是否应该重启工厂。公司的潜在客户和其他经理认为，无缝钢管的价格不断攀升，显然证明重启工厂所需的资本支出是合理的。但西蒙的分析表明，钢棒和钢条的减产会抵消无缝钢管产量增加所带来的收入，因而总体上公司盈利不会增加。直到无缝钢管价格在 2005 年全年持续上涨，西蒙才决定在当年 12 月重启无缝钢管厂。即便是在开始恢复生产的时候，大数据分析软件也建议西蒙推迟接单，因为软件预计无缝钢管的价格会进一步上涨。事实上，到 2006 年 1 月，无缝钢管的价格比上一季度提升了 20%。

根据洛基山钢铁厂的测算，除了获得更高订单价格，公司还避免了因在 2005 年初重启工厂而面临的产能限制，进而规避了 3400 万美元的潜在损失。新钢管厂的成功也成为俄勒冈钢铁公司股价大幅上涨的关键因素。现在，利润认知分析软件已经成为该公司每周使用的战略规划工具，洛基山钢铁厂也完全放弃了以前的“拍脑袋式”的销售规划和预测方法，转向了科学的大数据分析方法。后者显然更加准确，因此西蒙要求每位员工都必须按照数据分析结果行事，不得再使用旧的方法进行二次测算。

几十年来，从事产品设计的工程师一直在使用计算机辅助设计工具（CAD）。但最近使用参数化建模的技术进一步发展，不仅使工程师的设计更灵活、更具个性化，而且也缩短了设计时间。火线冲浪板（Firewire Surfboards）公司是一家高性能优质冲浪板制造商，它希望让客户在不牺牲冲浪板性能且不给其设计和制造过程带来太大压力的情况下，可以更自由地定制冲浪板产品。火线冲浪板通过独家方法进行制造，其材质也选择了其他冲浪板制造商无法提供的高科技材料。但火线冲浪板公司的首席执行官马克·普莱斯（Mark Price）清楚，仅凭这些还不足以使公司成为市场龙头。最为专业的冲浪爱好者都希望能够定制冲浪板——根据冲浪者的个人风格和当地海浪条件而量身打造的产品。但定制产品的生产过程极其复杂，利用 CAD 进行个性化定制极其耗费人力。于是，火线冲浪板公司与 ShapeLogic 和西门子的 NX 3D 合作开发了高级参数化的 CAD 软件，它们添加了特定的算法规则，从而计算出了可以平衡客户个性化选择和冲浪板高性能的最优曲线。

客户首先在线选择一个标准型号的火线冲浪板，然后根据个人需要调整设计参数。之后，火线冲浪板公司的工厂会直接收到一个精确的实体模型，并以此模型来打造冲浪板。该模型可以帮助工厂快速加工定制冲浪板，完成97%左右的形状打磨工作，从而最大限度地减少所需的精加工工艺、制造时间和成本。随着功能更加强大、工艺更加复杂的CAD工具的可得性越来越强，我们预计未来客户定制自行车、运动器材、汽车甚至医疗服务也将成为家常便饭。

对于互联网相关业务而言，运营管理意味着在客户访问网站时提供大量基础服务。成功的互联网公司可以利用大数据分析对网站的方方面面进行测试，然后再把项目铺展开来。例如，由于用户访问谷歌的主要原因是看重其搜索功能，因此谷歌对其搜索引擎进行了大量的测试和分析。谷歌采用了海量的有关运营和客户的大数据分析来改进搜索功能，包括搜索的相关性、及时性和用户体验，还开发了许多谷歌特有的搜索技术。大多数数据指标都由系统自动收集，如外部搜索结果占比、用户在搜索结果中停留的时间、用户转到每个搜索结果页面的占比、搜索延迟性和及时性等等。但谷歌同时也会在客户进行搜索或使用其他服务时观察个人用户的行为。谷歌采用的一项技术是眼动追踪，从而确定网页中哪些区域是最受用户关注的“热图”。

谷歌在对其搜索网站进行任何修改之前都非常注重测试。正如谷歌的比尔·布劳格（Bill Brougher）所说：

“测试是我们投放新功能的必备前提，它对我们而言是一个非常重要的工具。我们已经进行了多年测试，积累了很多关于什么方法有效的系统化知识。任何新功能在被投放之前都必须通过包含着几项测试的筛选流程。例如，如果想对搜索算法进行任何修改，就必须对搜索的基本质量进行测试，从而确保对算法的修改是对搜索基础功能的实质性改进。如果只是质量上一些不足为道的锦上添花，那么这一改进就不会被采纳。”①

谷歌的数据分析方法和其他公司一样严谨，谷歌的业务性质也使它拥有大量可供分析的数据。

生产制造分析的另一个关键点在于确保公司生产的产品能够满足用户的需求，我们将之称为生产配置问题。正如此前在洛基山钢铁厂和火线冲浪板的案例中所体现的那样，生产配置问题是个全流程的综合问题，它不仅需要兼顾销售和制造环节，通常还涉及公司的供应链、财务甚至人力资源流程。生产配置具有高度的可分析性，需要对客户想购买的产品进行预测建模，以及（通常基于规则）针对哪些产品应该打包销售进行复杂的分析。

哪些公司会在生产配置方面展开竞争呢？一些高科技公司以其合理的产品组合而闻名，戴尔公司就是其中的佼佼者；无线通信公司可能会准备许多不同的客户服务计划；还有一些公司开发了自动化分析软件，为每个客户找到最适合的方案，它们还会根据客户情况量身定制相关服务。尽管在过去，美国和欧洲的汽车制造商的数据分析工作做得一塌糊涂，但汽车公司也需要在生产配置方面进行竞争。汽车制造商认为，按照客户的要求从零开始制造汽车耗时实在太长（日本除外），汽车制造商必须预测客户想要的车辆和想选的型号，提前制造出来并发货给经销商。很多时候，车型和配置套餐并没有令客户满意，汽车不得不大幅降价才能赶在促销期间或销售季结束之前卖出去。客户想要的产品与实际可用的产品之间存在差异，这一直是福特和通用面临的最大问题之一。

这两家公司都想在生产配置方面有所建树，但福特迈的步子可能更大一些。福特把重点从其能生产什么车子及随后的销售问题，转向了供需匹

① 资料来源于比尔·布劳格于 2006 年 7 月 18 日接受托马斯·H. 达文波特采访的内容。

配方面。福特正在利用生产配置软件来维护有关客户选择和汽车组件情况，从而降低错误生产的产品数量，并将经销商订单与生产计划更精准地匹配在一起。福特的智能库存管理系统（SIMS）对北美近 3000 家福特和林肯经销商的库存数据进行了优化。这套系统运用高级分析算法生成经销商关于特定车辆的订单建议，从而确保经销商拥有不多不少的库存组合，从而满足客户的偏好和需求。从结果看，不仅福特公司的年收入得以增加，福特经销商们也可以信心满满地决定明年到底该定多少货。福特虽然尚未完全掌握在生产配置上开展分析竞争的技能，但它显然在这方面取得了长足进步。

产品质量管理领域的数据分析

大数据分析也可以用来评估生产产品的质量。例如，本田长期以来以其汽车和其他产品的质量而闻名。本田的制造部门自然不乏数据分析人员，但数据分析部门的职责却远不限于发现产品的潜在质量问题。本田制订了基于数据分析的“早期预警”计划，从而可以根据保修服务记录来发现可能出现的核心质量问题。这些保修记录由经销商发送到本田公司，其中既包括分门别类的质量问题记录，也包括修理人员与总部专家的通话记录，以及客户与呼叫中心的通话记录。本田最关心的是，经销商或客户在发现了任何严重质量问题时都能被公司总部关注到，并能够迅速解决。为此，本田公司的数据分析师通过搭建一套系统来专门挖掘这些不同来源的语音文本数据。那些第一次在对话中出现的词汇（特别是那些暗示重大风险的词汇，如火灾）和频率超过预期的词汇，都会被标记出来供分析师关注。本田公司不愿透露案例细节，因此我们无法知道它是怎样把质量问题扼杀在萌芽状态的，但本田公司表示，这项计划非常成功。

东芝半导体公司（Toshiba Semiconductor Company）也是一家在生产质量管理方面广泛使用数据分析的企业，它在统计分析的可视化呈现方面非常成功。该公司最初仅侧重于新产品和技术开发的高级分析，但之后将数据分析迅速扩展到销售、营销、生产和质保等其他环节。这家半导体公司的高管是大数据分析的积极倡导者，他们15年如一日地用这一理念引领公司。东芝的总体数据分析方法是更宏大的公司计划的一个组成部分，这个公司计划名为“管理创新理论与实践”。

最初，东芝半导体公司的很多工程师把可视化分析方法用于产量分析——这是该行业的一个核心问题。东芝半导体公司首席知识官茂小松（Shigeru Komatsu）（很少有公司把数据分析专家称为首席知识官，但东芝半导体公司确实是这么叫的）介绍说：“我们一直致力于将性能指标进行标准化管理。我们不仅建立了共享数据库，还努力分享数据分析案例和成果。我们还使用Minitab统计软件和TIBCO公司的Spotfire分析软件来提高我们的数据分析效率。”①东芝半导体公司继续在公司绩效分析方面下功夫，其最新研究结果是将人工智能纳入分析模型中，用于确定问题来源和进一步提高生产质量。

安全防控领域的数据分析

安全防控并不是最早应用大数据分析的部门，但现在该领域的数据分析需求与日俱增。事实证明，某些类型的安全事故——至少在一定程度上是可以预测的。这类安全事故与人员、设备和公司环境密切相关。如果拥有关于安全事件的历史数据，了解与之相关的一些特性，那么想要预测危

① 资料来源于东芝半导体的茂小松于2006年4月10日接受托马斯·H.达文波特采访的内容。

险事件会在未来什么时候发生并提前防止悲剧发生并非天方夜谭。

安全防控分析是第一分析公司（First Analytics）的拿手好戏，本书作者托马斯在2009年就注意到了这家公司。一家大型铁路公司的经理阅读了《大数据分析中的竞争》一文，并在2010年联系了第一分析公司的首席执行官迈克·汤普森（Mike Thompson）。他们开始讨论如何利用大数据分析来帮助公司提高安全性能。

铁路公司的经理解释说，安全是公司的首要任务，他们在安全方面已经付出了大量的努力，改进空间变得越来越有限。他进一步补充道，公司已经使用了一些数据分析手段来识别潜在风险，但还有很多工作需要完成。

于是，铁路公司和第一分析公司从一个观念证明项目开始行动。第一公司采集了铁路公司火车司机的现有数据，并对他们面临风险的可能性进行评分。这些现有数据包括工作地点、工作岗位、天气状况、工作时间表、旷工情况、遵守规则程度测试、培训情况、违规历史等方面。这些数据最终来自全公司大约20个不同的数据库。虽然铁路公司此前已经采用了一套风险评分系统，但基于大数据分析的新系统在原系统的基础上进行了大幅改进。

由于这个观念证明项目的效果很好，铁路公司决定继续与第一分析公司合作，将大数据分析扩大到其他安全防控领域。例如，他们进行了一项分析，把各个铁路道口的风险程度进行排序，确认哪个铁路道口最为危险。同时，安全防控的分析对象也不再仅限于列车组人员，而是把那些维护着数万公里轨道的轨道工也纳入其中。这些努力使铁路公司在安全防控方面实现了卓有成效的改善。该公司负责安全的副总裁最近向其客户介绍了公司所取得的成绩。

“我们正在拥抱大数据时代。我们认为正是大数据带来了过去18个月所研究出的安全防控分析成果。我们公司目前有2 500名运营经理，管理层不可能每天都盯着他们，花时间监测所有员工如何行事。因此我们需要把管理层的注意力集中在那些风险较高的人身上。我们正在对这个模型进行第四次迭代，而且还在不断地对其进行微调。如果你看看我们的控制图就会发现，十年来公司的安全防控风险一直呈现令人满意的下降趋势。既然我们已经开发出了这样的功能，接下来的工作就简化成了一个数学函数，也就是以我们正常运转率为标杆的正态分布。”①

得益于获取有关司机的数据变得不再困难，运输行业还有其他一些公司也采用了类似的安全防控分析方法。例如，施耐德公司是一家大型卡车运输公司，这家公司就会抓取关于司机的行驶速度、加速减速、驾驶时间等方面的数据。安全预测算法甚至能在某个司机面临潜在事故危险的时候自动向管理员发出警报。

积极采用安全防控分析方法的行业还包括采矿业、能源业和制造业等。随着传感技术变得越来越廉价易得，我们会看到更多的公司和行业采用这些方法。

物流运输领域的数据分析

当您把数亿美元花在运营数据分析上，并且获得几倍于投资的回报时，我们便可以放心地假定您正在进行大数据竞争。UPS 公司在利用工业技术改进物流效率方面有着悠久的历史。如今，UPS 公司平均每天递送 1830 万个包裹和文件，并回应 6940 万个包裹查询请求。可以说，该公司长期并深度致力于利用大数据分析进行决策。

UPS 公司的高级流程管理总监杰克·莱维斯也兼任该公司运营研究和

① 资料来源于联合太平洋铁路公司的罗德·多尔在 2016 年谷物安全与质量会议上的讲话。

高级分析小组的领头人，他主导了 ORION 项目。ORION 是“道路集成优化和导航系统”的英文首字母缩写，它可能是有史以来最大的一项商业分析项目。[①]ORION 是 UPS 为美国的 5000 名司机提供的标准化物流模型分析服务（ORION 的国际版也将很快推出）。在司机发车之前，ORION 会分析他当天要递送的包裹，确定送快递的最优路线，并通过移动设备告诉司机下一步该怎样操作。

UPS 公司规模很大，因此 ORION 项目为它带来了巨大收益。杰克·莱维斯喜欢这么一句话：“巨额的节约来自于对细节的关注。”如果将每个司机每天驾驶的路线缩短一英里（约 1.6 千米），那么每年就能为全公司节约 5000 万美元的成本。此外，如果每个司机每天节约一分钟，其每年节约的价值高达 1460 万美元；避免每个司机开一分钟的小差，一年也能节省下 51.5 万美元。因此，小小的改进就能滴水穿石，带来极大的成本节约。例如，UPS 的司机驾驶路线的效率更高，从而每年节省了约 4 亿美元的劳动力和燃油费。通过这缩缩那减减，UPS 公司年均可以减少 1 亿英里（约 1.6 亿千米）的行驶里程，从而年均减少 10 万吨的碳排放。这样巨大的效益在大数据分析项目中也并不常见。UPS 的成本节约数据都经过了精确的测算，并报告给了华尔街分析师。

ORION 项目是 UPS 管理团队十多年来不断努力的结果。这套系统从开始研发到全面推出耗费了长达十几年的时间，总投资超过 2.5 亿美元。显而易见，UPS 公司在这个项目上可谓是全力以赴、花了血本。到底为什么花了这么长时间呢？首先，优化线路所需的数据之多和算法之复杂达到令人震惊的程度。假设一个司机每天投递 120 件包裹，那么潜在可能的路线数

① ORION 案例取自 2015 年至 2016 年托马斯·H. 达文波特、珍妮·哈里斯对该项目负责人杰克·莱维斯和其他 UPS 高管的几次访谈；部分内容在托马斯·H. 达文波特于 2016 年 4 月 19 日所撰写的《为 UPS 带来巨大利益的规范分析项目》一文中有提及。

量就达到 120 的阶乘，这一数字比地球的年龄还要大（以秒为单位）。[①] 然后再想象一下，系统每天都要为每个司机设计最佳路线，又会成千倍地增加整体工作量。

优化算法本身就已经难上加难，但这与其他挑战相比简直微不足道。UPS 公司还必须绘制精准的独家地图，以确保司机每次取送件时都能导航到正确的地点。由于 UPS 公司每年投递的包裹量超过 2.5 亿个，任何商用地图都无法做到这么精细。此外，UPS 还需要把远程信息处理传感器安装在 4000 多辆卡车上，监测包括速度、方向、刹车和传动系统性能在内的诸多指标。

但最复杂的还当属公司管理变革方面的挑战。不妨想象一下，UPS 公司需要给 5000 名技术熟练的老司机灌输一种新的方式，让他们执行一项核心的日常任务。UPS 公司对每个司机进行了长达 6 天的培训。大多数司机都想知道这个系统是如何工作的，然后才会放弃他们传统的做法，于是公司付出了相当大的努力，把“黑匣子”算法变成了一个人人可见的“透明玻璃盒”。值得称道的是，大多数司机一旦学会了新的方法，就对新方法充满了好感和认同。

ORION 项目给 UPS 公司带来的竞争优势才刚刚开始显露。当然，类似于 ORION 这类的大数据分析工具已经风靡全球。为了确保司机能一目了然地读懂驾驶路线，ORION 在司机每天开始工作时仅对路线进行简单优化，并在白天考虑到交通情况和天气等因素之后对线路进行进一步优化。后续，UPS 公司还打算继续优化 ORION 的性能。莱维斯解释说，他们打算在不牺牲效率的情况下继续完善其他方面的决策流程，用以改善客户服务。“如果客户在司机上路后打电话提出寄件请求，那么 ORION 系统将检索所有司机的实时驾驶情况并确定最佳取件路线。接着，ORION 会把这一订单分配到

① 阶乘的数学符号为感叹号（!）。在本案例中，120 的阶乘即 $120!=120\times119\times118\cdots\times1$。

指定司机的移动设备上，并相应地调整司机的取送货路线。”

愿意在数据分析方面下这么大血本的公司并不常见。但通过 ORION 项目，UPS 公司真正将自己从一家运用技术的卡车公司转型为“拥有卡车的技术公司”。

支持全球供应链的管理系统是大数据分析投资的另一片沃土。卡特彼勒（Caterpillar）的全球供应网络部门负责维护一个由 11 000 多名供应商和 150 台设备组成的供应信息网络系统。但 30 多年来，卡特彼勒的供应商的表现似乎停滞不前，并没有得到持续的改善。卡特彼勒的工作人员发现原来是供应信息网络系统出了问题——手动化操作已经过时，数据的质量太差，网络系统也让人看不懂。公司已习惯于依据“拍脑袋式”假设和支离破碎的数据进行决策。卡特彼勒的数据分析师表示：“我们完全是在以一团糟的电子表格来管理供应信息网络系统！”

为了解决这一问题，卡特彼勒于 2012 年成立了供应保障中心（ASC）。ASC 是一个数据分析和可视化平台，它能抓取数十种系统的供应网络数据，并将其整合为一套功能强大的业务工具，用于推动公司日常决策和战略性网络设计。三年后，卡特彼勒实现了华丽转变。公司首席执行官道格·奥伯赫尔曼告诉股东：“ASC 系统简化了我们的供应信息网络系统——这一系统服务于数以千计的供应商，每年处理的零部件供应信息超过 100 万条。现在，我们公司可以按设备类型、主办部门和成本高低进行分类，查看从生产到交付全流程的订单详情。”

通过使用移动设备，用户可以搜索有关库存情况、运输信息、供应商背景、产品性能、网络跟踪、潜在问题和关税价格等方方面面的数据。卡特彼勒平均每 90 秒就有货物发出，因此 ASC 每天都会生成数百万个新的数据点并对其进行可视化处理，从而支持超过 1 万名用户的决策。ASC 系统还包含一个由超过 1 亿个数据点组成的数据集合，为 4.5 万个预测模型和规范模型提供信息，其中包括来自 7000 多家供应商的 64 万个零部件数据，这些零部件最终运往全球 127 家收货点。所有这些数据可以帮助卡特彼勒公司跳出日常俗务，以高屋建瓴的视角回答一些难题，例如：

- 公司的库存情况怎么样？
- 公司是否对销售旺季的到来做好了充足的准备？
- 为什么某家供应商的表现大不如前？
- 重大自然灾害对某项业务会产生多大影响？
- 考虑到供求情况和产品特性，明年公司应该维持多大的零件库存？
- 如何改善业务网络，从而提高公司的盈利能力和成本效益？

卡特彼勒与其供应商合作，通过共享大数据分析成果来提高公司的业绩表现。在短短三年时间里，合作成效非常可观：2012 年的时候，只有 67% 的订单能够按时发货，而现在，准时发货率攀升到了 93%。存在质量缺陷的产品数量减少了 50%。即便自然灾害来袭，公司也有能力保证其供应网络的顺畅运行。客户不再需要等上几个月的时间，而是能够在几分钟内解决供应链问题。随着卡特彼勒将更多的大数据分析引入业务流程中，ASC 已成为公司持续取得竞争优势的重要推动力。

研究和开发领域的数据分析

研发部门（R&D）也许是公司内部运用大数据分析最多的部门。这个部门可谓是公司内部搭建科学方法的“智囊团”，其核心工作包括建立假设、控制变量并对数据进行统计分析。

当然，在研发部门，尽管大部分基础工作已经被不断升级的电子软件（虽然仍在使用大数据分析的方法）所包揽，但还是有一些需要大量运用数据分析的工作。在一些行业中，随着数据分析的方法取代或改进了传统的实验方法，研发在数学和统计方面的作用变得更加重要。例如，汽车制造商特斯拉（Tesla）生产的汽车就向该公司源源不断地回传客户信息数据，特斯拉公司可以利用这些客户数据来发现产品问题，并及时提供可以自动下载的软件补丁包。

制药行业的大数据分析环境也正在发生着日新月异的变化。在制药行业，大数据分析一直至关重要，特别是在分析临床试验数据，确定药效是否显著时，大数据分析的作用尤为凸显。然而在过去几年间，机体生物学（Systems Biology）发展显著，制药公司希望能整合来自四面八方的有关基因组、蛋白质组、代谢和临床数据，进而创建模型、找寻规律、整合数据，最终形成关于疾病及其药物反应的结论。然而，这是一个相当艰巨的挑战，制药公司在解决这一问题方面才刚刚起步。我们采访了一家“大型制药公司”和两家规模较小的研究型公司，我们发现这些公司都希望能在这方面有所建树，但距离实现这一目标仍然任重道远。话说回来，虽然想要取得突破确实非常困难，但制药行业正在迅速变化，一些医疗公司正在尝试利用人工智能技术开发新药物，IBM 公司的 Watson 系统就是其中一例。

大数据分析也被有效地用于应对当今的研发挑战，福泰制药（Vertex）就是通过大数据分析参与行业竞争的。福泰制药是一家总部位于马萨诸塞州波士顿的全球性生物技术公司，它对研发采取了特别的大数据分析方法，而且成效已经开始逐步显现。福泰制药的联合创始人和前任首席执行官约舒亚・博格尔（Joshua Boger）坚信，大数据分析在提高药物开发生产率方面起着至关重要的作用。早在 1988 年（当他离开默克公司创立福泰制药时），他就认为：“想要在这个行业站稳脚跟，你需要的是比竞争对手更多的数据。不是更多的智慧，也不是更多的直觉，而是更多的数据。”①

福泰制药在研究、开发和营销方面采取了各种数据分析举措。在研究

① 参阅巴里・沃斯所著的《亿万富翁解剖：一家公司对完美药物的追求》（纽约：西蒙・舒斯特出版公司，1995 年）。

方面，福泰制药专注于通过数据分析最大限度地提高药物研发的成功率，其中就包括为每个项目申请多项专利，并确保其研发出的产品具备良好的“类药性”。

福泰制药的药物研发方法被称为“理性法”或“结构法”，他们尝试着从药物研发初期就开始“设计”具备类药性的产品，从而尽早确定其研发的产品是否能够产生类药性。

福泰制药在大数据分析方面的努力已渗透到研究的开发阶段。福泰制药的分析表明，医药行业的大部分成本已经开始增长。其中一项高昂的成本便是临床实验的设计。糟糕的临床实验设计要么使实验结果不明确，要么导致实验数量过于庞大。这不仅会严重延误研发进度，还会大幅提高实验费用。福泰制药选择开发新的实验模拟软件来应对这一挑战，这些分析软件使福泰制药能够在更短的时间内设计出更多样、更有效的临床实验。现在，福泰制药模拟实验的速度比以前快数百倍。通过这些模拟实验，福泰制药可以降低由于错误的实验设计而导致的实验失败或不确定的风险。福泰制药在模拟实验方面取得的优势使其能够节约出大量时间用来优化药品设计，从而缩短药物实验周期。

临床实验操作也是整个制药行业成本增幅最高的几大部分之一。与实验设计一样，临床实验操作是在研发活动的“开发”阶段进行的，这些药物开发工作还没有实现自动化，因此会导致巨额的费用支出。福泰制药利用大数据分析手段，大幅提升临床实验操作的自动化程度。比如，他们研发出的药物用量分析工具和电子数据采集（EDC）工具，都使福泰制药的数据分析时间缩短到同业平均水平的几分之一。

无论是在研发环节还是其他环节，公司都必须选择正确的指标进行优化，才能达到改进成效的目的。这就需要数据分析人员确定应该抓取哪些数据，又该如何进行分析。确定了待分析的指标和数据之后，福泰制药不断地将自己与竞争对手和行业最佳实践相比较。“我们在数据分析和企业文化方面积极开展竞争，”福泰制药前首席信息官史蒂夫·施密特说，“我们鼓励对创新的无畏追求，但同时也严格地衡量这些创新对我们核心业务的影响。我们一直在寻求最新的、有意义的数据分析指标，对于这个方向的把控取决于公司战略、核心价值观、竞争优势以及我们对公司价值的理解。”①福泰制药是将大数据分析应用于产品研发的一个绝佳典范，这样做的成效在于，福泰制药在研发全流程都拥有一系列惊人的新型药物成果。

制药行业也在采用一些甚至不涉及临床实验的数据分析方法。例如，在一项对硅胶进行的研究中，模拟实验采用患者和药物的计算模型进行操作，全程没有踏进实验室一步，其速度更快、成本也更低。一家机体生物科技公司恩特洛（Entelos）已经开发出一套软件平台，用于模拟心血管疾病、糖尿病、炎症和哮喘等疾病及其治疗方法。恩特洛与其他制药公司和研究机构合作，对最新的药物产品进行分析实验。恩特洛希望利用计算模拟的方式，解决制药行业传统研发项目的成本高、周期长和失败率高等问题。例如，恩特洛和强生制药（Johnson & Johnson）在糖尿病药物方面开展的合作，使强生制药在早期临床实验阶段所需的时间缩减了 40%，所需的患者人数减少了 66%。

当然，如今的研发不仅涉及产品创新，还涉及其他领域的创新：运营流程创新，商业模式创新，营销服务创新、销售业务创新，以及管理方法创新等。从这个意义上说，本书的核心要义在于揭示出公司业务的全流程都是可以进行数据分析与创新的领域。在本书第三章中，我们注意到第一资本公司如何通过数据分析和市场研究的方法识别新的市场机遇。对于亚马逊、脸书和谷歌等互联网公司而言，就连对其网页的细微修改都被视为一个小小的研发项目。如何衡量网页调整的效果？如何评价这种修改带来

① 资料来源于福泰制药公司的史蒂夫·施密特于 2006 年 4 月 5 日接受托马斯·H. 达文波特采访的有关内容。

的获客率和点击率变化？网站流量不大时，这种细微调整能带来哪些变化？网站流量越来越大时，又如何保障创新行之有效地进行下去？这种“在测试中学习、在实验中成长”的方法对于产品研发部门非常重要，同时对运营研发部门而言也不可或缺。

对运营研发和业务研发进行数据分析不只局限于互联网行业。就拿医疗健康行业来说，虽然医学看似追求科学原理，但几项研究表明，只有四分之一到三分之一的医疗决定建立在科学的基础之上。越来越多的医疗保健服务提供商、保险公司以及第三方数据分析服务提供商正在努力通过大数据分析提高医疗保健服务的效率和质量。山间医疗保健联盟（Intermountain Healthcare）就是大数据分析方法的积极践行者。山间医疗保健联盟是一家总部设在犹他州的医院协会，旗下有 22 家成员医院。布伦特·詹姆斯（Brent James）医生还拥有统计学硕士学位，他在山间医疗保健联盟进行了不少“科学小实验”，用于确定哪些临床干预的疗效最好。这些“小实验”最终发展成为 10 项基于实证研究的临床医学项目，其运用非常广泛。每个临床项目都由数据信息系统提供支持，这些数据信息系统不仅包含医生推荐的护理方案，还能对医疗费用进行追踪。通过这种方法，山间医疗保健联盟收费合理、疗效甚佳，不仅成为业界典范，而且在全球各地培训了大量医生和管理人员。

医疗大数据分析还能用于提升社会公众整体健康水平。比如说，现在越来越流行对自己日后会患哪些疾病的概率进行预测。希思维（Healthways）就是一家健康数据分析公司，它与保险公司合作推出了一项“健康计划”，并对提高公众健康水平的方法进行分析评判，从而降低保险公司的潜在理赔成本。希思维公司利用人工智能神经网络技术，分析加入“健康计划”的会员的健康情况、医疗处方数据和医疗实验数据，从而预测出哪些会员最有可能会在未来一年时间里产生高额的医疗支出。希思维公司在美国建立了 10 个呼叫中心，并聘请了 1500 多名执业护士，这些护士会直接给“健康计划”的会员打电话和发邮件，帮助会员养成健康习惯，降低发病概率，提高身体素质，从而降低“健康计划”的成本。这种风险管理方法还可以帮助会员减少医疗健康开支和疾病复发风险。[①]健康保险行业巨头——联合医疗集团（United Healthcare）则更进一步，它不仅能够测评患者感染某些疾病的风险，还能够通过数据分析来确定患者是否会听从医生指挥，乖乖配合治疗。

人力资源领域的数据分析

我们在本章中讨论的最后一种公司内部的数据分析是人力资源分析。人力资源部门曾经是数据分析“困难户”，但一些走在前列的公司已经开始利用复杂的手段分析员工数据，以便实现公司的人力资源价值最大化。谷歌、易贝、沃尔玛等公司就正在通过预测分析来提高公司生产率，适当补偿和激励员工，帮助员工取得工作价值，并降低员工的离职率。

与公司的其他部门一样，帮助人力资源部门进行数据分析的工具也越来越多。大多数大型公司现在都配备了人力资源信息系统（HRIS）用于记录基本的人力资源信息，诸如入职时间、薪酬水平、晋升情况和绩效评级等。有些系统更是远远超出了这一水平，还可以评估员工各种维度的技能水平，并进而生成技能提升方案。在这些工具的帮助下，公司越来越能够将其人力资本投资与财务资本回报联系起来。

然而，公司是否有优化人力配置的愿望则另当别论了。人力资源虽然可能是公司高管口中所谓“最重要的资产”，甚至是“最昂贵的资产”，但却很少有公司对其人力资源进行测评。许多公司虽然已开始进行人力资源

① 关于“健康计划”的信息来自卡特·科伯利博士2004年在华盛顿特区卫生信息技术峰会上的演讲。

的数据分析，但几乎没有公司注重在这个方面开展竞争。

当然，职业体育领域可能是一个非常明显的例外。棒球、足球、篮球和橄榄球队（至少在美国境内）向球员支付高额工资，但球员除了帮助球队赢得比赛之外，几乎不做什么其他工作。于是，许多成功的球队正在采用创新的方法来衡量球员能力，并为球队选择球员。我们已经讨论过评价棒球运动员的数据分析方法，迈克尔·刘易斯在其《魔球》一书中对此进行了细致的描述。在美国职业橄榄球队中，最能体现人力资源数据分析优势的一支球队当属新英格兰爱国者队，它不仅在 2017 年夺得超级碗冠军，而且在过去 15 年中拿下了 5 个超级碗冠军。

新英格兰爱国者队对人力资源的态度与国家橄榄球联盟（NFL）的其他球队明显不同，他们不使用球探服务，而是选择在没什么名气的大学里对候选队员进行评估。他们的评估标准也与其他团队截然不同（比如，他们会测量球员的智力水平以及团队奉献度）。正如球队主教练比尔·贝里希克所言："当你选择邀请某位球员加入一支球队时，你所邀请的不只是他的球技，还包括他的态度、速度、力量、勇气和反应力等一切品质。我们对球员的评估非常全面。斯科特·皮奥利（Scott Pioli，时任球队人力资源副总裁）和球探部门的工作非常出色，他们会深入调查某位球员的背景情况，包括精神和身体情况，及其态度和性格，获得关于这位球员的很多细节信息。最终，他们会给球员打出一个整体分数，这个分数代表着他对球队的整体价值。"贝里希克经常把球员的精神品质称为"无形资产"，他非常乐意和球员以及媒体代表讨论这些精神品质的价值。新英格兰爱国者队在 2017 年超级碗的加时赛环节取得了前所未有的伟大胜利，任何见证了那场比赛的人都知道，那种无形的、精神上的勇毅是球队取得胜利的重要因素。新英格兰爱国者队利用 TAP 运动测试法对球员进行行为和情商测试，从而在球员身上衡量并积极培养勇毅的品质。贝里希克说："我和 TAP 测试法打交道的时间已经超过 15 年了。凭我的经验，TAP 测试法能够让你加深对球员、球队甚至对自己的理解。"

新英格兰爱国者队在一个叫作"决策支持系统"的数据库里管理候选球员的数据，该系统每天都会更新来自球探的最新报告。团队工作人员还会比对美国东、西海岸的球员排名（例如，同样身高2米的两名接球员，一名是来自加州大学伯克利分校，另一名来自佐治亚理工学院，这两人的水平孰优孰劣），从而确保任何可以提供细微参考的信息都不会被忽略。

随着大数据分析在其他领域取得成功，公司高层对于通过数据分析实现人力资源的革命性变化也抱有很高的期望（但到目前为止，这些期望大多还没有实现）。许多公司的人力资源部门采取了一些初步举措来赶上公司内其他部门在数据分析方面的进展。不少公司正利用全球人力资源系统确保衡量标准统一化，并把采集到的信息录入系统。量化人力资源的方法有很多，包括360度评估法、强制排名法、员工流失情况预测法等。这些方法都很普通，但也更规范、更科学。例如，美国运通公司的员工遍布全球83个国家和地区，其亚太区的一位人力资源主管评论道："我们所经手的所有人力资源项目都必定附有量化指标。我们不论做什么，都使用全球一致的流程规范和数据库。我们做事讲求有条不紊、深思熟虑、方法一致、平台统一。"①

其他公司也在采取更温和的措施来进行人才管理。例如，我们采访的一家制造公司制定了包含四个专有指标的"人才管理指数"，该公司利用这个指数评估旗下各个部门进行人力资源投资的情况。和职业运动队一样，高盛公司（Goldman Sachs）向员工支付的薪酬非常高，因此它也开始对员工进行数据分析。通用电气、埃森哲、第一资本和宝洁公司非常看重其潜在招录人员的定量推理能力。凯撒娱乐是一家数据分析型企业，它在招聘

① 引用自美国运通亚太区人力资源副总裁米歇尔·汤普森所写的《掌握人力资源与技术分析》一文（2006年3月27日）。

过程中也广泛使用了人力资源数据分析。

网络公司正在采用更多的数据分析技术来留住它们的高技能员工。2014 年，当易贝公司准备拆分贝宝时，管理层很担心此举将对其员工产生负面影响。于是，他们要求公司的人才数据分析高级经理（同时也是心理学博士）凯蒂·梅格（Katie Meger）分辨出可能有异动的员工，并确定防止非必要辞职的最佳方法。正如《华尔街日报》所报道的，梅格利用一种通常用于预测死亡率的“生存数据分析法”，开发出了一个预测模型。

> “当易贝准备拆分贝宝时，经理们为防止优秀员工离职，向高层申请更多经费用于发放工资。但模型显示，经济补偿并不在影响辞职的前五个变量之列。梅格表示，这一点也表明，主动辞职具有‘传染性’，在小团队更是如此。易贝想到的一个补救办法是，如果员工辞职，人力资源软件会自动向他的前任经理发送一封电子邮件，解释辞职的传染关系，并建议离职员工与其他员工保持距离。”

推动人力资源向数据分析方向转变的另一个因素在于，人员配置和招聘流程的严谨性不断提高。公司越来越多地将这些过程视为可以量化和改进的工作；员工正在成为一种供应链资源。这一点在与人力资源外包公司的关系上体现得尤为明显。阿派斯（Apex）是上市企业盎塞公司（On Assignment）的下属子公司，也是一家大型的技术人员外包公司。长期以来，阿派斯一直在对客户的人力资源需求进行观察和评估，它发现，愈发严格的工作流程和指标管理是各行各业的大势所趋。于是，阿派斯公司尝试通过在自己的业务中更多地运用大数据分析手段来取得竞争优势。阿派斯公司观测的人力资源指标包括：

- 答复第一名、第二名和第三名合格候选人的时间；
- 面试的候选人数量；

- 出现工资条错误或发票问题的频率；
- 解决客户相关问题的速度；
- 客户总体满意度水平。

阿派斯公司的客户正在越来越多地利用大数据分析手段来跟踪员工配置的效率和有效性，因此阿派斯需要构建自己对大数据分析独一无二的理解，从而确保能够满足客户需求。

在人力资源分析管理方面，谷歌、第一资本和沃尔玛是三家能与新英格兰爱国者队相提并论的公司。谷歌高度崇尚大数据分析的文化和做法在其人力资源管理方面也体现得淋漓尽致。谷歌人力资源部门的运作方式与传统的方法大不相同。它们的座右铭是："所有有关人员的决定都应该以大数据分析为依据。"为了实现这个目标，谷歌创建了一个由董事和员工组成的人力资源数据分析小组，其中有 60 多名研究人员、分析师和顾问，研究与员工有关的决策和问题。

谷歌前人事运营副总裁拉兹洛·博克（Laszlo Bock）是 2016 年度"十大最佳人力资源专家"，谷歌招聘小组在任命博克时指出，博克将大数据分析视为寻求事实真相和独特见解的一种方式。与普通的人力资源部门不同的是，博克所领导的团队表现得更像是一个软件研发部门，他们通过实验的方法，找到应对人力资源管理挑战的解决方案。谷歌的人力资源管理不局限于常规的人力资源指标，而是使用预测数据分析的方法，找到优化其管理绩效、员工招聘和员工留用的手段，以及提升员工生活水平和健康程度的方法。谷歌的人力运营研究人员甚至会为员工探索如何更合理地搭配饮食、摄入更少热量。谷歌对改善员工健康进行了一项实验，并根据实验数据决定把员工食堂的餐盘改小一号。

人员与创新实验室（Pilab）是谷歌人力资源运营团队的研发小组，代表公司内部管理层进行重点调研。由于谷歌需要分析各式各样的人力资源问题，Pilab 也经常朝着新的方向发展。Pilab 通过数据分析，已经确定了员工的哪些个人背景和能力与优秀的工作表现相关，以及哪些因素可能导致自然离职，其中的一项就是员工感到自己的才能没有在工作中得到充分施展。Pilab 把理想的招聘面试次数定为 4 次，低于此前的平均 10 次。谷歌还进行了一个名为“氧气”的项目——之所以如此命名，是因为优秀的管理可以使公司保持活力。这个项目的目的在于确定成功管理者需要具备哪些素质。Pilab 团队分析了员工的年度调查数据、绩效管理结果和其他数据，把经理的表现分为四组。然后，它采访了得分最高和最低的经理（面试是双盲的——面试官和经理都不知道经理属于哪个类别），以确定他们的管理方法。谷歌的人力资源分析团队最终确定了优秀经理具备的 8 个特征和管理者应该避免的 5 种行为。在分享这一调查结果一年后，谷歌再次评估发现，75% 的低绩效经理的工作表现得到了显著改善。

谷歌的人才价值模型可以判断员工最看重哪些方面，从而解决“员工为什么选择留在我们公司”等问题，然后运用这些结论来提高员工留职率，设计个性化的绩效激励措施，决定某个工作机会是否与候选人匹配，以及确定何时晋升员工。谷歌还利用员工绩效数据来确定帮助员工取得成功的最有效方法。博克说：“我们不只关注业务绩效数据的平均值，我们更关注正态分布曲线上的最高和最低绩效所在。绩效评分最低的那 5% 的员工是我们重点帮扶的对象。我们深知公司聘请的人才都非常优秀，并且真诚希望他们取得成功。”谷歌认为，公司很多员工或许都没有被安排在最合适的岗位，或者没有受到最有效的管理，并且运用详尽的分析证实了这一想法。通过了解员工个人的需求和价值观，人力资源运营团队成功解决了一些问题。团队还拿出了证明这一点的数据。博克指出：“员工之所以愿意留在我们公司，并不是为了公司提供的丰盛午餐。谷歌员工告诉我们，他们留下的原因主要有三个：内心使命、团队素质，以及培养技能的机会。我们所有的数据分析都是围绕这些因素展开的。”①

第一资本在招聘过程中也广泛运用数据分析手段，它要求各级候选人都要进行多种测试，以此衡量他们的数据分析能力。第一资本采用数学案例面试、行为和态度测试、多轮面试等手段，确保公司能聘请到真正想要的员工。这一面试流程适用于所有职级，甚至包括管理业务部门的高级副总裁。例如：

“当丹尼斯·利弗森（Dennis Liberson）飞抵华盛顿，参加第一资本金融公司首席人力资源官的面试时，面试官告诉他 16 位公司高管对他的面试环节还得再等等。首先，他被带到酒店房间去参加数学考试，并写出一份商业计划。近 7 年后，利弗森开玩笑说，他之所以能得到这份工作，可能是因为他是‘唯一一个能通过数学考试的人力资源主管’。利弗森目前是公司的执行副总裁之一，此举使他很早就见识到了第一资本对测试的痴迷程度。”

利弗森已不再担任第一资本的人力资源主管，但第一资本对测试的关注程度依然不减。例如，第一资本管理职位的候选人仍需要先阅读一家出版公司的财务报表和图表信息，然后回答以下问题：

20×× 年科学书籍的销售收入与发行成本的比率是多少？（四舍五入到最接近的整数）：

A.27∶1　　B.53∶1　　C.39∶1　　D.4∶1　　E. 说不清

要是没有一些量化技能傍身，哪怕是资历最深的高管也不必白费功夫申请加入第一资本了。

① 参阅托马斯·H. 达文波特、珍妮·哈里斯、杰里米·夏皮罗的文章《人才大数据竞争》，该文载于《哈佛商业评论》（2010 年 10 月）。

沃尔玛在全球拥有超过 220 万名员工。萨巴·贝耶内（Saba Beyene）负责领导沃尔玛的全球人力资源分析团队，该团队由 70 名敬业的分析师组成。深入了解员工更替对业务的影响是沃尔玛的核心事务之一，他说："和所有大型零售集团一样，沃尔玛也存在着巨大的员工更替问题。我们在琢磨着怎么才能让公司理解这不是件小事。大多数人认为，要是有人离职了，我们可以花更低的价钱雇一个新人进来。但他们没有意识到的是，这其中存在着巨大的招聘成本、入职成本和培训成本。我们现在能够把这一切成本都进行量化，并明确告诉大家，如果员工在 90 天以内辞职，那么公司就没有从这个员工的工作上赚到一分钱。"

由于有这些发现，沃尔玛开始仔细研究新员工的薪酬也就不足为奇了。该公司正在投资数十亿美元来改进其培训流程，提升员工底薪，并进一步增加了在公司工作了 6 个月及以上的员工的薪水。

然而，总体而言，除了少数公司和职业体育运动队，很少有公司能真正在人力资源方面实现大数据竞争。也许这种对人力资源分析的强调会随着时间的推移而逐步到来，但似乎目前最为缺乏的正是管理层在人力资源方面进行竞争的渴望。或许，随着员工成本的不断上升、在总成本中的占比不断提高，以及管理层越来越意识到员工确实是公司最关键的资源，大数据分析将在人力资源领域进一步发展壮大。

总体来看，本章主要讨论了大数据分析在公司内部的各种具体应用。我们的目标不仅在于说明数据分析在某一特定的业务部门中是可行的，更在于强调数据分析可以另辟蹊径，为公司打造实现竞争优势和公司战略的基础。我们希望这些例子能促使高管思考公司战略，以及如何开展公司内部工作。在第五章中，我们将讨论在公司外部（如客户和供应商）关系中使用数据分析的问题，以及这种数据分析如何为提高竞争力提供更多的可能性。

第五章

公司外部流程中的大数据分析——如何利用数据分析优化与客户和供应商的合作

当公司开始采用数据分析的手段来改进其外部流程时——也就是那些与响应客户需求和管理供应商关系相关的流程，大数据分析的工作就向前迈出了一大步。销售和营销等客户关系管理流程（CRM）与采购和物流等供应链管理流程（SCM）之间曾经泾渭分明、区别明显，但现在，不同管理流程的界限正在不断被打破，从而使公司可以更准确地调整供求关系。与完全由公司直接控制的内部工作流程不同，强调外部关系的工作流程更加需要外部各方及其资源的合作。基于这些原因，掌控与外部工作流程相关的数据分析有时就是一项非常严峻的挑战。

尽管面临诸多问题，但许多行业的公司都在通过预测分析来增强客户和供应商之间的关系，进而获取领先市场的财务增长和公司业绩。

许多公司都会采集有关其公司外部业务的描述性统计数据，例如，单个客户的平均消费额，或用户在网站上花费的时间。但数据分析型企业的目光超越了基本统计数据，还会进一步开展以下工作：

- 使用预测建模来识别利润最高的客户、利润潜力最大的客户以及流失可能性最高的客户；
- 将公司内部采集的数据与从外部渠道（包括第三方数据提供商、社交媒体等）获得的数据整合在一起，以便全面了解客户；

- 优化供应链，衡量意外故障的影响，通过数据模拟来生成货物运输的替代方案；
- 分析历史销售量和价格趋势，实时确定价格，并从每笔交易中获得尽可能高的收益；
- 通过复杂的实验来衡量某项工作对公司的整体影响或对客户转化率的影响，衡量广告及营销策略影响消费选择的程度，并且将实验结论应用于日后的数据分析。

奇怪的同伴①

乍一看，供应链管理和客户关系管理似乎没有什么相同之处。一方面，供应链管理似乎天然是大数据分析的重点。多年以来，运营管理专家一直在搭建算法，帮助公司在维持最低水平的库存的同时，避免缺货等供应链问题。而制造企业长期以来一直依赖于复杂的数学模型来预测需求、管理库存和优化制造流程。他们还推行以质量管理为重点的分析方法，如六西格玛理论和持续改善法（Kaizen）②，可以说，数据分析是这些分析方法的内在组成部分。

客户关系管理曾经似乎不太适合掺杂进数据分析，但它们一直是营销、销售和服务分析爆炸式增长的焦点。传统的销售视角着眼于销售人员的个人技能——与客户建立长期的关系，并让那些犹豫不决的潜在客户下定决

① 原文为 Strange Bedfellows，语出莎士比亚，意指虽然两个人志趣不同，平常也不甚联系，但却因特定的活动而联合在一起。——译者注

② Kaizen 源于日语，意指连续的、渐进的改进。《改善：日本企业成功的奥秘》的作者今井正明先生认为，丰田公司的成功要诀在于 Kaizen（持续改善）的方法。——译者注

心。因此长期以来，市场营销一直被视为一种创造性能力，其挑战一直在于如何了解客户行为，并将这种对客户的了解转化为提升未来销售额的催化剂。而服务通常被视为一项能少则少的活动，服务被视为公司拓展业务的成本，很少成为数据分析的目标。

事实上，数据分析在客户端的应用并不比在供应端少。三十年前，宝洁公司等消费品公司就开始使用数据分析软件和数据库来分析销售情况，并确定产品促销的参数。这些公司运用营销组合分析来跟踪促销活动或者优惠券对客户消费的影响。他们收集并分析了来自数据分析公司尼尔森和信息资源公司（IRI）的数据，了解其客户（杂货供应商）和个体消费者的行为如何受到不同营销渠道的影响。如今，几乎所有行业都有公司开始探索这种分析，包括 7-Eleven 等便利店，三星等制造商，威瑞森、美国电话电报公司等电信公司，以及默克、阿斯利康等制药公司。最近，随着市场活动管理软件的兴起，营销公司从根本上扭转到大数据分析方向。掌握量化技术的营销人员现在可以利用这些工具为不同的客户群体投放不同的广告，并了解哪些广告最适合哪些受众。

然而，数据分析型企业对分析的运用远比大多数公司要多得多。在很多情况下，它们还与客户分享数据和分析结果。我们的调查数据表明，数据分析型企业也在更彻底地整合其系统，并与供应商共享数据。它们通过整合产品、客户和价格数据，可以发现通过调整和整合供求关系活动而出现的新机会。它们不再利用事后分析来纠正未来的行动，而是在近乎实时的情况下生成和分析业务流程数据，并相应地对流程进行动态调整。

在本章接下来的篇幅中，我们将解释其他公司如何利用大数据分析能力来优化其客户和供应商流程。

利用大数据分析优化客户管理流程

如今，企业迫切需要强大的客户管理流程。一方面，吸引并留住客户的成本越来越高，这在电信和金融等以服务为基础的行业尤甚。另一方面，消费者更难以满足，需求也更加繁多。为了在这种环境下赢得市场竞争，数据分析型企业正在采取一系列措施，使自家公司能够更有效地吸引并留住客户，实现“动态定价”，优化品牌管理，将客户互动转化为有效销售，管理客户生命周期，并通过多种方式建立客户对公司产品的个性化认知（请参阅以下《常见的营销分析技术》专题框）。

常见的营销分析技术

- **卡方自动交互检测法（CHAID）：**通过分析多个替代变量来对客户群进行细分的统计技术。CHAID分析法可以构建出客户群体“二叉树”，只要所分析出的替代变量具有统计意义，就能不断向“二叉树”上添加不同的变量或分支。
- **综合分析法：**通常用于评估客户对一个产品组合或服务组合是否具有偏好，以及偏好的程度。例如，可以采用综合分析法来确定哪些因素（价格、质量、经销商位置等）对购买新车的客户而言最为重要。
- **计量经济学建模法：**其将当初为经济学研究而开发的理论、定量方法和模型进行了优化调整，以便深入分析复杂的市场趋势，以及影响市场需求、供给和成本的变量因素。
- **终身价值分析法：**利用数据分析模型来评估单个客户（或一类客户）在整个交易周期内能带来的利润情况。复杂的模型还可以准确估计客户在购买和使用产品时所产生的成本，包括购买渠道成本、退货的可能性、拨打客服的费用等。

- **市场实验法**：营销人员采用电子邮件、网站测试（也称为 A/B 测试）、促销活动和其他方法来选定变量，从而确定客户对给定产品的态度。市场实验法通常基于假定因果关系，对不同的消费组别（理想状态下是随机抽取的）施加不同的方法，通过观察最终效果来确定是否对产品进行调整。
- **多元回归分析法**：预测因变量（如销售情况）相对于一个或多个独立变量（如销售员人数、气温高低、季节时令等）如何变化最常见的统计技术。虽然基础的多元回归分析以线性关系作为假定前提，但模型修改后可以处理非线性关系、对数关系等问题。这种方法也能应用到计量经济学和时间序列分析。
- **价格优化法**：这种方法也被称为收益管理法或收入管理法。该方法假定影响客户购买行为的主要变量是价格，进而认为影响产品销量的核心因素在于价格弹性，或买方对产品价格涨跌的反应（即需求的变化）。价格优化法通常会构建消费者的价格弹性曲线，从而了解价格在一系列变化下对公司收益的影响。
- **搜索引擎优化法（SEO）**：这种统计方法的目的在于提高网站在谷歌等搜索引擎中的排名。
- **支持向量机模型（SVM）**：这是一种机器学习方法，它可以利用数据将案例分为不同类别，通常用于客户细分分析和客户流失原因分析等。
- **时间序列实验法**：时间序列实验法可以连续追踪特定实验组的情况，从而确定在某一时间点上施加的特定条件是否导致了所研究变量的变化。例如，可以使用这种方法来确定客户看到的广告会对其产品的购买产生何种长期影响。

- **提升建模法**：这是一种预测建模技术，可以直接评估某种计划（如促销或其他类型的营销计划）对客户行为的增量影响。

利用数据分析吸引并留住客户

吸引并留住客户的方式五花八门，数据分析可以为其中的大多数方法提供支持。传统的吸引客户的主要手段之一是广告。广告行业在利用数据分析方面已经有所建树，未来还将继续通过数据分析进行转型。广告行业之所以转向数据分析，主要原因有二：一是为了对时间序列数据进行计量分析，从而确定在统计学意义上广告能否真正提升产品或服务的销量；二是数字广告具有“可溯性强”和相对容易分析的性质，谷歌等公司的做法正说明了这一点。我们将对上述两点原因进行简要阐述。

计量经济学分析已经开始解决传统媒体广告的历史遗留问题。在 20 世纪初，百货商场行业的领军人物约翰·瓦纳马克（John Wanamaker）曾经就这个问题发表过他的观点——在欧洲，人们认为这话是利华兄弟公司创始人莱弗汉姆勋爵（Lord Leverhulme）说的：“我花在广告上的钱有一半是浪费的。问题是，我不知道到底哪一半没能真正派上用场。”

WPP 集团是世界上最大的广告公司之一，其首席执行官马丁·索雷尔爵士（Sir Martin Sorrell）将计量经济学称为广告业的“圣杯”。他在接受采访时指出：“毫无疑问，包括计量经济学在内的科学分析是营销服务业的尚方宝剑之一。”

多数大型广告公司都组建了计量经济学专家小组，为其客户进行大数据分析。这些公司为客户收集数据，构建数据库和基于分布式计算的数据池，然后对数据进行细致分析，从而得到各种有关广告有效性问题的答案——相关问题包括哪种广告媒介最有效、是否值得在平面广告中使用彩色打印，以及一周中哪一天最适合投放广告等。通常情况下，必须收集大量数据才能排除可能的替代解释，从而确定广告投放对业绩提升的真正影响。

广告业的另一项颠覆性变化在于数字广告的兴起。数字广告的诞生使是否有人点击广告变得有迹可循，因此称得上是一项革命性的变革。现在各种各样的互联网广告（包括广告横幅、弹出窗口、基于搜索条目的广告等）琳琅满目，我们可以很容易地衡量每种广告的有效性。大数据分析还可以帮助企业决定在每个用户访问的哪些网站上投放什么样的数字广告。这样一来，数字广告变成了个性化的（至少在一定程度上是如此），投放决策在很大程度上也是自动化的。埃森哲、德勤和 IBM 等主流技术咨询公司已经开始大举并购，进军数字广告和分析广告等业务领域。

当然，最强大的网络广告当属谷歌公司基于搜索条目的广告。谷歌运用业界领先的搜索引擎，可以投放与潜在客户使用的搜索词（Ad Words）相对应的广告。谷歌还出售其广告探测服务，帮助客户公司选择在什么网站上投放怎样的广告。谷歌之所以能在广告业务方面取得成功，主要原因在于其广泛运用大数据分析。由于谷歌的广告面向海量用户进行投放，但每次收取的费用很低（单次点击只能获取几美分利润），因此大部分数据分析必须是高度自动化且极度可扩展的。谷歌采用自学算法，不断对不同关键词（即谷歌主要的广告媒介）的有效性（通常以点击转化率为衡量依据）、网页布置、创意内容等方面进行分析。这种自学结果会上传至优化引擎，优化引擎可以在没有任何人为干预的情况下为广告商提供建议。广告商在查看与广告相关的活动报告时也可以看到相关建议。对于不同类型的网站，如娱乐网站与新闻网站，谷歌提出的建议可能有所不同。谷歌也为其大型广告客户配备专门的客户经理，客户经理可以与广告客户一起合作，并提供以数据分析为基础的建议。谷歌的理念是，大数据分析和量化指标将使广告商能更有效地与客户公司开展合作，因此谷歌想要尽可能多地向广告商提供具有实用性的分析建议。当前在线广告面临的挑战还有很多，其中包括如何在全渠道环境中投放个性化广告，以及如何确定同时在线上和线下渠道宣传时销售量到底属于哪种广告营销方式的功劳等。

其他的客户数据分析方法主要侧重于如何留住客户并进行交叉销售。例如，挪威银行（DnB NOR）在天睿（Teradata）数据库搭建数据分析框架，以便更有效地建立客户关系。挪威银行基于客户日常生活搭建了一个“大事提醒”系统，可以提示客户代表在客户发生婚丧嫁娶等大事时适时提供定制服务。例如，如果客户继承了一大笔遗产，客户代表就会拜访客户并向其推荐相应的投资产品。挪威银行还拥有一套自动化程序，可以将客户情况和事件相匹配，并且生成一组推荐的理财产品。接着，根据客户的习惯，挪威银行会选择与客户联系的最佳渠道，向客户介绍最合适的理财产品。利用上述一系列工具，该公司实现了 40%~50% 的交叉销售转化率，这不仅帮助公司实现了营销预算减半的目标，同时还提高了客户满意度。

当然，企业必须注意的一点是，它们设置的事件触发节点是否会侵犯客户隐私。关于这个问题，最有名的一个例子是，塔吉特商场（Target）的分析师发现，孕妇是营销“生育”产品的最佳目标客群，这个客群经常在塔吉特商场购买各种各样的商品。这家公司进而发现，他们可以通过分析女性的购物习惯及时获知其是否怀孕。但是，当有个姑娘收到一份含有怀孕暗示的广告传单后，姑娘的父亲向塔吉特公司投诉说，他们竟把他的未婚女儿想象成一个私生活不检点之人，这让他非常愤怒。虽然事后证明这个姑娘确实怀孕了，但塔吉特很快就停止了针对这一特殊场景的营销手段。①

最令人印象深刻的一个留客分析案例当属乐购公司。乐购成立于 1924 年，目前是英国最大的食品零售商，也是全球最大的零售商之一。它在全

① 2012 年 2 月 16 日，《纽约时报》的查尔斯·杜希格首次在《公司如何了解你的秘密》一文中报道了孕妇营销的故事。

球 11 个国家和地区都开设了门店，为便利店、专卖店、超市和大型市场等提供零售食品。乐购的华丽转型始于1995年，当时乐购推出了会员卡计划。乐购会员卡能够帮助公司建立起顾客信息收集机制，它通过奖励在乐购购物的顾客来获取信息，并通过调整优惠券来获得最大利润。顾客赚取的积分可在乐购兑换现金折扣，兑换比率为购买金额的 1%。乐购估计，它奖励出去的积分价值已高达几十亿英镑。

这项计划的结果非常令人瞩目。虽然直销行业的平均顾客回头率只有 2%，但乐购的平均顾客回头率在 8%~20% 之间。发起该项计划的乐购首席执行官特里·莱希爵士认为，乐购会员卡也是该公司互联网业务成功的原因。作为全球最大的互联网商城之一，乐购已经向 100 多万户家庭成功卖出食品，并为 40 万名回头客提供服务。所有在线上进行网购的顾客都必须使用乐购会员卡，这进一步帮助乐购知道大家都买了些什么，并相应推出在线促销活动。通过分析乐购会员卡数据，再加上严格的实验计划，乐购互联网业务中的非食品类商品销量也实现了激增，包括家居用品、音乐下载、财险和汽车保险等方方面面。该公司还成立了一家利用乐购会员卡数据提供服务的商业银行。

乐购利用其收集的购买数据，根据顾客的生活方式对顾客进行分组。公司积极推行顾客特质分类系统，以确定哪些产品将吸引喜欢尝试新鲜事物的顾客，哪些商品会赢得注重健康的顾客，又有哪些商品会被价格敏感的顾客注意到。一些顾客特质可以直接从其产品数据库中提取出来，如某个订单是否处于待退货状态，或是每千克产品消耗的成本。但其他一些涉及口味和生活方式的特质则很难分类。例如，当乐购想要确定哪些产品将吸引喜欢尝试新鲜事物的顾客时，它会从在某个国家普遍认为是新奇试验的产品开始试验——比如在英国，泰式绿咖喱酱就不太常见——然后进一步分析买了泰式绿咖喱酱的人还买了些什么。如果购买泰式绿咖喱酱的顾客也经常购买鱿鱼或意大利松子青酱，那么这些产品的相关性系数很高，因此也可能吸引喜欢尝试新鲜事物的顾客。

乐购表示，它每年会发放 1200 万套针对特定产品的优惠券，从而提高优惠券使用率和客户忠诚度，并最终将财务业绩提升到市场领先的高度。当莱希爵士退休后，乐购的业绩略有下降，但没有证据表明乐购会员卡及相应的分析是乐购业绩下降的症结所在。克罗格公司采用了类似的方法（也同样选择了 Dunnhumby 公司作为咨询顾问），在美国通过行业领先的会员卡使用率和优惠券兑换率，克罗格的销售额连续 52 个季度呈正增长态势。

企业还可以使用数据分析来规避不良客户，同时吸引少数不符合传统风险度量标准的优质客户——这种方法被称为“从垃圾中淘到宝贝”。正如我们在第三章中提到的，进步保险和第一资本都没有使用传统的行业标准风险度量方式。例如，在进步保险，分析师没有理所当然地将摩托车骑手评为高风险，而是会考量司机的就业经历、参与其他高风险活动（如跳伞）的情况以及信用评分等因素。例如，一个与雇主有长期合作记录的摩托车司机如果也不怎么参与其他风险活动，就会被评为信用风险较低的客户。

第一资本改进了传统的吸引所谓“次级贷款客户”的方法，也就是根据信用评级认定哪些客户的破产或违约风险比较高。相反，第一资本采用自己的专有消费者信誉评估工具，来识别和吸引那些它认为比其信用评分所显示的风险要小的安全客户。

利用数据分析优化产品定价

优化产品定价是数据分析大有可为的一个领域。公司可以通过数据分析来实现产品定价最优化，进而获得竞争优势。无论是沃尔玛的每日特价产品，还是酒店经营者根据客户需求调整价格的行为，都是这方面的例子。大数据分析还可以更轻松地进行动态定价——根据需求、库存水平、竞争对手行为和客户历史记录等市场条件实时调整商品或服务的价格。这种策略首创于航空业，但现在已经扩展到其他行业。

例如，零售价格历来是“拍脑袋”决定的。然而如今，许多零售商（甚至批发商）都将数据分析软件看成“零售科学化”的重要组成部分。这种软件的工作原理是分析历史销售数据，以确定每个商店中每件产品的价格弹性和交叉价格弹性（衡量一种商品是否能替代另一种商品）。通过计算公式，就能确定产品的最佳定价，从而最大限度地提高销售额和盈利能力。

零售商通常使用定价分析方法来优化其降价策略，确定降价时间和降价幅度。还有一些企业则更进一步对所有零售商品进行差异化定价，并对产品促销、产品组合以及产品分类的情况进行分析。由于使用了价格优化系统，大多数零售商的毛利率增长了 5%~10%，有些公司的利润率甚至提高得更多。根据扬基集团的一份报告，“企业通过使用价格管理和利润优化（PMPO）解决方案，实现了多达 20% 的利润增长。没有任何其他软件能够像 PMPO 一样在带来类似的显著改变的同时还能解决效率低下的问题。PMPO 可谓是企业软件领域的商业秘密了。”

如今，几乎所有零售商都采用了一些数据分析定价软件。许多公司最初引进分析软件只是为了折扣定价，但后来便逐渐拓展到对所有产品进行定价。一些公司，如梅西公司，已将定价数据与库存数据的分析软件结合起来，根据天气和竞争对手的价格等因素快速对商品进行重新定价。连锁百货公司更是大大减少了对多达 7300 万件销售商品的定价优化时间，从此前的 27 个小时缩短到仅仅需要 1 个多小时。

数据分析定价软件也正在向其他行业推广。提供价格优化服务的软件供应商越来越多，应用的行业也比比皆是。例如，旧金山巨人公司就率先对棒球比赛的票价进行了定价优化。如果球队的对手很受欢迎，或者某场比赛被认为很有看头，那么票价可能会飙升近 10 倍。除了职业棒球之外，一些职业足球、篮球、曲棍球和橄榄球队也采用了类似的定价优化手段。

在此我们必须提个醒：定价变化并不总是难以观察的。大多数消费者已经接受了企业在不断变化的市场条件下动态定价的想法——例如，一些度假区会在需求淡季降低酒店消费标准，并在需求旺季提高酒店消费标准，而且消费者可能觉得这还挺公平的。然而，当企业使用需求弹性（也就是忠诚的客户愿意比善变的客户接受更高的价格）来进行定价决策时，可能会面临反弹的情况。例如，亚马逊曾提高 DVD 的价格，试图将其卖给那些愿意接受高价的人。当广大消费者发现这种做法后，亚马逊因为反对的呼声过高而被迫终止了这种行为。

利用数据分析实现品牌管理

正如数据分析工作提高了产品定价的水准一样，它也为整个营销活动带来了更高的要求。领先的公司已经开始建立其数据分析能力，从而能够高效地筹划并开展多渠道的营销活动，评估营销活动结果，并以此不断改进下一次营销。许多公司正在通过运用计量经济学对营销方案进行建模，预测活动效果，并分析活动效果在多大程度上依赖于其所选择的营销渠道和总体预算水平。

然而，现在的品牌经理所面临的一项巨大挑战在于构建数据分析闭环，描述客户如何通过多个渠道与品牌商产生互动。有了这些信息，品牌商不仅可以了解客户所看到的广告和促销活动，还可以知道客户在广告点击率、客单转化率和服务评价度方面的反应。大多数公司发现，整合并理解这些海量数据不是一件容易的事。

不过，有一家公司的下属机构在这个方面表现得非常出色，那就是迪士尼公司的乐园和度假村部门。长期以来，这个部门一直进行着大量的数据分析，用以优化酒店价格、客户骑行时间和广告营销报价。现在，得益于 2008 年开始的一项耗资 10 亿美元的名为“我的魔术家”（MyMagic+）的“假期管理”项目，迪士尼完成了从市场营销到客户体验的全流程闭环。“我的魔术家”的愿景在于，为每一位客人提供身临其境、无缝衔接的个性化游玩体验。从客户着手规划迪士尼之旅、预订酒店的阶段开始，迪士尼公司就鼓励客户注册账号并提供电子邮件地址。客户可以通过“我的迪士尼体验”网站或手机软件来规划一次舒适的家庭旅行（同时也可以为所有参与旅行的家庭成员或朋友注册账号）。这样一来，迪士尼公司就能了解客户正在考虑游玩哪些项目，以及不同的家庭成员都在浏览什么网页。迪士尼公司还鼓励客户注册使用“快速通道”（FastPass+）服务，用以缩短顾客的等待时间；作为交换条件，迪士尼公司会向顾客分享有关乐园景点、娱乐项目选择的信息，甚至会推送来自迪士尼动画角色的暖心问候。

然而，真正使迪士尼项目形成闭环的还当属“魔力腕带”（MagicBand）。迪士尼公司于 2013 年推出了这款腕带，并通常会在迪士尼之旅开始前把腕带快递给顾客。从顾客的角度来看，魔力腕带能帮助顾客进入迪士尼乐园和酒店客房，还可以在特定时间借助腕带通过“快速通道”进入景点，并使用迪士尼公园和酒店购物的支付服务。魔力腕带还能存储顾客与迪士尼动画角色拍摄的照片，并能让这些动画角色与孩子们进行个性化的互动。从迪士尼的角度来看，魔力腕带提供了一个数据金矿，它记录了客户位置、角色互动、购买历史、骑行模式等各种数据。如果客户添加了推送服务，迪士尼还能在顾客入住期间和游玩回家之后，向其发送个性化的优惠信息。

“我的魔术家”系统的规模和费用反映了一个事实，就是当前在大数据分析领域进行竞争的筹码已经大大提高。迪士尼公司可能需要一段时间才能收回其在这个闭环系统上的数十亿美元投资，但迪士尼公司已经亲眼见证了这套系统如何吸引更多客流，进而带来更高的运营效益。有人认为，这套系统会避免客户游览迪士尼乐园之外的其他主题公园。然而，从根本上说，这个项目的核心价值在于大量的数据分析，从而将营销和品牌计划精准转化为客户实际消费。

将客户互动转化为有效销售

到目前为止，我们所描述的策略都与营销和品牌相关，但大数据分析也可以用来改善客户和销售人员之间的面对面接触。这个过程现在正变得越来越具有数据分析的色彩。许多销售流程（诸如客户引流、获客渠道和客户转化率）现在都可以通过大数据分析的方式进行处理。从前在销售分析中，几乎所有的方法都是描述性的，当时条形图被认为是最先进的数据分析方法。然而，如今像 Salesforce 这样的公司已经将预测分析和规范分析嵌入到他们的主流交易系统中。例如，销售人员可能会采用潜在顾客评分系统进行客户群体预测，而不单独向某位客户进行推销。

第一资本金融公司的医疗保健事业部为那些无法通过医保报销手术（如整形手术）费用的人提供融资贷款服务，并借此超越了竞争对手。大多数金融公司在向医生推销贷款服务时，和药品销售代表没什么两样——业内的术语称这是个需要“用笔书写，用本子记录，并且用比萨饼打开话茬”的过程。

销售代表通常会选择在午饭时间拜访客户，因为此时医生会出去休息一会儿，所以他们可以做短暂有趣的推销。不过，第一资本的销售代表不会随意选择推销对象，也没指望着通过赠送潜在客户几个赠品就能搞定这笔交易。相反，第一资本医疗保健公司的分析师会向销售代表提供信息，告诉他们应该向哪些医生进行推销，以及哪些销售卖点和医疗产品最有可能奏效。

总部位于波士顿的出版商 HMH（Houghton Mifflin Harcourt）公司，也就是耳熟能详的霍顿·米夫林·哈考特公司，自 19 世纪 30 年代以来就一直从事出版业务。[①] 但现在，它销售的大多是电子读物，因此公司领导层想要简化销售流程。和许多公司一样，HMH 公司采用了事务性 CRM 系统——一个来自 Salesforce 公司的系统。但这套系统几乎无法通过数据分析

① 有关 HMH 的信息来自对公司高管的采访和扎卡里·门罗 2016 年 5 月 19 日在芝加哥的针对甲骨文云营销用户的演讲。

激励销售人员，或是进行销售管理。

HMH 的销售人员把销售重点放在学校附近。他们过去往往利用 Excel 软件记录销售机会和预测变化，但这种方法只算得上是简单的描述性数据分析，并不能促进与客户的沟通。当销售成为公司高管关注的重点之后，HMH 开始与营销机构（负责潜在客户发掘）和销售机构（负责客户转化）进行合作。该合作计划的一个重点在于：搭建用于描述性销售分析和潜在顾客评分的新软件和系统。

HMH 改进了潜在顾客管理的整个过程，涵盖了线下活动、网络会议以及销售地推等多个获客渠道。这家公司利用一个数据分析系统给潜在顾客评分、设计地推路线、为销售线索设置优先级排序，从而将未完成的销售线索排期从 30 个工作日减少到 6 个工作日。HMH 还为各个销售渠道的潜在客户都搭建了因素分析模型，从而确定最佳的销售渠道组合，实现潜在顾客成本和单次转化成本最小化。此外，HMH 还撰写了一系列分析报告，讨论了诸如未完成销售线索量、预计线索转化率、预计潜在顾客价值和转换速度等指标。

管理客户生命周期

除了为客户在某一天的购物提供便利外，公司还希望能够优化客户的终身价值。预测分析工具可以帮助企业了解客户的整个生命周期。百思买（Best Buy）所采用的预测模型就能使公司在客户完成首次购买后，进一步提升随后的销售额。例如，购买数码相机的客户会收到百思买精心定时为其发送的照片打印机的电子优惠券。

斯普林特公司也对客户生命周期管理产生了浓厚的兴趣。它使用数据分析来识别客户在从最初的产品感知到服务更新升级的 6 阶段生命周期中，关于客户互动、产品感知和情绪情况的 42 个特性。该公司还将这些有关客户生命周期的数据分析整合到其产品运营中，使用 25 种模型来确定如何才能最大限度地提高客户忠诚度和其消费支出。

斯普林特的目标在于，在每个“客户流失节点”都能为客户提供“下一阶段的最佳选择”，同时尽可能减少无谓的客户互动。例如，斯普林特发现，很多客户虽然迟迟没有确认付款，但他们并非不愿意付款，而是其订单还存在待解决问题。于是，斯普林特就将这些订单从“待付款订单”转移到了“待解决订单”，从而化解冲突并留住客户。

据斯普林特统计，数据分析小组通过减少顾客流失、增加顾客购买量、提高顾客满意度，使企业价值提升了超过 10 亿美元、企业收入提升了 5 亿美元。

利用大数据分析提供个性化产品和服务

使用数据分析来赢得客户的最后一个策略是根据客户喜好定制产品和服务。例如，在移动网络业务中，电信公司正在通过提供信息服务（如新闻提醒和股票行情信息更新）和娱乐服务（如音乐下载、铃声和视频剪辑）来争取提高客均收益。但考虑到移动设备上的屏幕很小，想要植入引导客户消费的信息确实是一项挑战。

英国的移动网络运营商 O2 正在使用数据分析的方法来解决这一问题。该公司率先使用人工智能软件，赶在用户知道他们自己想看什么之前，就提前预测并为用户推送其可能感兴趣的内容。数据分析技术可以通过分析用户的订阅行为（例如用户点击特定内容的频率），来确定用户的个人偏好。然后，该软件会将想要推送的内容放在用户可以轻松访问的地方。

高达 97% 的 O2 用户选择使用个性化定制服务，并畅享有趣的推送服务所带来的便利。如今，O2 在英国的移动互联网流量市场占有率已超过 50%，公司还将继续探索数据分析的新方法。例如，它正在研究新的客户群组技术，这种技术可以对相似客户的偏好进行分析，并进一步提出服务建议。休·格里菲斯（Hugh Griffiths）曾是 O2 公司负责管理数字产品、服务和内容的副总裁，他认为，“个性化是 O2 服务的关键区别。”

个性定制也被应用于游戏和教育等领域。例如，在 Strata + Hadoop 世界会议上，网络游戏开发商杰格克斯（Jagex）游戏工作室展示了它们所搭建的模型，这个模型分析了长达 10 年的游戏软件内容和 2.2 亿个玩家账户资料，以便实时向玩家提供建议。这家公司最受欢迎的游戏之一《江湖》（*RuneScape*）是一款大型免费多人在线角色扮演游戏。通过引导玩家选择游戏中最有趣、最合适的游戏剧情，杰格克斯不仅提高了公司收入（包括广告服务、付费订阅和在线游戏购买等方面），同时也提升了玩家的参与度和目标完成率。

在线教育公司 SkillSoft 正在利用大数据来提高其数字教育方案的有效性，并用以服务于全球 6000 个企业客户和 1900 万名个人学习者。SkillSoft 拥有超过 6 万份有关客户在线学习时间和学习效果的详细数据。通过对这些数据进行认真分析，辅之以发送电子问卷等其他方式，SkillSoft 推出了针对客户个性提供学习建议和内容的定制化服务。得益于对授课内容和建议的综合个性化定制，SkillSoft 在用户参与度方面实现了 128% 的飞跃。该公司的战略、企业发展和新兴业务高级副总裁约翰·安布鲁斯（John Ambrose）表示：“我们正在构建一个强大而崭新的大数据引擎，以帮助我们优化用户学习体验，并发现即学即用的新学习模式，推动系统不断改进。这是大数据应用的完美案例——掌控大数据，并将其应用于提高个人和企业的绩效之中。”

利用大数据分析优化供应商管理流程

现代供应链流程中，客户管理和供应商管理流程之间的界限已经逐渐模糊。在某些情况下，客户甚至可以跳过公司，直接和供应商对接；还有些时候，公司也会为自家客户进行物流管理（请参阅以下《供应链管理中的常见分析技术》专题框）。

供应链管理中常见的大数据分析技术

- **容量规划法：**这种方法是指通过查明和消除障碍，优化供应链及其相关要素。通常用于替代计划的迭代分析。
- **要素组合法：**这是一种复杂的数学技术，通常用于对供应链中的各要素进行建模，从而实现对供应链的优化管理。
- **供需匹配法：**确定需求曲线和供应曲线的交点，从而优化库存，最大限度地减少超量库存和缺货情况。该方法通常用来解决确认送货流程、等待时间和吞吐量损失等问题。
- **位置分析法：**通常应用于优化商店、配送中心、制造工厂等的地点。例如，通过使用地理位置分析和数字地图，将公司位置与客户位置联系起来。
- **创建模型法：**主要用于模拟突发事件，从而优化供应链。建模过程中往往会用到线性编程和规划求解技术，这要求程序在给定一组变量和约束的情况下寻求特定的目标。机器学习的进步使得创建模型法的效果越来越好。
- **路径优化法：**在某个地理位置周围计算交付货物的最佳路径。其中许多方法都是在解决“旅行推销员问题”①。
- **资源调度法：**用于为产品资源创建详细的调度计划。某些计划模型无法给出理论上的最优水平，因为它们在计划订单时考虑到了工厂生产的实际限制。所谓的高级规划和调度方法（APS）

① 旅行推销员问题（Traveling Salesman problem），是最基本的路线规划问题，该问题是在寻求单一旅行者由起点出发，通过所有给定的需求点之后，最后再回到原点的最小路径成本。——译者注

也认识到了，在当前库存和供应链优化过程中，存在现实的物质限制。

– **模拟分析法：** 供应链模拟模型可以模拟在供应链、产品资源、存货仓库和其他约束条件变化时的不同情境。通过模拟分析，它们既能够对复杂的供应链进行优化，也可以满足情境可视化的要求。

连接客户和供应商

在供应链领域，数据分析型企业的鼻祖是沃尔玛公司。该公司将大量销售和库存数据整合到一个单一的集成技术平台中。沃尔玛的经理定期就其供应链管理的方方面面展开数据分析。一线的门店经理也使用数据分析工具来优化产品分类，他们不仅会仔细研究销售数据，而且还研究定性因素，例如是否有机会根据当地社区的需要调整销售的货物类别。

沃尔玛的供应链数据最显著的特点并不是数据分析的复杂性，而是它们向供应商提供数据和描述性分析结论。沃尔玛从 80 个国家的 6 万多家供应商手中购买产品，每家供应商都使用沃尔玛公司的零售链接系统来跟踪其产品的物流情况——事实上，沃尔玛强制供应商使用自家系统。从总数上看，沃尔玛的供应商每年对数据仓库进行数千万次查询，包括日销售额、发货情况、采购订单、发票管理、索赔退货、情况预测等数据。供应商还可以访问沃尔玛的分类规划系统，并且结合销售数据、存储特征以及 10 个消费细分市场的数据，在沃尔玛的系统上搭建不同商店的定制化产品组合。一些供应商甚至搭建了 1000 多个模块化产品组合。

随着沃尔玛数据仓库引入越来越多有关客户行为的信息，其应用范围已经远超供应链领域。沃尔玛现在收集到的消费者信息可谓私企之冠，公司的营销人员对这些数据进行深入挖掘，就可以确保客户在需要的时候，能够以合适的价格购买其所需的产品。例如，他们发现在飓风来临之前，顾客需要储备那些无需烹饪或冷藏的食品，于是草莓波普馅饼成为销售冠军。可想而知，沃尔玛会要求凯洛格公司（Kellogg's）在飓风来临之前紧急将他们的货物调运至商店。简而言之，沃尔玛作为全球最大的零售商，其成功背后有许多运用大数据分析的影子。

沃尔玛公司可能是世界上最大的零售商，但至少它知道所有自家门店的位置。相比之下，亚马逊的商业模式则要求公司对源源不断的新产品、供应商、新客户和促销活动进行管理，并在承诺日期前直接向客户交付订单商品和服务。

亚马逊对其所有的大数据分析项目都采取三缄其口的态度，但这些年来，我们还是从边边角角里收集到了一些细节。亚马逊最出名的是向客户推荐"您感兴趣的商品"时所采用的分析技术，而且亚马逊也在供应链分析方面不断努力。它整合了供应链的所有要素，用以协调供应商的采购决策。为了确定最佳的采购策略（确定联合补货、协调补货和单一采购的最优策略），并且实行从制造商到客户的全流程物流管理，亚马逊在其合同履行、产能扩展、库存管理、采购和物流功能中都采用了高级的供应链管理和优化方法与技术。

例如，在测试了各种物流解决方案和软件之后，亚马逊得出结论：现有的供应链建模和管理方法都无法满足它们的需求。它们最终发明了一个独家的库存模型，这个模型采用非平稳随机优化技术，使亚马逊能够对许多变量因素进行建模和优化。亚马逊相关的岗位职责描述中提供了有关这个库存模型的一些详细信息。

"当客户下订单时，我们的系统会采用大规模的实时优化技术，以最佳方式选择从何处发货以及如何整合多个订单，从而以尽可能低廉的运输方式按时或更快地使客户收到产品。该团队专注于利用最先进的云技术、机器学习和可扩展的分布式软件，在需求、定价都不确定的情况下，自动调整供给端库存和需求端货物，帮助公司节约了数亿美元的成本。”

亚马逊一共销售30多个类别的商品和服务，从书籍到日用品，从工业和技术工具到家庭服务，以及它们自家的电子产品——电子书阅读器Kindle、平板电脑Fire和智能音箱Echo等，不一而足。亚马逊针对不同的商品类别建立了不同的供应中心。当亚马逊推出一个新的商品类别时，它会使用大数据分析手段来规划商品的供应链，并调整公司现有的系统和流程。为此，它对全国各家供应中心的每个单位库存（SKU）的供应能力进行评估。亚马逊的供应链分析师通过优化订单数量，既满足了现实情况，又最大限度地降低了运输和库存成本。例如，为了优化消费品供应链，它采用了“具有侧边约束的整体最小成本问题”这一解决模式；为了节约部分出货，它选择了“使用贪婪算法的多个背包问题”这一解决模式——如果你知道这些术语具体指什么意思，那么也许你该向亚马逊投一份简历了。亚马逊公司甚至痴迷于优化装载卡车的方式。

亚马逊的供应链创新之一是其在2012年提交的一项专利，即“一套预测货物运输的方法和系统”。这意味着亚马逊有时会预测客户会订购什么，并在不知道包裹最终会销往何方的情况下，事先将包裹运到某一个片区。这可谓是预测性销售和供应链管理的独特组合。

亚马逊还计划绕过货运经纪人甚至托运人，接手其供应链的方方面面。彭博社称，亚马逊准备“从全球数千个商家积累库存信息，然后以更低的价格购买卡车、飞机和船只的运载力”。亚马逊已经从中国和美国得到从事海运批发的业务许可。虽然这对大数据分析的影响尚不明确，但亚马逊很可能会为这一传统行业带来大数据分析运用的新高度。

物流管理

有时，服务公司会运用数据分析手段并配以特殊技能和执行力来搭建整个业务条线。UPS 公司就于 1986 年采取了这一方法。当时，它成立了 UPS 物流，也就是提供 UPS 供应链解决方案的全资子公司。UPS 物流为需要批发分销且有自家卡车的公司提供路线规划和调度服务。UPS 声称，每天有 1000 多位客户使用其服务。这种方法体现在“放松心态，交给我们”的口号中，它使 UPS 原本“可靠的快递商”的名号优化为“值得信赖的客户物流价值链管理者”。UPS 还开发了数据产品业务，客户通过支付额外费用可以查看独家定制的“我的选择”，从而能够在运送货物过程中重新规划路线、重新安排包裹配送和签收等问题。

当然，UPS 公司多年来一直是供应链行业的数据分析型企业。早在 1954 年，UPS 公司的首席执行官就指出：“如果没有运营研究，我们就只能直观地分析我们的问题。”UPS 公司在行业中以卡车路线优化著称，最近还进一步拓展到飞机航线优化领域。迈克·埃斯库（Mike Eskew）于 2002 年至 2007 年担任 UPS 公司的首席执行官，他在 1987 年创立了 UPS 公司目前的运营研究小组。他在 2003 年宣布，路线优化预计每年可为公司节省 6 亿美元。他这么描述路线优化的重要性：“至关重要的是，我们要以最优方式管理我们在世界各地的物流网络。如果由于货物数量变化或天气不佳等原因导致货物运输没有完全按照我们预期的方式进行，那么我们必须想出最佳的替代方案，同时仍然保持我们的服务水平不下降。”随着时间的推移，UPS 公司在这些功能的基础上，进一步开发了我们在第四章中详细介绍过的 ORION 实时路线规划软件。

联邦快递也采取了大数据分析手段，向客户公司提供全面物流外包服务。虽然 UPS 和联邦快递都为客户提供全方位的电子化分析工具，但联邦快递还为那些不完全使用物流服务的公司提供这些软件程序。一位分析师认为："联邦快递既是一家技术公司，也是一家航运公司。"UPS 和联邦快递在航运物流的各个环节都实现了廉价高效，以至于其他公司发现，将其整个物流业务外包给这两家公司的成本更低。

另一家帮助客户管理物流的公司是全球领先的水泥供应商西麦斯。水泥做成混凝土之后，有效期很短，一旦装上卡车，混凝土就会开始发酵，因此生产者将其送到目的地的时间非常有限。在墨西哥，落后的交通、难测的天气和变化的劳动力市场使得准确规划交付混凝土变得异常困难。因此，可能在工地还没有准备好的情况下，承包商就把混凝土送到了；或是因为混凝土还没到位，工程可能会陷入停滞状态。

西麦斯发现可以通过缩短订单交付时间来提升市场份额，并向那些想要定点收货的承包商收取更高的费用。为了实现这一目标，西麦斯的员工研究了联邦快递、比萨外卖公司和救护车队的案例。继这项研究之后，西麦斯为其在墨西哥的大部分混凝土混合卡车配备了全球卫星定位器，并使用预测分析来改进交货流程。这种方法使得调度员将大多数地方更改订单的平均响应时间从 3 小时缩短到 20 分钟。该系统不仅使混凝土的运送效率提高了 35%，而且还建立起客户对品牌的较高的忠诚度。此外，西麦斯还使用数据分析来优化其他方面的业务，包括水泥生产、卡车规模、用电量和库存管理等。西麦斯严格的运营管理和数据分析帮助其成为世界上业务增速最快、利润水平最高的水泥公司之一。如果你连水泥——世界上最古老的产品之一——都能分析，那就无疑可以将大数据分析运用到各行各业。

本章小结

数据分析型企业已经认识到，供求关系之间的界限已经逐渐模糊。因此，他们在与客户和供应商的合作中应当善于使用复杂的大数据分析方法，创造出独特的竞争优势，帮助公司更好地服务客户，并更有效地与供应商开展合作。

供应链管理在大数据分析方面有着深厚的根基，在这一领域表现出色的公司在使用定量分析和运营管理实现物流优化方面，已有数十年的实践历史。然而，起步较晚的公司也能够通过数据分析，实现其市场营销、客户关系管理和其他需求流程的优化。

在本书的第一部分，我们描述了大数据竞争的内在属性。在第二部分，我们将阐述公司进行大数据竞争需要采取的核心步骤以及开展大数据竞争所需的关键技术和人力资源。

Part
2

第二部分
构建大数据分析能力

第六章

提高企业数据分析能力的路线图——数据分析的五个阶段

至此可以看出，提升一家公司的数据分析能力似乎并非难事。事实上，包括万豪、通用电气和宝洁公司在内的很多企业几十年来一直在大量使用数据分析。谷歌、亚马逊、奈飞、奇洛和第一资本等其他公司更是把数据分析当作公司的安身立命之本。这些公司凭借其长久以来对数据的高度重视、高级管理层的支持以及对数据分析的实践应用，已经拥有了顶级的大数据分析能力。

然而，绝大多数企业既没有精细打磨自己的数据分析能力，也没有制订详细的数据分析能力提升计划。对于希望成为数据分析型企业的公司来说，没人能承诺提高企业数据分析能力的道路一定会畅通无阻、一帆风顺。有许多杂乱无章的细节必须要做到位，包括软件、技术、数据、流程、指标、激励、技能、文化和支持等，不一而足。我们采访的一位高管把管理发展数据分析能力的复杂性比作 15 级棋类游戏。

哪怕上述的每个要素都悉数到位，公司仍然需要耐心等待，才能见证成为数据分析型企业所带来的显著结果。在任何重大企业变革中，改变业务流程和员工行为始终是最困难和最耗时的部分。而从这项工作的性质来说，培养数据分析能力是一个迭代过程。管理者通过使用数据和改进数据分析模型，可以更深入地理解其业务随时间变化的动态发展情况。我们的研究和经验表明，公司需要 18 到 36 个月的时间来定期处理数据，才能开始开发出源源不断的、可以转化为实践成果的数据资源。在这个过程中，许多企业会缺乏足够的动力，或是完成其他更紧迫的任务时所需时间实际上远远超过它们的估计值。

即使是对于高度分析化的公司而言，想要提升数据分析能力也还有许多工作要做。例如，斯普林特公司利用大数据分析在 5 年内创造了超过 10 亿美元的企业价值和 5 亿美元的收入提升。它认为，自己只不过是触及了数据分析所能取得成果的一些皮毛而已。一家多年来一直致力于大数据竞争的银行的经理们说，他们银行的不同业务正在倒退回业务部门各自为战的局面。换言之，数据分析型企业不能满足于它们的既有成绩，“不进则退”的道理也适用于数据分析。

然而，成为数据分析型企业的收益远远超出为此付出的成本。在本章中，我们将介绍一张路线图，用其描述一家公司成为数据分析型企业的成长路径，以及每个成长阶段的收获。

大数据竞争路线图概述

大数据竞争路线图描述了一家公司成为数据分析型企业的五个阶段，以及每个阶段的主要任务、问题和挑战。它可以帮助公司获得数据分析能力，并且明确朝下一阶段迈进所需进行的投资和行动。图 6-1 概述了大数据竞争路线图，以及各个阶段的认定标准。

第一阶段：大数据竞争的先决条件

在第一阶段，公司缺少进行数据分析的先决条件。这些公司首先需要

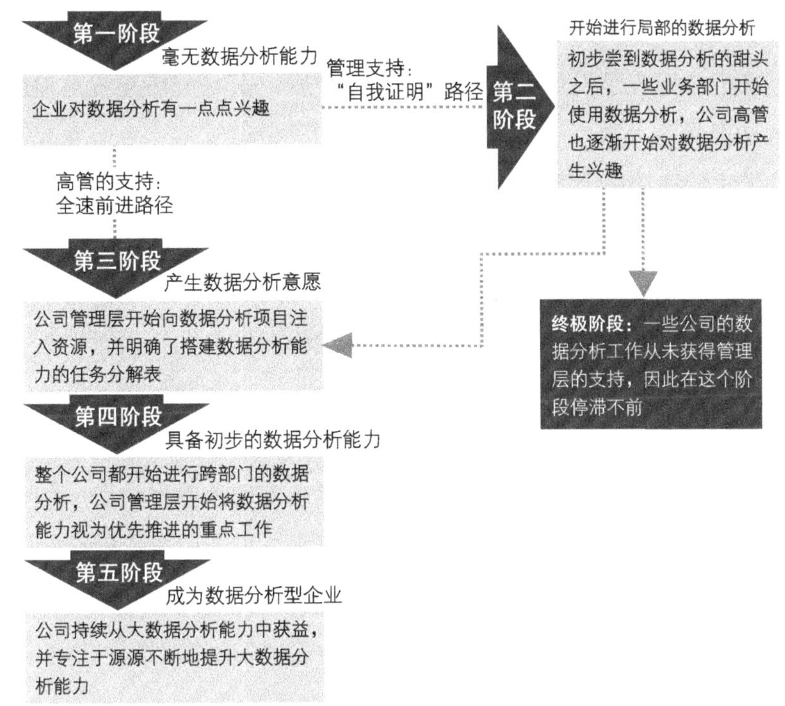

图 6-1　大数据竞争路线图

改善其数据质量，以便为公司决策提供一致的、高质量的数据。如果一家公司的数据质量不佳，那么就应该推迟实施大数据竞争计划，而首先把精力放在修复和完善数据上。陶氏化学（Dow Chemical）的发展路径就很有启发性。它是 20 世纪 80 年代末首批开始安装 SAP 系统的美国企业之一，但在积累足够的交易数据之前，它并没有开始认真分析或使用数据。

即使一家企业有一些高质量的数据，它也必须拥有乐于以事实为决策基础的高管。一个喜欢凭直觉作决定而对数据“过敏”的公司管理层不可能为数据分析提供支持。这样一家公司的任何数据分析举措都只是战术性的小打小闹，其影响必然有限。

一旦公司克服了上述障碍，它就可以准备进入大数据竞争路线图的关键阶段。

评估数据分析能力

一家企业拥有了可用数据和管理支持之后，下一个任务就是坦诚地评估自己是否具备大数据竞争所需的战略认知、资源支持、企业文化、分析技能、优质数据和技术能力。

一位金融服务主管向每一位职场新人提供了很好的建议："开展工作的第一步就是评估你的产品与客户希望得到的产品有多大区别。大数据分析确实可以改变游戏规则，但要想发挥这种优势，你本人必须对产品有清晰的认知。"

虽然大数据竞争路线图的每个阶段都反映了企业在数据分析方面的竞争能力，但同一公司的不同部门可能处于截然不同的发展阶段。例如，对于保险公司的精算部门而言，他们需要的数据分析手段会比同公司的其他部门都先进得多；或者，一家制药公司在美国的营销分析手段可能比在其他国家或地区要复杂得多，而这不过是因为美国的运维部门可以获取更多数据或是主管经理更有数据分析头脑。

正如某些业务部门或流程的数据分析工作可能更先进或滞后一样，某些业务条线对数据分析的要求可能远高于其他条线。例如，有些公司可能具有高度集成化、标准化、灵活化的技术环境，但却不怎么需要数据分析；或者相反，有些公司对数据分析的需求远远超过对技术能力的需求。有些公司可能会利用机器学习来管理其电网，但却不能把机器学习应用在其他地方。还有些公司可能已经在不少部门都用上了数据分析，甚至每个部门拥有自己的数据分析软件和数据源，但却没有在公司层面发挥统筹协同作用。

公司需要评估自己数据分析能力水平的三个主要方面。表 6-1 概述了这三个方面的内容，每个方面对于成功的大数据竞争都至关重要。我在此必须提醒你：公司高管往往倾向于只关注他们所需的数据和分析软件，并且把“数据分析”当成“技术”的代名词。除非这些高管有意识地解决其他方面的问题，否则公司将很难迈入大数据竞争的下一阶段。

表 6-1 数据分析能力的关键因素

能力	关键因素
企业层面	对公司业绩驱动因素的理解 对其打造独特竞争优势的选择 公司绩效管理和战略执行情况 公司业务流程整合优化情况
人力层面	高管层的领导力水平和对数据分析的兴趣 建立实事求是的企业文化 培养员工的数据分析技能 科学地管理数据分析人才
技术层面	确保数据的规模和质量 拥有高级的数据分析技术

我们将在本章中讨论公司因素，并在第七章中更详细地介绍人力因素，在第八章中介绍技术因素。

公司需要一个明确的战略，来确认它到底需要关注哪些数据、如何分配现有资源以及想要完成什么目标（也就是我们在第二章以及本章后续会提到的 DELTA 模型中所说的“目标”)。请参阅《公司战略焦点或目标选择》专题框，了解优秀的公司是如何把有限的数据分析资源“用在了刀刃上”。

公司战略焦点或目标选择

优秀的公司最初往往专注于大数据竞争的一两个细分领域。

- 凯撒娱乐：客户忠诚和优化服务。
- 新英格兰爱国者队：球员选择和球迷体验。

> – 直觉公司：以客户为出发点的创新和运营管理纪律。
> – 德雷福斯公司：股权分析和资产流失。
> – UPS：运营管理和客户数据维护。
> – 沃尔玛：供应链和营销管理。
> – 欧文斯–米诺尔医疗公司（Owens & Minor）：内部物流管理和客户成本控制。
> – 进步保险：产品定价和高级数据分析服务。

为了能对企业业务绩效产生重大影响，数据分析型企业必须不断努力量化并改进他们对其绩效驱动因素的认知和观察方法，也就是那些能推动费用成本降低、盈利能力增长、成长能力提升和股东价值提高的因素（只有最优秀的企业才会尝试开发公司层面的价值创造模式）。随着时间的推移，大多数企业会在数据分析的几个关键细分领域逐渐建立起自己的理解与认知，从而在每一项新的数据分析和实验中都有所收获。

为了弄清把公司资源集中在何处才能产生最大的战略影响，公司管理层应当反思并回答以下问题。

- 我们凭借什么在市场上脱颖而出？
- 我们的独特优势是什么？
- 哪些关键的决策需要数据分析的解读与支持？
- 哪些信息对公司是真正重要的？
- 对公司业绩会产生重要影响的信息和认知都有哪些？

随着公司管理层对上述问题的理解愈发透彻，他们可以把这种理解纳入数据分析模型，并调整公司业务流程，从而利用这些模型提高公司的竞争优势。正是这种明确了战略重点的公司认知、流程优化和管理能力构成了公司独特的竞争力基础。

数据分析型企业将有效的决策设计到它们的业务流程之中，从而确保数据分析的结论能够有效转化为行动，并最终提高公司业务绩效。它们先是采纳了一种思维方式，然后不断制定、观察和修正具体细节，从结果中反思学习，进而有助于开展下一步工作。例如，英国警方的分析团队发现，他们可以从早期的行为中预测哪些青少年很可能成为成年罪犯。这项分析的结论是，如果英国警方能够在孩子们开始走上犯罪道路之前主动介入，就可以防止他们朝着错误的方向前进，也就能大幅降低最终犯罪的案件数。然而，如果想把这种数据分析结论真正运用于降低犯罪率，需要的不仅是对结论的认识，更需要警察、教育工作者和社工人员之间的密切合作，制定旨在消除犯罪根源的框架方案和具体做法。

最后，为确保公司战略能够转化为运营成果，公司必须明确哪些指标与企业战略息息相关，并对这些指标进行定期观测，确保员工的个人激励和绩效考核标准与公司整体业务目标保持一致。

选择数据分析能力的培养路径

一家公司在现实地评估了其数据分析能力之后，就必须选择下一步何去何从。拥有公司管理层支持和数据分析基础的企业可以迈向“全速前进”的康庄大道，而其余的企业则被迫走上“先验证，再行动”的漫漫长路。

全速前进

一个坚定、热情的首席执行官可以帮助企业走上大数据竞争的快车道。到目前为止，走这条路的公司通常都是互联网企业（如谷歌、亚马逊、领英等），这些公司的战略从一开始就是进行大数据竞争。当然，偶尔也会有一两家老牌公司的新任首席执行官会对公司进行大刀阔斧的改革，例如凯撒娱乐的首席执行官加里·洛夫曼、芝加哥小熊队的总经理、波士顿红袜队的总经理等。

对于初创企业来说，这条道路的主要挑战在于获取和部署构建数据分析能力所需的人力和财务资源。老牌公司还面临着一系列更复杂的挑战，因为它们已经拥有了现成的员工资源、数据资源、工作流程、技术工具和企业文化。这些资源的存在是一把双刃剑——它们既可能为建立数据分析能力提供先机，也可能成为抵制变革的巨大阻力。如果企业所面临的阻力太大，就可能会走上一条较慢的变革道路，即通过证明大数据分析的好处来取得公司上下的支持。

一家公司到底有没有全力以赴地走向数据分析之路是显而易见的，因为如果公司上下确实在努力开展数据分析工作，公司的首席执行官（或其他高管）就会经常公开描绘大数据竞争正进行得热火朝天的景象。这些高管会在企业战略分析能力方面持续投资并采取行动。在这些公司，当务之急在于将数据分析整合到企业的独特竞争力中，以期建立差异化竞争优势。在这个阶段，如果想要判断公司日后能否真正实现大数据竞争，就要看数据分析是否在整个公司层面得到了认可，换言之，整个公司都必须强调增长率和盈利能力等业绩指标，而不是仅仅是某个业务部门在关注自己的投资回报率。

想要走这条路的高管必须把全公司的人都“拉上贼船”。第一，必须建立数据分析的良好氛围。如果管理层根据事实而非个人观点做出决定，那就很容易向整个公司传递强有力的信息。他们还应当要求下属在给出意见时必须以数据分析作为支撑。

第二，必须有明确和迫切地需要变革的契机。当然，一家公司在面临重大危机时转向一个全新的发展方向总是比较容易的。一些取得大数据竞争优势的公司的高管层曾坦言，在没有明确需要改变的情况下，很难说服（或强迫）员工变得热衷于数据分析。

第三，首席执行官或其他高管必须能够提供必要的资源。处于严重危机下的公司（尽管这些公司必须以特殊运营模式才能谋得生存）可能缺乏大数据竞争所需的资源。在这种情况下，推行数据分析策略就像为心脏骤停患者提供“保健服务”一样，不过是纸上谈兵。这些公司在进行全面的大数据竞争之前，必须先保证公司业务走上正轨。

如果一家公司把大数据竞争作为其首要任务，那么可以预计其会在一两年内取得实质性进展。虽然我们相信，“全速前进”式培养路径的速度更快、成本更低、收益更大，但我们发现，准备采用这种路径的公司确实少之又少。如果高管层缺乏全力追求大数据竞争的热情和魄力，那么员工就有必要通过一些规模可控的项目来证明数据分析的价值。

第二阶段：自我证明的漫漫长路——开始进行局部的数据分析

对于那些对大数据竞争的好处深信不疑的人而言，不得不走上自我证明的道路，感觉实在是像在做毫无必要的绕行。事实上，这条道路进程缓慢、迂回曲折，而且的确存在着无限延滞的风险。我们估计，不得不“证明自我”将使得成为数据分析型企业所需的时间推迟一至三年。但不愿意直接在整个公司里引入数据分析的高管确实应该采取这种测试学习的方法，也就是在一些小项目中尝试数据分析。对于那些“绕远道”的企业而言，数据分析的推动力可能来自四面八方。例如，在一家消费品包装制造企业，一位新到任的营销副总裁震惊地发现，他就任的新公司竟然不具备数据分析能力，而充沛的数据分析能力在他的老东家那里被视作理所当然。他没有试图为公司的一个重要项目争取数据分析方面的支持，而是理智地选择了从自己部门的小项目出发，采用数据分析的方法来规划零售贸易促销。在这样的情形下，初次尝试的项目通常应该是注重策略、规模不大、影响范围较小的。

尽管“绕远道”的方式不乏缺点，但也有其重要的优势。任何真正的数据分析型企业都希望通过一系列实验和证据来验证这种方法的价值，而自我证实的路径则恰恰可以帮助企业积累经验证据。随着管理者在小项目中获得更多数据分析经验，他们可以获得有价值的认知，并可将其转化为业务效益。每位员工的业务提升都会为企业增添动力，支持企业迈向下一个大数据竞争阶段。

走上自我证明之路也有其现实原因。通过从小项目开始实践，部门经理可以利用数据分析来提高自己部门的效率，而不必得到他人的许可。这种方法所需的初始投资水平较低，因为单个业务部门的独立分析工具和数据的成本低于任何公司层面的综合软件投入。

在第二阶段，企业最好保持数据分析的简单化和规模可控性。自我证明的步骤大致可以归为以下几点：

- 寻找可以从数据分析中获益的潜在支持者和业务问题；
- 利用数据分析完成一个小专项，增加专项价值并产生可衡量的效益；
- 记录数据分析的收益，并与主要利益相关方分享这一信息；
- 继续在一系列小专项中取得成功，直到公司获得足够的经验和支持，能够步入下一阶段为止。

如果高管看不到数据分析的成效，那么一家公司可能会无限期地在第二阶段徘徊，但大多数公司都会在一到三年后进入下一阶段。通过实施一系列成功案例并仔细收集有关结果的数据，部门经理可以吸引到公司管理层的关注和支持，以便更广泛地应用数据分析。届时，整个公司就已准备好进入第三阶段。

表 6-2 总结了“全速前进式”发展路径和“自我证明式”发展路径在业务范围、所需资源和应用方法等方面的一些主要差异。

表 6-2 两种大数据竞争路径的基本特征

	全速前进式	自我证明式
领导支持	公司一把手 / 首席执行官	业务部门经理
问题框架	构建公司层面战略化的独特竞争优势	提升所在业务部门具体的技术性能力
展示价值	数据分析带来的公司收益增长（如收入增长、盈利增长、股东价值提升等）	数据分析带来的项目收益（如项目投资回报率提升、生产力提升、成本节约等）
技术支持	整个公司范围内均需使用数据分析软件	主要体现于数据分析工具的增多，业务整合的难度增加
人力资源	技术精英	在某一领域拥有专长的工作人员
工作流程	将数据分析嵌入公司业务流程，通过整合供求来获得机会	使用独立式或嵌入式的建模软件帮助员工进行业务分析
企业文化	整个公司层面的大幅变革	个别部门或个别业务条线的尝试性改变

作为自我证明式路径的例子，我们现在来分析某家公司是如何开始发展其数据分析能力的。（我们隐去了相关公司和任务的真实名称。）

通过引入数据分析释放竞争压力

某纸浆制造公司是一家行业领先的公司，它从事以纸浆、纸张和木材为原料的产品销售，销售范围涵盖纸杯等消费用纸、新闻纸等工业用纸，以及住建刨花板等木制品。20 多年来，该公司的产品畅销美国和欧洲，但却面临越来越大的竞争压力，这种压力来自发展中经济体的新晋厂家、欧洲的新竞争对手、建筑用品和消费品的替代材料供应商。该公司的管理团队多年来一直都在这家公司工作，其中大多数员工就是在工厂里开始了他们的职业生涯。之前，初级的数据分析就已经取代了直觉，帮助这家纸浆制造公司构建起对行业以及对自身发展的更为直观的理解。

随着竞争压力越来越大，纸浆制造公司的首席执行官在董事会成员的敦促下，打破了悠久的传统，从行业外聘请了一名新的首席财务官。新任首席财务官阿兹米尔·亚蒂姆（Azmil Yatim）被纸浆制造公司的巨大的业务规模和优良的市场地位所吸引，因此同意加入这个团队。但在工作了一个月后，他开始怀疑自己是不是根本就不该应聘这家公司，因为公司管理层表现得好像对经费问题一无所知。由于缺乏关于客户和市场竞争的准确信息，公司管理层的决策在很大程度上依赖于他们拜访过的最后一位客户的反馈情况。重大投资决策往往是在不准确、未经检验的假设基础上做出的。在业务方面，公司管理层更是已经习惯了不得不在没有准确数据的情况下做出决定。他们也并没有完全掌握公司主要产品（如刨花板、建筑木材、卫生纸和新闻纸）的成本情况。因此，公司犯了一些代价高昂的错误，包括对新工厂和新机械的不必要的资本投资，以及对产品的不科学定价等。

亚蒂姆决心提高本公司的财务和决策能力。他发现，公司的首席运营官丹尼尔·加尼（Daniel Ghani）在公司内部广受尊敬，他的支持对数据分析项目的成功至关重要。于是亚蒂姆最先找到加尼并希望他能对这项大胆的变革举措表示支持。然而，加尼以这项改革过于激进为由拒绝了这一要求。但加尼本人也厌倦了不断处理一件又一件麻烦事，在与亚蒂姆交谈后，加尼开始意识到，其中许多问题是由于缺乏精准的财务和客户信息造成的，这反过来又导致了更为糟糕的决策。加尼开始确信，公司不能继续在没有数据分析的“真空”环境中进行决策。于是他敦促亚蒂姆制订一个新的计划，有效利用公司内部系统产生的财务数据。两位高管都想尽快发力，帮助公司掌握更精准的财务信息，实现更完善的内部流程控制。

亚蒂姆（与向他汇报工作的首席信息官一起）以公司最近的一系列低级失误（比如主要客户被主要竞争对手抢夺）为契机，获得一项旨在“改善财务分析和决策流程”的项目的批准与相应的经费支持。他首先对财务部门和生产部门所需要的新技能进行了概括，他还发现需要帮助中层经理学会使用新系统。于是，他进一步安排了新系统的培训课程，还创建了一个数据分析专家小组，手把手地教会经理使用和解释这些数据。此外，他还对财务预算岗位上的员工进行了专题培训。

就这样，数据分析计划如火如荼地展开了。当亚蒂姆开始分析他收集到的新数据时，他顿时感到寝食难安。纸浆制造公司的一些主要项目实际上在不断亏损；相反，有一些被认为战略价值较低的项目，实际上利润要高得多。有了这些数据做支撑，亚蒂姆团队开始分头对接相关业务的分管领导，向其解释数据的个中含义。亚蒂姆和他的数据分析执行团队更加坚信，他们需要向公司管理层灌输更科学的财务观念，培养公司管理层的数据敏感性。

故事的转折点出现在公司需要对新工厂的建设进行决策的时候。详细的财务分析显示，继续建设新工厂的代价高昂，这一项目的建设可谓大错特错。这时，公司管理层才开始意识到，通过改造升级现有的两个工厂，公司可以继续增加产能，而付出的成本也更低。于是，新建工厂的项目被取消了。公司的经理们都很震惊，因为“众所周知”，纸浆制造公司需要建设一个新工厂，更何况新工厂都已经破土动工了。

数据分析执行团队随后宣布，他们将对今后 12 个月内正在进行或计划进行的所有重大投资进行审查。对于正在进行的项目而言，倘若没有商业案例佐证，或是无法从公司数据中得到支持，就会被一概叫停；对于尚未开展的项目而言，如果没有足够的数据做支撑，也不会得到批准。于是，业务经理们开始争先恐后地寻找数据来证明项目的合理性。随后，新的管理业绩和奖金计划出台，业务经理们更是开始认真对待财务数据分析了。

经过一年的共同努力，纸浆制造公司克服了最初的不适和成长的痛苦，整个公司焕然一新。现在，公司的重大财务决策与企业战略目标一致，并以事实证据为决策基础。公司管理层纷纷夸赞这种财务分析更精准、业务分析更完善的新态势。通过实现精准预测，公司可以更好地预测和避免潜在问题，于是公司不再对数据分析怀有敌意。公司总部和下属工厂的业务经理都提高了财务敏锐性，也更愿意解释财务分析数据。业务经理开始意识到，更出色的分析能力可以帮助他们加快晋升，于是热衷于数据分析的氛围进一步蔓延到整个公司。在西麦斯等数据分析公司的启发下，纸浆制造公司开始尝试绕过伐木场的中间环节，直接将产品送到施工现场。毫无意外，纸浆制造公司通过此举实现了更好的财务业绩。

最初，亚蒂姆只是想完善财务数据并将之用于决策。在资金有限和系统落后的局面下，亚蒂姆意识到自己需要在公司里进行实验并建立信誉，才能启动更大规模的变革计划。随着公司取得的每一次成功，纸浆制造公司的管理层对使用数据分析变得更有信心，并开始看到数据分析背后更深厚的潜力。纸浆制造公司还不是一个数据分析型企业，可能永远不会进入第五阶段，但今天的管理层对数据分析充满了热情，正在考虑是否应该跃升到第三阶段。

第三阶段：产生数据分析意愿

当数据分析获得公司高管支持时，公司就会到达大数据竞争的第三阶段。数据分析项目的发起人必须直言不讳地倡导实事求是型文化，并赢得执行团队中的其他人的认同与支持。

公司高管的支持对大数据竞争至关重要。可以说，不论公司的数据分析能力是优是劣，只要有高管愿意为数据分析背书，就足以证明这家公司已经步入第三阶段了。当然，如果这时公司已经开始进行“自我证明”，那么也就意味着公司里的有些部门已然拥有了数据分析的专门知识和专业分析工具。如果几个部门都已经各自为战进行了数据分析，那么软件工具、数据资源和分析实践的整合难度会大大提升。

无论一家公司是此前有过诸多数据分析实践，还是根本没有过分析实践，它都需要在第三阶段采用更宏观、更具战略性的视角。首先，公司需要阐明大数据竞争所能带来的好处。在一系列成功小案例的支持下，公司管理层应该把数据分析“用在刀刃上”，将之应用于构建公司独特竞争力和解决公司战略业务问题。其次，应当从提高公司整体业绩的角度来衡量数据分析产生的效益，同时应当注意及时跟进数据分析的进展情况。事实上，大数据竞争第三阶段的一个关键要义就在于定义一组可实现的业绩指标，并及时监督数据分析的进展。为了适当地集中稀缺资源，公司还可以成立一个集中的“数据分析中心”，用以促进和支持数据分析工作。

在第三阶段，公司第一次尝试利用数据分析构建其独特的竞争力。这个阶段所应用的数据分析可能更为复杂，因此也许需要专业的数据分析知识，需要引入崭新的数据分析技术。同时，公司管理层的支持至关重要，因为在这个阶段，公司必然会对公司的业务流程和岗位职责进行大量调整。

如果公司还没有做好进行大量调整的准备，技术部门就必须制订关于数据分析架构的详细计划，用以支持大数据竞争。更加关键的是，技术部门必须更积极地整合公司数据，从而应对数据分析需求的大幅增加。

公司经历第三阶段的时间长度各不相同，短则数月，长则两年。在公司管理层投入了充足资源，并且制订了培养全公司数据分析能力的计划之后，公司就可以准备进入下一阶段。

某银行（同样，我们对公司和其他人物的名字进行了匿名处理）的例子展现了一家公司是如何从第三阶段走向第四阶段的。

整合各个业务部门资源，实现公司层面的数据分析——以某银行为例

在过去的十年里，财富管理一直是银行业的热门话题。银行完全有能力提供财富管理服务，例如银行的信托部门就为长达几代的高净值客户提供咨询和服务。但在过去几年里，一些新趋势开始萌芽：第一，银行的财富管理部门出现了新的竞争对手；第二，银行不再使用个人投资经理，而

是采取更有效但更具共性化的揽客手法；第三，监管从严的趋势进一步加强，对银行业产生了深刻影响；第四，客户更愿意接受传统理财的替代方案，Betterment 和 Wealthfront 等智能投资顾问系统通过算法降低成本，并以低价向客户提供完全自动化的投资组合管理服务。这些因素交织在一起，威胁到银行信托部门对高净值客户财富服务的掌控程度。

在这家银行，公司管理层要求负责营销、战略和关系管理的执行副总裁对上述威胁做出战略反击。他们很快得出结论：公司内部需要进行大刀阔斧的改革，从而改善银行与客户的关系。尽管市场情况乐观，公司整体资产有所增加，个人信托账户业绩良好，但这家银行信托部门的资产在 2 年内仍然下降了 7%。下降的原因主要在于更激烈的竞争和银行经纪业务对账户的蚕食。这家银行曾尝试推出改良理财产品以留住客户的方法，但收效甚微。

与许多银行一样，这家银行的每个部门（零售、经纪、信托等）都留有客户的独家数据，而其他部门无从得知这些数据。因此，公司管理层更难以全面了解其客户在整个银行的情况，珍贵的客户资源因此遭受了无谓的减损。例如，拥有 1 亿美元信托投资的客户因开具了一笔小小的空头支票而被收取 35 美元的费用。当他打电话给零售银行部的经理投诉时，这位客户却得知，因为他的储蓄账户余额不够高，所以银行不能减免这笔费用。

在分析了这些问题后，数据分析团队得出结论：需要在整个银行层面进行数据分析。这不仅可以消除上述大多数问题，还可以发现交叉销售的机会。数据分析团队发现，建立银行层面数据分析能力的主要阻力来源于部门经理的抵制。其原因在于，经理的业绩以其部门利益而非全公司利益为衡量标准。对此，该行的管理层引入了新的绩效考核指标，并将其用来评估公司整体业绩（包括与资产规模和盈利能力有关的措施）和跨部门合作的开展情况。

上述举措扫清了这家银行进一步发展数据分析的障碍。第一，这家银行（在法律允许的范围内）搭建了全行统一的客户数据库，用以协调零售、信托和经纪营销业务。第二，该行成立了一个公司层面的营销分析小组，用来了解客户的价值观和投资行为。营销分析小组开始明确新的细分市场和产品，并优先协调高净值客户的营销工作。此外，它还开始研究客户家庭关系及其对个人投资行为的影响。第三，该行聚集了全行各部门的分析和统计人员，从而对稀缺的数据分析资源进行了更有效的部署。第四，该行聘请了懂专业知识的数据分析专家，并雇用了一家外包分析公司协助其员工开展分析工作。

起初，决策过程中还是偶尔会出现问题。直到流失了几位客户之后，这家银行才注意到，原来是竞争对手调整了经纪服务价格。还有一次，数据分析小组确定了一个新的细分市场，公司管理层也同意对这个市场进行营销改革，但实施变革的步伐过于缓慢。为了克服这些障碍，公司进一步开展了业务流程改革，确保可以及时地将决策转化为行动。银行的管理人员也接受了数据分析的技能培训，学会了如何做出假设、解释数据并且做出以事实为基础的决策。随着公司数据分析能力的不断提高，上述问题越来越少。

随着更多实实在在的利益开始显现，这家银行的首席执行官在大数据竞争方面的积极性也越来越高。他在给股东的信中，详细描述了数据分析和公司新举措对“实现弯道超车”的重要性。这家公司还任命了一名首席数据官，负责制定和实施公司的数据分析战略。数据分析师的工作范围则进一步扩大到使用倾向分析和神经网络（一种包含非线性统计建模的人工智能技术），并针对那些同时在银行开立对私和对公账户的客户提供个性化服务。他们还开始对安全系数高的客户进行试点，测试一些数据分析结果建议启用的新服务。如今，这家银行正在成为数据分析型企业。

第四阶段：具备初步的数据分析能力

第四阶段的重点是在公司层面建立世界一流的数据分析能力。在这一阶段，各个公司已经实施了第三阶段制订的计划，在构建大数据竞争所需的高管支持、企业文化、分析技能、战略认知、数据技术方面取得了相当大的进展。支持变革的声音也从少数高管的远见发展到广泛的管理共识；同样，重视实验和数据分析的理念也贯穿于企业文化。随着从每一次数据分析中学到越来越多的东西，公司获得了丰富的、可供挖掘和利用的新认知和新想法，从而进一步获得了竞争优势。由此，建立数据分析能力成为公司着力推动的重点工作（尽管不是唯一的重点工作）。

虽然现阶段面临许多挑战，但最关键的挑战是对管理文化和公司变革给予足够的重视。许多公司的数据分析愿望都被新老势力之间的企业文化之争所压制。一个与此相关的挑战在于，如何将个别高管对数据分析的支持进一步扩展到公司管理层的其他领导中间。如果只有一两位高管致力于大数据竞争，而他们突然离职或退休，那么公司对数据分析的兴趣就会立即烟消云散。有这么一个案例，一家金融服务公司的首席执行官将大数据竞争视为他留给公司的最大“遗产”，但他的继任者对数据分析的兴趣不大，于是前任首席执行官主导开发的数据分析系统很快就被废弃了。

随着各种数据分析工作变得日益复杂，公司管理层将数据分析整合到业务流程中所需的信心和专业知识也与日俱增。在某些情形下，他们可以利用其对客户和市场的卓越认知，实现关键决策过程的完全自动化。

在第四阶段，许多公司开始重新调整其分析师的岗位分布，使之从事更适合其技能的工作。随着公司对数据分析的关注度越来越高，公司通常会将最出色的分析师整合到一个小组中，使他们能专注于解决公司战略层面的问题。这既为公司提供了充足的分析人员，也为分析人员提供了施展技能的广阔平台。

一旦一家公司具备了出色的数据分析能力，成功地将数据分析整合到关键业务流程中，形成公司战略竞争差异，并大大提升业务绩效和公司竞争力，那么它就企及了大数据竞争的最后一个阶段。

万事俱备，只欠执行——以某消费品公司为例

一家大型消费品公司的大数据分析能力正处于第四阶段。这家消费品公司万事俱备，但就是缺乏有力地执行数据分析结果的能力。这家公司几乎在业务的方方面面都拥有质量上乘的数据，并拥有强大的数据分析技术。它有一群敬业的分析师，这些分析师肩负着为公司带来数亿美元价值的项目的使命。尽管如此，他们还是要费力地向各个业务经理单独兜售项目，才能证明自己的存在并不多余。

这家消费品公司的首席执行官非常相信产品创新和以产品为基础的研究；公司的首席运营官也愿意为数据分析背书。尽管这家公司确实存在以事实为基础的决策文化，并将大量的市场研究作为支撑，但“数据分析”的字眼并不会出现在公司年度报告或是分析师的日常沟通过程中。这家消费品公司的财务表现不错，但主要是通过收购实现的。简而言之，数据分析受到广泛认可和实践，但并没有推动公司的战略。只要公司管理层多一点“脚踏实地的毅力”，它就可能在短时间内成长为真正的数据分析型企业。

第五阶段：成为数据分析型企业

在第五阶段，数据分析的地位进一步提升，从“重要能力”转变为“构建公司战略和竞争优势的关键”。数据分析型企业通常会从其公司层面的数据分析能力中获益。虽然它们所搭建的专有指标、数据分析、业务流程已经对竞争对手造成了有力的阻碍，但它们仍在努力进一步优化数据

分析。

在这一阶段，公司管理层对大数据竞争怀有坚定的信心和极大的热情。公司会在年度报告中以及在与投资分析师的会议中，频频提及自己在大数据竞争方面的专业知识。公司内部的绩效考核和业务流程也进一步增强了其数据分析的客观性和完整性。大数据分析被用于推动整个公司的创新，也成为公司产品不可或缺的重要组成部分。

然而，数据分析型企业要想保持竞争优势，就必须避免产生自满情绪。它们必须建立预警机制，不断观察外部环境是否有变化的迹象，并根据变化的市场条件对其模型假设和内容进行更新和调整。

我们已经在前文中介绍了大量的例子，在此不再赘述。每家处于第五阶段的公司的战略能力、数据分析技术以及成功路径都是独一无二的。但这些企业有一个共同点，那就是对数据分析的绝对热情，以及由此带来的强劲的财务表现。

沿着大数据竞争路线图继续前进

从上述例子中我们可以看出，成为数据分析型企业需要的不仅仅是对数据分析的热情。许多寻求建立数据分析能力的高管首先会订购数据分析软件，聘请量化分析师，并试行某种数据分析计划。虽然这些行动可以构成一个良好的开端，但它们也只是一个开始，数据分析型领导必须找到突破口，才能真正发展他们的分析能力。“数据分析是构建我们公司的肌肉”，时任沃尔玛全球人力分析副总裁、零售商契克菲诗公司（Chico’s FAS）高级分析和测试副总裁埃尔皮达·奥尔马尼杜（Elpida Ormanidou）说：“你可没法花钱来购买数据分析能力。”

通过数据分析实现成功的道路是曲折的。如果业务环境给公司带来压力，尚未走上数据分析“全速前进”道路的经理就可能被迫从数据分析计划中调离资源，甚至完全叫停数据分析计划。此外，向数据分析型企业的转变很可能需要员工改变他们的工作流程。公司也需要时间来适应新的技能和行为模式。但若没有上述牺牲，就不可能发生真正的变化。因此，数据分析领导小组最重要的工作是确保数据分析在正确的轨道上前进，并不断观测分析成果，从而实现预期效益。

正如我们在第二章中所描述的，DELTA 模型为寻求构建大数据竞争路线图的高管提供了指导。DELTA 是表示方程中“变化”含义的希腊字母，我们用 DELTA 来描述培养数据分析能力所需的要素和步骤。除非你所在的公司已经构建起数据分析的氛围和文化，否则成为数据分析型企业就意味着重大的企业变革。具体而言，DELTA 代表：

- 数据（Data）：利用数据形成有价值的发现和结论；
- 企业（Enterprise）：管理和协调企业层面的资源；
- 领导力（Leadership）：培养数据分析型领导团队和文化；
- 目标（Targets）：将数据分析投资的重点放在价值最高的领域；
- 分析师（Analysts）：培养和管理数据分析方面的人才。

我们在此简要介绍一下上述要素的含义。

数据。毋庸置疑，数据是使用数据分析的先决条件。有时，一个数据点就足以引发翻天覆地的变化。但在大多数情况下，数据量越大，就越容易开展工作；拥有优质、多样、动态的数据通常也会产生更好的结果；拥有独家数据则更是锦上添花。数据分析型企业将数据视为战略资产，与公司其他战略资产一样，必须对其进行有效管理，才能最大限度地提高其对企业的价值。我们将在第八章中更多地讨论数据的检索、组织和管理方面的问题。

企业。正如我们在第二章中所解释的，以企业视角进行数据解读至关重要。如果公司管理层想要解决企业竞争力和核心战略问题，就必须有广泛的商业视角。缺乏企业视角，就意味着对公司面临的问题以及可用资源存在片面的理解。只有以整个公司为基础，才能正确回答一些重要问题，例如“哪些要素对公司未来增长和盈利能力的影响最大”“我们应该如何优化对于我们的产品性能、地理区域和营销渠道的投资”或者是“我们的决策是应该与公司战略保持一致，还是仅仅促进某些人的自身利益”。同样，由于核心的数据分析计划总是涉及一家公司的多个部门，因此必须避免将重要的分析资源（如数据、技术或分析师）割裂开来。我们会在第七章中进一步讨论其中的一些问题。

领导力。领导力是 DELTA 模型的核心，因为如果没有坚定的数据分析型领导，使用数据分析的空间是相当有限的。数据分析型领导应当是热爱分析、尊重事实、数据驱动决策的坚定倡导者。他们通过大量地使用数据分析，给公司上下树立了重要的榜样。数据分析型领导经常挑战业务传统和没有依据的假设。他们乐于探索、实验、创新，并不断寻求创新的方法来获得有价值的新见解。他们喜欢看到将独家数据算法整合到新产品和新服务中的方法。数据分析型领导更喜欢聘用聪明的、有数据分析能力的下属。最重要的是，他们鼓励一种将数据视为企业战略资产的文化，从而努力形成一种精英管理氛围，让最好的数据和想法获胜。这些类型的公司领导虽不是随处可见，但也并非凤毛麟角。我们会在第七章中讨论数据分析型领导的更多特征。

目标。所有公司的可用资源都是有限的，因此公司必须确定潜在投资的优先次序，这样才能把数据分析资源用于最可能产生收益的地方。选择合适的投资领域是大数据竞争路线图的核心。一家公司的数据分析目标取决于数据分析工作水平、行业特征和公司业务战略。数据分析目标应该是可实现的，有可能通过削减成本、优化流程、提高客户参与度、扩大业务或提高盈利能力等方式对公司产生重大影响。随着公司的数据分析工作水平不断提高，数据分析的目标将逐渐侧重于培养公司的独特竞争力，从而制订出更具战略高度甚至能改变游戏规则的计划。数据分析目标的数量也可以随着时间的推移和数据分析工作水平的提升而增加。

分析师。管理和培养数据分析人才不仅仅是聘请一些聪明的分析员工。分析师和数据科学家需要构建和维护整个公司的模型和算法。此外，分析人才还包括负责管理数据分析计划的高管、使用数据分析结果的决策者以及在工作中经常与数据打交道的非专业的数据分析人士。我们在第七章中描述了不同类型的分析人士（包括首席数据分析官、分析师、数据科学家和非专业的数据分析人士）的角色，以及一些如何从这种宝贵的资源中获得最大价值的方法。随着公司的数据分析工作水平不断提高，技术和定量指标也会变得愈发复杂，因此我们也将对这些因素展开分析。

在第一版 DELTA 模型中，我们觉得这五个因素就足以解释和预测公司如何在大数据竞争方面取得成功。但是，随着大数据和各种新的数据分析技术（例如人工智能）的出现，我们认为也可能有必要在模型中添加以下两种因素。

技术。在过去 10 年中，数据分析技术发生了迅速变化。为整个公司的数据分析提供基础架构、分析工具和技术支持不是一件小事，这个责任应当归属于技术部门（尽管并不总是如此）。大多数公司都有足够的数据资源、分析软件和处理数据的能力，但问题在于如何让这一切资源共同协作，同时最小化内部争端。海量数据被隔绝在孤岛之中，把现有数据导入数据库的过程往往会导致存储冲突。尽管数据分析软件、统计编程工具、数据仓库、可视化工具等存储工具的种类数量激增，但拥有真正强大且集成良好的技术环境的公司少之又少，多数公司难以完全支持公司层面的大数据分析。支撑大数据分析的技术是一个快速发展的领域，超出了任何一本书的讨论范围。在第八章中，我们将（在概念层面）描述数据分析技术体系的关键要素和注意事项。

数据分析技术。有许多不同的与定量分析相关的学科在推动数据分析技术的发展。它们涵盖许多不同的领域，包括计算机科学、统计学、计量经济学、信息学、物理学、精算学、人工智能、运筹学和生物统计学等。公司明智的做法是借鉴这些学科中不同类型的数据分析技术，从简单的描述性统计和概率，到机器学习和遗传算法等；然后再根据许多不同的因素，例如行业特征或业务特性、所处理的问题类型、数据特征和分析师的创造力等具体情况，选择最合适的数据分析技术。有时最好的答案是对各种技术进行组合，而不是依靠单一的量化技术。随着公司在数据分析应用方面所面临的情况变得愈发复杂，对数据分析技术的多样化需求也水涨船高。我们在第四章和第五章中提供了一些运用技术的例子，以及推荐使用技术的具体情境。

为了获得高水平的数据分析能力，DELTA 模型的所有要素都需要协同工作。如果一个要素滞后于其他要素太多，就可能成为公司前进的障碍。表 6-3 描述了 DELTA 模型每个要素在每个阶段的常见要求，表 6-4 则是更高级的技术和数据分析技巧。这些要求可以用作快速评估的工具，也可以作为帮助您了解如何改进现状的参考。为了更详细地解释数据分析工作水平的每个阶段所需的资源和能力，您可以参阅我们所编著的《在工作中分析》(*Analytics at Work*)。[①]

数据分析的成果管理

衡量项目业绩主要需要考察四方面的成效：员工行为、工作流程、产品服务、财务业绩。虽然最终大家都只关注财务业绩，但如果不关注其他三个方面，可能就无法实现理想的财务业绩。

① 参阅托马斯 · H. 达文波特、珍妮 · 哈里斯和罗伯特 · 莫里森合著的《在工作中分析：更明智的决策，更好的结果》(哈佛商业评论出版社，2010 年)。

表 6-3 各阶段数据分析能力对应的 DELTA 模型

	第一阶段 毫无数据分析能力	第二阶段 开始进行局部的数据分析	第三阶段 产生数据分析意愿	第四阶段 具备初步的数据分析能力	第五阶段 成为数据分析型企业
数据（Data）	数据标准不一致、质量差、不规范；难以进行实质性数据分析；没有专门的数据分析小组	拥有标准化、结构化的数据，但数据主要分布在各个独立的业务部门；公司高管不研究讨论数据管理工作	已经确认了哪些数据是关键的；已经建立起中央数据存储库	中央存储库中存储着标准、精确、通用的数据，但独家数据不多	利用结构化和非结构化数据（例如文本、视频）积极地搜索新的数据和指标；数据被视为公司战略资产
企业（Enterprise）	没有以公司视角审视数据和分析；业务系统并未进行整合	部分业务部门建立了独有的数据和技术，数据分析为所在部门创造了价值	开始将数据分析作为业务流程的重点；开始整合用于数据分析的基础软件	从公司角度对关键数据、技术和分析师进行管理	专注于构建能改进公司重点工作和差异化竞争的关键数据分析资源
领导力（Leadership）	对数据分析知之甚少或兴趣不大	部门领导开始对数据分析感兴趣，但各部门之间几乎没有联系	公司管理层意识到数据分析的重要性，并开始培养公司的数据分析能力	公司管理层制订数据分析计划并培养公司的数据分析能力	公司管理层坚定地将数据分析作为决策基础，表现出对大数据竞争的强烈热情
目标（Targets）	没有对潜在机会进行目标定位	拥有多个独立的部门目标，但通常不具备公司层面的战略价值	数据分析可以用来支持公司的关键业务	数据分析可以用来支持公司的关键业务，并创造良好的财务业绩	数据分析是公司独特竞争力和战略中不可或缺的一部分

（续表）

	第一阶段 毫无数据分析能力	第二阶段 开始进行局部的数据分析	第三阶段 产生数据分析意愿	第四阶段 具备初步的数据分析能力	第五阶段 成为数据分析型企业
分析师（Analysts）	不具备与数据分析相关的熟练技能	分析师非常零散；公司没有对分析师的综合分析技能进行管理	分析师被公认为是公司重要业务领域的关键人才	明确招募具有强大分析能力的分析师，邀请其开发、部署和参与公司建设	拥有世界级的专业分析师；在整个公司中培养非专业的数据分析人士

表 6-4　高级数据分析所需的额外技能

	第一阶段 毫无数据分析能力	第二阶段 开始进行局部的数据分析	第三阶段 产生数据分析意愿	第四阶段 具备初步的数据分析能力	第五阶段 成为数据分析型企业
技术（Technology）	分析技术浅显，只使用标准的办公软件，分析系统整合程度极差	只拥有个人分析的统计数据包，只进行简单的描述性分析、数据库查询、制表工作	开始使用企业分析工具和平台；开始使用预测分析包	确立起公司分析计划和流程；开始使用基于云的大数据	搭建起复杂的、全公司范围内的大数据分析架构，使用新技术进行规范和自主分析
数据分析技术（Analytical techniques）	大部分是临时的、简单的数学计算，比如指数外推和趋势预测	利用基础的统计数据、数据分段、数据库查询、图表制作来形成分析结论	开始进行简单的分类和聚类预测分析；开始进行动态预测	部署用于发现结论的高级预测方法；运用高级优化、情绪分析、文本和图像分析	使用神经网络和深度学习、遗传算法、高级机器学习技术

员工行为。在很大程度上，财务业绩的优化取决于员工行为的变化。例如，实施新的定价分析策略可能需要成千上万名员工改变他们的工作行为。销售人员可能会抵制定价建议。销售经理最初可能认为他们自己的定价经验比任何冷冰冰的系统都要好。销售经理还必须跟进定价流程，并想办法说服不愿接受新事物的员工。因此，公司高管必须经常发出积极地看待新的定价分析策略的信号，从而加强整个公司向数据分析方向的转化。

工作流程。基于事实的数据分析通常需要有完善的工作流程才能取得理想的结果。例如，如果想说服无线服务客户不要流失到其他运营商，不仅需要通过数据分析形成工作方案，还需要配套措施将之转化为实际行动，例如，公司可能需要通过培训来教会客服人员使用统一的话术。

确保将数据分析整合到工作流程中的一个方法是，将数据分析嵌入业务软件中，这样可以帮助员工接受变化并改进工作方式。对于更高级的数据分析型企业而言，自动化决策软件可以成为提升数据分析认知的强大方式。

产品服务。利用大数据增加价值的最佳方法之一在于向市场提供数据分析的创新产品和服务，我们已经在第三章中详细地阐释了这一点。对于现有产品和服务而言，引入数据分析的元素可以提高利润率，并形成强大的产品差异化竞争优势。基于数据分析的创新产品可以开辟全新的客户市场，形成稳定的收入来源。

财务业绩。我们需要具体说明引入数据分析所能达到的财务业绩成果，从而衡量数据分析是否成功。财务业绩成果可能具体包括提高盈利能力、提高利润、降低成本或提高市场份额或市场价值。最初，节约成本是采取数据分析最常见的理由，因为在数据分析正式开始之前，公司更容易具体说明数据分析结果将如何帮助公司削减成本。相较之下，利润增加则更难预测和衡量，但我们可以使用数据分析工具进行建模，并从局部测试和产品试点中推断出数据分析对公司利润的影响。随着一家公司的数据分析工作水平的不断提高，它将更愿意对那些创造利润增长机会的数据分析工作进行投资。

确定数据分析的工作次序

假设一家公司已经有了充足的管理层支持，也了解了数据分析的预期成果和决策过程，下一步就是开始明确该怎么开展数据分析工作，并明确具体工作的优先次序。有关公司管理层评估数据分析方法时应当考虑的关键问题请参阅《评估新的数据分析方法时需要讨论的问题》专题框。

我们建议，应该优先选择那些能够对公司的独特优势和竞争差异产生最大潜在好处的项目，并对这些项目率先进行数据分析。公司在执行数据分析方法时，可以考虑引入领导问责制，并且要求公司高管对数据分析成果进行监督。这不仅有助于形成数据分析的公司文化，还可以把数据分析“用在刀刃上”。一个常见的错误在于，人们往往以为只要学会了数据分析技术就万事大吉了。单纯地做些白日梦，例如“只要运用了数据分析技术，成功就会随之而至”，最后通常失望连连。在不对 DELTA 模型的其他要素进行维护的情况下，如果单纯地构建数据库，或是搭建数据分析技术基础架构，那么数据只会静静地待在数据库里，公司发生不了什么变化。

评估新的数据分析方法时需要讨论的问题

- 这项投资将如何使公司更具市场竞争力？
- 这项投资将在多大程度上使公司更灵活地应对不断变化的市场条件？
- 这项投资将如何提高公司层面的数据分析能力？
- 这项投资将如何促进更多的创新和利润增长机会？
- 为了充分利用新的能力，例如发展更强大的技能，需要做出哪些补充改变：是需要改进分析技术、加强员工培训、调整业务流程，还是重新设计工作流程？

- 公司是否拥有准确的数据？如果没有，我们是否能获取或者整理出准确的数据？我们拥有的数据是否及时、一致、准确、完整？
- 我们所采用的技术可靠吗？是否具有成本效益？它是可以不断扩展更新的吗？这为公司战略提供了方法或工具吗？

避免数据分析的漏洞

由于每个公司都各有差异，我们没法把所有公司在数据分析道路上遇到的所有潜在漏洞一一释明。在任何发展阶段都可能会突然出现一系列问题。不过，我们可以提供一些原则性的指导，帮助大家规划和实施数据分析方案，使之尽可能顺利进行。

首先，一些失误主要是由于事先不具备相关知识造成的。这类最常见的错误包括：

- 过分注重数据分析能力的某一个维度（例如，过多地依赖技术）；
- 虽然收集了数据，但却没有制订任何使用数据的计划；
- 尝试一次性完成所有步骤，试图取得“一步登天”式的成功；
- 将过多的资源浪费在对业务影响不大的数据分析上；
- 与公司实际需求相比，在数据分析能力方面的投资过多或过少；
- 选择错误的问题，没有充分理解问题，使用错误的数据分析技术或错误的数据分析软件；
- 在不仔细观察数据分析结果和外部条件的情况下，简单粗暴地照搬自动化软件的结论，以确定是否需要修改假设。

许多公司高管更关心的是那些有意破坏大数据竞争的行为。例如，很多经理都怀疑本杰明·迪斯雷利（Benjamin Disraeli）的优势正在于“谎言，该死的谎言，以及统计数字”。[①] 数据分析在无良者手中有可能会遭到滥用，因为统计数据如果被充分操纵，那么什么结论都做得出来。对那些习惯指挥一切的官僚主义者而言，在进行决策时使用客观的标准和数据，是对其权力的极大挑战。如果信息被囤积、分析被操纵，那么大数据竞争就不可能蓬勃发展。公司高管必须毫不留情地根除自私自利、恶意操纵下的统计数据，强调客观公正的企业文化。

本章小结

本章探讨了数据分析能力的关键因素，并为公司如何培养数据分析能力指明了方向。我们祝愿您的公司能快速走上高速前进之路，顺利成为数据分析型企业。在第七章中，我们将探讨公司如何成功地管理那些使用数据分析的关键员工，或是使用数据分析的潜在预备人员。

① 马克·吐温将这句话的源头归于迪斯雷利，请参阅查尔斯·奈德所著的《马克·吐温传》第 195 页（哈珀柯林斯出版社，2000 年）。

第七章

管理数据分析人员——培养大数据竞争中的稀缺资源

当提到商业数据分析可视化时，我们脑海中浮现的往往是计算机、软件和满屏的数字计算结果。然而，我们真正应该联想到的是其中的人类同胞。正是人类让数据分析发挥作用，人力资源才是大数据竞争中宝贵的稀缺成分。

数据分析领域的奇闻轶事

上述说法和一些数据分析领域的奇闻轶事截然相反，所以现在让我们先破除这些轶事所传达的错误观念。多年前，我们听到一些关于计算机软件的夸大其词的故事，在这些故事里，计算机软件的出现将完全取代人类分析师。最流行的故事讲的是一个关于尿布和啤酒的数据挖掘小插曲。故事的大意是，一些食品零售商在销售数据库中使用了强大的数据挖掘软件，并得出了一个有趣的结论：周末来超市买啤酒的男性顾客也往往记得，他们的妻子曾让他们买点尿布回家（还有一些版本的故事里，说的是来买尿布的男性顾客会顺带捎些啤酒），所以他们就把这两种商品都放在了购物车里。零售商很快就把尿布移到啤酒货架旁边（反之亦然），结果带来了销量激增。

我们追根溯源，发现这个故事最可信的版本发生在一家名叫“奥西科”（Osco）的连锁杂货店。这家公司的一些数据分析师确实隐约记得，他们在店内观察到了尿布和啤酒销售之间的相关性。但前提是分析师已经告诉软件如何寻找这种相关关系，以及在哪里可能找得到这种关系；这种关系可不是被一台“雄心勃勃”的计算机主动发现的。最重要的是，这一发现被认为是一种反常现象，因此在奥西科连锁店里，尿布和啤酒从未被摆在一起出售（甚至并非所有的奥西科连锁店都出售啤酒）。

然而，这则轶事仍然值得讨论，因为它给我们带来了一些启发。虽然数据挖掘软件被设计得高效、聪明，但仍然需要聪明的分析师对计算机识别出的规律进行解释，从而确定哪些规律值得进一步验证或确认，并将这些新发现转化为切实可行的工作建议。还有一些聪明的分析师会帮助公司采取实际行动。我们在 2000 年研究了 30 多家具有强大数据分析能力的公司后，发现每家公司都有强大的人力资源，而且我们多年来研究的数据分析型企业也都有很多聪明的分析师。

“尿布和啤酒”的故事的另一个关键启发在于，即使是由人类分析师精心设计的数据分析方法也是远远不够的。为了使数据分析能够真正落地，决策者必须做出决定并采取行动，也就是说，把尿布和啤酒实打实地摆在一起。由于决策者可能没有时间或没有能力亲自进行分析，因此是诸如信任和信誉等人际特征在决定着他们的头脑如何决策。如果决策者不信任分析师，或者根本不关注数据分析结果，那么什么都不会发生，统计数据也可能永远无法带来任何变化。

我们在此前的数据分析能力研究中，还发现了另一个关于这个问题的绝佳案例。我们对纽约一家大型银行的分析师进行访谈，当时这些分析师正在研究银行分支机构的盈利能力。分析人员在纽约地区进行了十分复杂的数据分析，确定并收集了有关银行成本的数据，科学分拆了各项业务的间接成本，甚至预测了近期每个分支机构的成本和收入趋势。他们最后得出了一张记载着所有分支机构当前和未来盈利能力的简洁明了的清单，划定了一条更加简单的红线，把那些应该开门营业的分支机构与应该关门大吉的分支机构区分开来。

然后怎么样了呢？这家银行没有关闭任何一家分支机构。提出进行这些数据分析的银行高管大多只对盈利问题感兴趣，而几乎对分析师毫无了解。这些高管深知，就拿布鲁克林区的某家分支机构为例，哪怕它已经亏损了，但关停总统生活区周围的分支机构，还需要考虑诸多政治因素。数据分析工作通常需要分析师和决策者之间的密切的信任关系，而这家银行却并没有建立起任何信任。由于缺失信任关系，分析师没能提出正确的问题，高管也没有准确地设定问题的框架。

由此可以看出，我们需要讨论公司内部三类群体的数据分析技能。第一类群体是公司高级管理层，尤其是首席执行官，这股势力为公司的数据分析文化奠定基调，并做出最重要的决策。第二类群体是专业分析师，他们收集和分析数据，解释分析结果，并向决策者提交报告。第三类群体是一个多样化的集合，我们称之为“非专业的数据分析人士”，这是一个非常庞大的基层群体，使用数据分析过程的产出对他们的工作业绩至关重要。这个人群可以包括一线制造业工人，因为工人们必须在质量和速度上做出诸多微小的决定；也可以包括中层管理人员，这些中层必须在自己的业务部门做出不大不小的决策。如果公司把某几个部门制定为其战略优势部门，那么这些部门的中层管理人员就显得尤其重要，因为正是他们见证了数据分析在这些战略领域中的实际应用。此外，安装数据分析软硬件的技术员工也需要对其用途有一定的了解。我们将在本章中详细介绍上述三类群体。

然而，在进一步讨论之前，我们必须指出，人在数据分析中的作用正在发生一些变化，在不久的将来可能会发生更大的变化。一项关键的进展在于，机器学习和其他智能技术正在改变数据分析模型的生成方式。一名人类分析师在一周时间内也许能创建几个新的模型，但机器学习系统每周可以轻而易举地生成数万个模型。然而，到目前为止，机器学习模型仍然需要人类启动它们，为它们指明正确的数据方向，为它们指定需要预测的变量，并确保生成的模型具有实际意义。我们认为，机器学习模型还没有阻碍量化分析师和数据科学家的就业，但它们可能在未来对人类分析师造成重大影响。

在数据分析领域，推动人力资源变革的另一个技术因素是自动化的决策和工作。虽然自动化系统不可能在没有人为干预的情况下直接关停银行的一家分支机构，但复杂的决策和计算任务都可以通过机器来完成。机器大有可为，例如它们可以审批保单、授权贷款、重新启动计算机服务器，以及更换和邮寄丢失的银行卡。确实，数据分析和机器所能取代的决策可能大多是战术问题，绝大多数不过是重复劳动，但正是这些不大的决定可能构成了公司的绝大部分决策。我们认为，高级管理人员不会因为自动化系统而失去工作，但有一些普通员工很可能会因此而丢掉饭碗。好的一面在于，自动化决策系统不可能忽视数据分析结果，未来忽视数据分析结果的人也将会自食苦果。

高管人员与大数据竞争

首席执行官、公司总裁、首席运营官和其他高级管理人员有责任搭建公司的数据分析方向，培养公司员工的数据分析能力——这也许听起来像是高管并没有做一些实质性的工作。但是，倘若首席执行官或相当一部分公司高管不能理解或认可定量数据分析的产出或基于事实的决策过程，那么分析师就会被降级到后台管理部门，公司决策也会以猜测和直觉为基础，数据分析将沦为一句空谈。基于事实的决策并不总是涉及数据分析——有时“事实”可能是非常简单的证据，例如单个数据或客户调查结果，但对于公司层面的数据分析文化而言，根据真实发生的事情做出决策是这种企业文化的重要组成部分。

就拿耐克公司的创始人兼名誉主席菲尔·耐特（Phil Knight）来说吧。耐特一直被认为是一个鼓舞人心但会借助灵感进行决策的领导者，他严密地守卫着神话般的耐克品牌。无须多言，想要设计出鼎鼎有名的“对钩”鞋标，确实不需要太多的数据分析。然而，2005 年初，耐特请来了庄臣公司（SC Johnson & Son Inc）的前任总裁威廉·佩雷兹（William Perez）担任耐克首席执行官。佩雷兹已然习惯了庄臣公司那充斥着地板蜡、清洁剂和密保诺包装袋的数据密集型世界，他试图为耐克带来更具分析性的领导风格。他对自己说：“我可是个数据怪人，我想知道事实是什么。如果你也曾经在包装厂工作过就会知道，在那里，数据总是有价值的，但耐克就很不一样了。判断是非常重要的，灵感是非常重要的，你不能用事实来取代直觉。但你可以借助数据来引导自己的判断。”

例如，佩雷兹试图将耐克的销售目标转移到中端品牌市场。他的数据显示，这样的话，鞋类销售量的增速将达到最快水平。但是耐特和其他耐克高管却认为，此举会削弱耐克的品牌价值。佩雷兹对此指出，苹果等公司在沃尔玛成功卖出了不少产品，同时也并没有遭到品牌稀释。但这种观点的差异和其他冲突最终导致耐特和董事会在一年多之后解除了佩雷兹的职务。

好消息是，佩雷兹的离开只不过推迟了数据分析在耐克公司的崛起。在过去的几年里，耐克公司变得更乐于进行数据分析。它使用数据分析来影响有关造型设计、营销计划、专卖店选址、物流配送和许多其他类型的决策。耐克或许拥有全球最大的专注于可持续性分析的集团。如果佩雷兹留在耐克，耐克公司可能会更快地企及目前的阶段，但现在它肯定正在向数据分析型企业的地位迈进。

然而，这里的教训在于，如果首席执行官不能将文化向更尊崇数据分析的方向发展，那么中级或初级经理这样做的可能性就更加微乎其微了。事实上，我们已经看到了几家公司，在这些公司中，相当资深的业务经理——例如负责管理营销或技术的公司负责人试图为他们的公司引进数据分析，但却面临着巨大的障碍。例如，一家科技公司中负责销售和营销的高级副总裁被称为实打实的“数据狂魔”，他将成堆的统计报告带到会议上，并充分掌控着自己（以及其他经理）的统计数据。这家营销公司慢慢开始更加注重数据，但多年以来，整个公司文化强调敢作敢为和充满信心，而不注重数据分析。同样，该公司最终也接受了数据分析（这也有助于“数据狂魔”本人不断升职，他最终成了公司总裁），而更容易接受新事物的企业文化会帮助数据分析变革更顺利地开展。

虽然毫无疑问，几乎任何员工都可以帮助公司引入数据分析，但如果一个公司要成为数据分析型企业，还是需要最高管理层的努力的。事实上，我们没有找到一个处于第四阶段或第五阶段的数据分析型企业中无论是公司首席执行官还是大多数高级管理团队都不相信数据分析是主要的竞争资源的例子。在第三阶段，当公司开始希望开展大数据竞争时，公司管理层的支持可以说就已经至关重要了。

数据分析型领导者的特质

在数据分析型企业中，高级管理人员和其他数据分析领导者应该具备哪些特质？下面我们将介绍几个关键特质。

数据分析型领导者应该是数据分析和实事求是地进行决策的狂热信徒。如果你对目标没有热情，你就无法激励别人朝着数据分析的方向改变他们的行为。一个真正坚定的高管应该亲力亲为，将其决策建立在事实和分析的基础之上，并不断鼓励公司的其他成员也这样做。例如，巴里·贝拉查（Barry Beracha）是独立面包品牌地球谷物（Earthgrains，目前已被萨拉-李面包店集团收购）的首席执行官，他坚持认为整个公司需要更优质的数据，并带领公司建立新的资源计划系统来收集优质数据。收集到数据后，他就向员工施压，要求他们把这些数据用于保留哪些产品和服务哪些客户时的决策中。他对基于数据的决策充满激情，以至于他的员工称他为“数据狂魔”——这个绰号让他欣慰不已。

数据分析型领导者应该对数据分析工具和方法有一定的认识。数据分析型企业的高级管理人员不一定非要是数据分析专家（尽管这很有帮助）。正如前哈佛大学统计系主任、现任艺术与科学研究生院院长孟晓丽教授所说：“想要品鉴葡萄酒，你本人并不需要成为酿酒师。”但是，数据分析型领导者确实需要了解哪些数据分析工具对特定的业务问题有意义，以及这些工具的局限性。正如分析民意调查的政治家应该知道一些关于置信区间的知识一样，在决定工厂扩张时，首席执行官应该了解关于产品需求预测模型的前提假设。

数据分析型领导者愿意根据数据分析结果采取行动。如果公司不会根据数据分析结果而做出任何改变，那么委托分析师进行详细的数据分析就没有多大意义了。例如，许多公司能够对客户进行细分，确定哪些客户最有利可图、哪些客户最有可能流失。然而，他们不愿意以不同的方式来对待不同的客户，这有可能是因为他们循规蹈矩，也有可能是因为不想冒尖，或是有其他隐情。但正是因为有了这样那样的压力，他们的公司将很难成为成功的数据分析型企业。令人惊讶的是，有很多公司经常进行数据分析，而不采取任何行动。毫无疑问，数据分析的“行动”阶段才是最重要的阶段。

数据分析型领导者应该愿意任人唯贤。随着数据分析在公司中的广泛使用，哪些员工进行了数据分析而哪些员工没有进行数据分析，通常一眼就能看得出来。那些表现优异的员工应该得到与他们的表现相当的奖励；那些不愿变革的员工没必要继续留在公司蹉跎时光。与客户一样，当员工之间的绩效显然存在差异却没有被区别对待时，往往不会有什么好结果发生——表现优异的员工很可能会感到挫败。当然，公司对高级管理人员也必须用同样的尺度一视同仁。如果首席执行官向普通员工大肆宣传数据分析的好处，但随后又为自己作为高管而无所作为的表现找借口，那将是相当令人沮丧的。

数据分析型领导是如何产生的

一些公司的高管打一开始就希望进行大数据竞争。例如，亚马逊从一开始就被创始人杰夫·贝索斯打造成数据分析型企业。亚马逊先是以统计算法和网络交易数据为基础，同时迅速开展了供应链和营销问题的数据分析。亚马逊利用数据分析来确定其假日广告策略的时间和范围。2016 年 10 月和 11 月期间，亚马逊在数据分析上的投入超过了沃尔玛。第一资本、奈飞和谷歌也从一开始就具有数据分析的基因，因为这些公司的创始人希望公司朝着这条道路发展。正是创始人的强烈意愿帮助公司实现了大数据竞争。

在其他情况下，对大数据竞争的需求可能来自于一名新的高级管理人员供职于一家老牌公司。凯撒娱乐的加里·洛夫曼和芝加哥小熊队的新主人汤姆·里克茨就带来了全新的数据分析策略。

有时，这种变化来自于家族企业中新一代的掌门人。嘉露酒庄公司由创始兄弟几人联合创建，其中一人的儿子乔·嘉露（Joe Gallo）上任首席执行官后比上一代领导人更注重数据和分析——起初只是在销售方面如此，后来又扩大到其他层面，包括对客户口味的评估。此外，新英格兰爱国者队的前任老板兼球队管理顾问鲍勃·卡夫的儿子乔纳森·卡夫接管球队事务后，就开始带领球队朝着数据分析的方向发展，其中既包括选拔赛和球队成员组成等场内问题，也包括影响球迷体验的场外问题。

数据分析需求的主要推动者并不总是首席执行官。例如，在宝洁公司，进行更多数据分析的主要动力一度来自该公司的两位副董事长。其中一位是鲍勃·麦克唐纳（Bob McDonald），他后来成为宝洁公司的首席执行官，并进一步加快了公司的数据分析进程。乔纳森·卡夫也是新英格兰爱国者队的总裁，而非首席执行官。

除了本章前面所述的一般领导者特质（这些特质一般与首席执行官相关）外，一些高管还需要在大数据竞争中发挥具体的作用。三个关键角色是首席财务官、首席信息官和首席数据分析官。

首席财务官的作用

大多数公司的首席财务官负责管理财务流程和信息。因此，财务领域的数据分析工作也将是首席财务官关注的问题。由于大多数数据分析项目都应与某种财务信息或收益回报有关，因此首席财务官在大多数数据分析项目中至少都是部分参与者。

我们发现了几家由首席财务官主导公司成本分析的公司。然而，为了有效地发挥这一作用，首席财务官除了关注财务和会计外，还必须侧重于数据分析领域。例如，在一家大型保险公司，首席财务官负责与成本控制和管理有关的数据分析，他同时也管理和倡导公司在理赔、精算和营销领域的数据分析举措。此外，他还努力在公司员工中培养直觉思维与数据分析思维的整体平衡。

在德勤的美国业务部门，负责数据分析（至少是内部数据分析）的人是首席财务官弗兰克·弗里德曼（Frank Friedman）。他在财务部门内召集了一组数据科学家和量化分析师，成立了一个数据分析小组，这个小组试图为公司解决包括优化产品定价、设计业绩预测模型、优化客户服务以及推动应收账款的因素等问题。此外，他们还努力预测哪些候选人将成为德勤的正式员工。

另一家零售公司的首席财务官（严格来说是一位高级财务副总裁）将数据分析作为他的主要工作重点，而其中的一些数据分析工作甚至与财务没有密切联系。该公司非常重视客户，于是他在制定提高这种客户导向的能力措施、技术系统和业务流程方面发挥了非常积极的作用。该公司已经对相关业务的人力资源、空间分配、广告和产品分类等驱动因素有了系统化的理解和分析。这位首席财务官的目标是将客户关系和客户细分信息添加到这些因素中。由于这位首席财务官的职责还包括与外部金融公司（例如华尔街分析师）合作，他还在努力让外界了解公司的数据分析情况。他认为，他在一种并不总是强调数据分析方向的企业文化中，为倡导强有力的数据分析的企业文化背书。他指出，“我不是公司中唯一的数据分析倡导者，我有很多盟友。但我正在努力确保我们在公司的内部和外部，都能用数字和分析讲述我们的故事。”

艾尔·德·莫利纳（Al de Molina）于 2005 年至 2006 年担任美国银行的首席财务官，他认为自己是公司数据分析活动的主要倡导者。20 世纪 90 年代初，该行曾尝试运营过一个大型数据仓库项目，但在很大程度上失败了，因此管理人员通常对收集和整合数据持谨慎态度。但在此前担任财务部门负责人时，莫利纳认为，为了准确评估银行的风险，需要整合整个银行的资产和利率信息。由于银行业务发展迅速，并进行了几次收购，因此整合信息并非易事，但莫利纳还是排除万难推动了这项工作。此外，莫利纳还负责根据美国宏观经济表现进行数据分析。由于美国银行拥有大量关于美国消费者消费习惯的数据，它可以对推动资本市场的宏观经济指标的月度波动做出预测，这对评估美国银行的风险产生了明显的正面影响。利率风险和宏观经济分析领域也都是德莫利纳关注的领域。莫利纳还把其他高管也拉进数据分析大军中，例如对营销活动展开数据分析。后来莫利纳离开美国银行，再后来被任命为 GMAC 的首席执行官，他现在是盟友金融公司的首席执行官。

首席信息官的作用

首席执行官或其他高级运营主管对改变企业文化和数据分析行为负有首要责任。但首席信息官在这方面也发挥着至关重要的作用。他们可以与其高管同事合作，决定哪些行为是必要的，以及如何吸引员工朝着数据分析方向发展。

在威瑞森电信公司，首席信息官的目标是打造一种崇尚数据分析的企业文化。威瑞森和其他因“贝尔分拆”而产生的公司长期以来都一直以数据分析为导向，但其实施决策的过程却通常比较缓慢，并经常需要层层上报。2000 年至 2010 年，威瑞森首席信息官沙伊根·赫拉皮尔（Shaygan Kheradpir，后来成为瞻博网络公司和另一家电信设备公司科锐安网络公司的首席执行官）试图通过让员工不断接触新信息的方式，改变这种公司文化。他创建了一种循环播放的展示卡，把数百种不同类型的业务指标投放到公司内的个人电脑上，每个指标会占据屏幕 15 秒的时间。这样做的目的是让每个人，不仅仅是高级管理人员，关注数据信息及其含义，并鼓励各级员工解决数据中出现的任何问题。赫拉皮尔认为，展示卡的使用改变了威瑞森的文化，使之朝着更积极的方向发展。

当然，首席信息官所依赖的最传统的数据分析方法仍然是信息技术。首席信息官必须制定公司信息战略，从而满足公司中每位员工的技术需求。这个工程量远比运行公司事务软件、管理报告和外部网站要大得多。这种数据分析技术基础架构必须能够提供每位员工所需的数据、分析和工具。第八章讨论了数据分析技术，我们从这一章中可以看出，技术架构师与高级管理者一样不可或缺。首席信息官不必亲自担任技术架构师的角色，但技术架构师很有可能至少需要向首席信息官汇报工作。

首席信息官还需要为专业分析师提供畅通的汇报渠道，确保分析师的结论能够被公司管理层所知悉。宝洁公司、施耐德公司和万豪公司在这方面都做得不错，这些公司的分析团队可以将意见直接发送给公司高管。例如，宝洁公司就整合了其运营、供应链、营销和其他业务的数据分析，从而确保公司内部的专业分析师能够解决公司最核心、最关键的业务问题。这个数据分析小组直接向首席信息官汇报工作，这也是宝洁公司充分强调信息化决策的一个重要部分（事实上，信息技术岗位在宝洁公司被更名为“信息和决策解决方案”）。当时的首席信息官菲利波·帕塞里尼（Filippo Passerini）与副董事长、后来的首席执行官鲍勃·麦克唐纳密切合作，在宝洁公司的全球决策中高度强调数据分析。他们开发了一系列创新工具，包括用于数据分析决策的“业务决策工作室”，以及为5万多名员工提供实时数据的“决策分析舱”。

有些首席信息官更看重自己头衔中的“信息”二字，因为他们希望能够超越单纯的技术管理，使数据分析发挥出更大价值。当然，大数据竞争与信息息息相关，例如我们是否拥有准确的信息，它是否能真正反映出我们的表现，以及我们如何让大家都根据信息做出决定。这些问题比购买正确的软件、管理正确的技术都更为庞博繁杂，但希望进行大数据竞争的公司必须解决这些问题。一项重要研究表明，专注于信息导向的公司比那些只关注技术的公司表现得更好。这篇研究报告的作者认为，所谓的“信息导向”，包括信息行为、信息价值、信息管理实践和信息技术实践，而许多首席信息官只关注到最后一类。虽然这项研究并不主要关注数据分析，但我们有理由相信，信息导向与成功的数据分析高度相关。

首席数据分析官的作用

正如我们在第二章中提到的，许多数据分析型企业设置了一个全新的岗位，即首席数据分析官（有时被称为首席分析官或首席数据官，但这个岗位仍然负有数据分析的责任）。首席数据分析官负责确保公司拥有大数据竞争所需的数据基础、公司能力和思维方式。高特纳公司是这样描述这一岗位职责的：“首席数据分析官是公司的高级管理人员，负责全公司的数据战略设计、信息管理、技术控制、政策制定和有效开发。首席数据分析官的作用是将信息保护和隐私、信息治理、数据质量和数据生命周期管理相结合，同时利用数据资产为公司创造商业价值。”

首席数据分析官是公司里普及大数据分析的热情倡导者和积极推进者。一家公司的分析师和数据科学家可能会直接向首席数据分析官汇报工作，也可能存在更为复杂的汇报关系。但是，首席数据分析官有责任确保数据科学家和其他分析师有效地专注于重要的业务目标，清除官僚障碍，并与业务客户建立有效的合作伙伴关系。许多首席数据分析官告诉我们，他们的一半时间都花在“宣传”自己是如何在商业领域进行数据分析的。

根据公司的具体情况和战略重视程度，首席数据分析官可能会向首席执行官、首席运营官、首席风险官、首席风控官或首席营销官报告不同的情况。由于首席数据分析官并不直接指挥业务流程，因此必须与公司高级管理团队的其他成员密切合作，将数据分析整合进公司的决策和操作中。首席数据分析官必须确保将分析师的正确结论付诸实践，并产生可量化的积极成效。如果将首席分析官和首席数据官合并为首席数据分析官，那么这位首席数据分析官还必须为公司的数据防御（包括数据安全、数据隐私、数据治理等）和数据进攻（包括使用数据分析来提升企业价值）的相关工作负责。

如果没有高管对数据分析感兴趣该怎么办

数据分析的反面是完全基于直觉和感觉进行决策。然而，后者一直是流行的决策方法，因为它们的门槛低、速度快，而且依赖直觉做出决策可能会有更好的效果。正如我们在第六章中所指出的，一个坚定、热情的首席执行官或其他高管的存在可以使公司走上大数据竞争的快车道。但对于那些在管理决策中对数据分析没有足够需求的公司来说，显而易见的问题是如何让他们产生对数据分析的需求。如果一家公司压根没有希望进行数据分析的高级管理人员，那么该公司是否必须守株待兔式地等待这样的高管从天而降呢？

如果一家公司没有坚定的数据分析型领导者，那么想要成为一个彻底的数据分析型企业可以说是举步维艰，但您可以为公司走上数据分析的道路做一些准备。如果您能够影响公司的技术基础架构，就可以确保公司的技术平台、交易系统、数据和商业智能软件处于良好状态，这意味着它们能够生成及时、准确、可靠的数据和信息。您可以鼓励员工使用数据分析软件、编程语言和数据可视化工具。如果您是业务部门的领导，您也可以在自己的业务部门进行小规模的数据分析工作，并取得一定进展。当然，如果您真的智慧深远、影响力大、精于管理，您甚至可能策划数据分析变革，推翻依靠直觉进行决策的高管团队。但不用多言，这是一种相当冒险的策略。

此外，我们还可以采取一些方法来刺激高管对数据分析的需求，这些是在第六章所述的“自我证明”式路径中通常采取的行动。在一家制药公司，我们采访了几位技术高管，他们表示，公司管理层对数据分析决策的需求普遍不大，特别是在营销方面尤为如此。技术经理无从得知营销人员打算怎么销售产品，营销主管也并不知道哪些数据或分析可以支持他们的决策。然而，两个外部事件为建立数据分析的需求提供了机会。第一个机会是，一位营销经理发现，公司的某位供应商在电子地图上通过地理位置标注出了销售数据。该公司的技术经理觉得这项技术并不复杂，于是他们开始联合向公司管理层提交类似的汇报，试图让公司管理层对数据分析的兴趣更上一层楼，并培养其对营销数据分析的需求。

一家咨询公司的外部研究提供了第二次机会。这项研究的成果是一套崭新的业绩指标。技术小组计划利用这些指标，向公司管理层提供更多的数据分析和相关数据。这些技术经理不想被动地等到注重数据分析的高级管理人员来到公司之后，再开始有所作为。

数据分析师和数据科学家

下面是一个关于数据分析师的老笑话。

问：数学博士会对工商管理硕士毕业生说些什么？

答：你要炸薯条吗？[①]

这个笑话现在已经完全过时了，因为市场对数据分析人才的需求急剧上升。各大公司正在广纳贤士，招聘数据科学、数学和其他数据分析方面的专家人才，请他们帮助公司充分发挥大数据竞争的优势。

我们研究的大多数数据分析型企业不仅拥有敬业的高管，还拥有一群聪明、勤奋的数据分析师。这些分析师的工作是进行数据分析设计和实验测试，完善数据分析算法，并对关键数据进行数据挖掘和统计分析。数据分析师负责搭建公司使用的预测和规范分析软件。在大多数情况下，这些人拥有统计学、数据科学、计量经济学、数学、运筹学、物流学、物理学和营销研究学等分析领域的高级学位（通常是博士学位）。随着这些岗位越来越普及，新一代拥有软件分析、信息学和数据科学硕士学位的分析师也加入了这个行列。在某些情况下，如果公司独特的竞争优势涉及一个专业领域（如石油勘探公司的地质情况），那么也会需要拥有相关领域的高级学位的人才。

我们发现的一个绝佳例子是卡特里娜·莱恩（Katrina Lane）。我们第一次见到她时，她还在担任凯撒娱乐的渠道营销副总裁。在凯撒娱乐，莱恩的工作是找出哪些营销举措可以通过什么渠道进行，包括纸质邮件、电子邮件、呼叫中心等。这是一个复杂的商业领域，大多数商学院都没有教授过，所以莱恩不得不自己想办法。幸运的是，她的技能帮助她顺利完成了这一任务。首先，她拥有康奈尔大学的实验物理学博士学位。此外，她还曾任五月百货公司（May Department Stores Company）业务部门的营销主管，也曾任麦肯锡公司营销和销售业务的顾问。这种技能和经验的结合很

① 这个笑话暗示数学博士毕业后找不到与其专业匹配的工作，只能去做餐馆服务员。

普遍吗？答案是并不普遍，这也正是为什么组建一个优秀的数据分析小组并非易事的原因。她所拥有的技能的稀缺性也解释了为什么莱恩被提任为凯撒娱乐的首席技术官，后来又被聘请为美国运通公司营销和运营的执行副总裁和总经理。现在，她是亚马逊全球物流体验的副总裁。即使是在亚马逊这样高度数据分析化的公司中，莱恩的业务表现也非常出色。

凭借她的实验物理学博士学位，莱恩现在被聘为“数据科学家”，这份工作可以整合梳理结构化数据，创建复杂数据分析模型，并解释其对关键决策和业务的影响。数据科学家汤姆和他的合著者帕蒂尔（帕蒂尔最近仍在担任白宫首席数据科学家）形容他们从事着“21 世纪最性感的工作”。这些数据科学家的收入不菲，其中一些人的起薪甚至超过了 20 万美元。他们最早集中于硅谷的初创公司，但现在也被大型传统公司聘请。例如，宝洁公司聘请的数据科学家就由 2013 年的 1 位上升到 2017 年的 30 多位。通用电气也为其在旧金山湾区的通用电气数字业务聘请了几百人。市场上的数据分析专业人才远远供不应求。

就连谷歌公司，目前全球最受欢迎的雇主之一，也在聘请数据分析人才方面颇费脑筋。它提供了丰厚的工资、股票期权，以及被誉为全球最棒的自助餐食品。然而，自 2002 年以来一直与谷歌合作的加州大学伯克利分校教授哈尔·瓦里安（Hal Varian）指出，谷歌公司想要招聘数据分析师和数据科学家也是很困难的：“我认为需要更加强调的一点是，在这一领域进行人才招聘是很困难的。考虑到对数据本身、数据仓库、数据挖掘等方面的日益重视，你会认为这将是统计人员的热门职业领域。但现实不是这样的！聪明的人都想进入生物技术领域，唉！因此，即使对谷歌来说，也很难将数据分析人才拉拢在一起。”①

① 本材料来源于托马斯·H. 达文波特于 2005 年 12 月 6 日对哈尔·瓦里安进行的电话采访。

假设您能找到相应的人才，那到底需要多少人才够用呢？当然，答案取决于公司打算在数据分析方面进行多大程度的努力。在我们所研究的公司中，数据分析师的招聘人数从十几个到几百个不等。通用电气的目标是为其位于旧金山地区的软件和数据分析业务聘请400名数据科学家。我们不确定通用电气到底招聘了多少人，但在其总部至少有200人，现在其他业务部门也不断提出对数据分析师的需求。宝洁公司有200名左右的数据分析师。在谷歌公司，大约有500人拥有“量化分析师”的头衔，还有数千人从事与数据分析相关的工作。

这些公司是如何管理这么多人才的呢？尽管公司结构会随着时间的推移而有所变动，但大多数公司都在一定程度上选择对数据分析人才进行集中管理。例如，宝洁公司就把分散在整个公司中的各个数据分析小组整合起来，将之合并为一个新的全球数据分析小组，作为宝洁技术公司的一部分。然后，宝洁公司在保留了首席数据官的权限的基础上，为各个数据分析小组指明了具体的研究方向。美国国际保险集团创建了一个由60人组成的中央科学办公室用于高级数据分析，但也随后将其分散化，以提高对业务的响应能力。

对于这些拥有实力雄厚的分析师的公司，另一个合乎逻辑的选择是把数据分析用在核心业务部门，因为这是公司的主要竞争动力。例如，凯撒娱乐就将其大部分“顶级科学家”（包括当时的莱恩）保留在市场部，因为客户忠诚度计划和改进的客户服务是其数据分析的主要方向。

赞成数据分析资源集中化的一个论点是，在数据分析的最先进阶段，需要大量专业的有关统计方法的知识。基于我们对所研究的公司的了解，我们认为想要让公司里所有人都具备先进的数据分析技能是不切实际的想法。大多数公司都需要有能够进行复杂分析并搭建详细模型的小组，而且我们在采访的大多数公司也都发现了这些小组。例如，我们在供应链领域研究的一家数据分析型企业使用的“单梯队、无约束、非平稳的库存管理算法”不太可能被非专业的数据分析人士开发出来。在一个普通的工商管理硕士学位课程中，你不会学到这种东西。

我们研究过的很多数据分析型企业的分析团队都在朝着组建专业分公司的方向发展。这个分公司向首席数据分析官汇报工作，旗下的数据分析师有的被分配到业务部门，有的被分配到职能部门，以便能够与决策者进行专业化的密切合作。同时，分公司还设有中央分析部门，负责共享专业知识、传播最佳做法、开展分析培训、拓展职业道路、建立共同标准等。通常而言，最熟练的数据分析师和数据科学家集中在中央分析部门，以便能够战略性地部署人力资源，处理公司最紧迫的项目。

无论数据分析师具体在哪个部门工作，我们采访的许多数据分析型企业都强调了这些分析师与决策者之间保持密切的信任关系的重要性。正如一家公司的负责人所说：“我们不是在出售数据分析的结论，我们是在出售信任。”公司真正需要的数据分析师，必须同时了解一般的业务和特定决策者的特殊业务需求。一家公司将这些人称为“前台统计人员”，将他们与具有数据分析能力但并非以商业为导向、可能也不具备高度人际交往能力的“后台统计人员”区分开来。

为了促进这种密切的信任关系，一家拥有数据分析小组的消费品公司聘请了所谓的“情商满分的量化博士”——这些人既拥有专业的量化技能，也有为公司讲故事的能力，他们能够向公司内部（在某些情况下，也包括外部）客户推销产品。一个典型的岗位需求（在芒斯特网站上列出的“亚马逊广告平台组的数据科学家”的岗位需求）是这么描述的：

- 计算机科学领域机器学习、运筹学、统计学或高级定量分析领域的博士学位；
- 八年以上的预测建模和数据分析经验；
- 对机器学习、数据挖掘和数据分析技术有较强的掌控力；

- 较强的解决问题的能力；
- 熟练使用 Java 或 C++/C 语言，拥有使用 Perl 或 Python（或类似的脚本语言）进行数据处理和数据分析的经验；
- 拥有使用 R、Weka、SAS、Matlab 或任何其他统计软件的经验；
- 沟通和数据表达技能。

在上述技能中，有一些与传统的量化分析师的技能相重叠，但也有一些是独一无二的。数据科学家往往拥有更多计算机科学相关背景，而数据分析师往往更注重统计。同时，数据科学家也可能更熟悉开源软件和机器学习，也许更有可能拥有理工学科的博士学位。两个岗位所要求的企业文化和工作态度也有一定程度的差异。表 7-1 以珍妮 2014 年主导的一项调查为基础，阐释了这两个岗位之间的主要区别。然而，随着时间的推移（以及数据科学家头衔的普及），这些差别已经开始弥合缩小了。

表 7-1　数据分析师和数据科学家：泾渭并不分明

	数据分析师	数据科学家
技能结构	可以分析结构化的数据	可以分析全部数据，主要是非结构化的数据
更拿手的工具	统计和建模工具，处理的数据通常保存在数据仓库等存储库中	计算机语言（如 R 和 Python）、机器学习、自然语言处理和开源工具；跨服务器的数据处理（如 Hadoop）
任务性质	报告、预测、判断、优化	探索、发现、调查、可视化
教育背景	运营研究、统计、应用数据分析	计算机科学、数据科学、符号系统、认知科学
思维方式		
• 创造性思维	69%	96%
• 探索新领域	58%	85%
• 项目外的独特见解	54%	89%

无论这个岗位具体叫什么名字，业务关系都是其中的一个关键组成部分。在富国银行，一家客户数据分析公司的经理描述了他的团队想要维持的关系："我们正在努力使我们的员工融入业务团队，使之成为其中的一部分；我们希望他们坐在业务桌旁，参与讨论什么是关键问题，确定业务人员需要哪些信息，并向业务合作伙伴提出行动建议。我们希望（这个数据分析组）不仅提供简单的技术支持，而且能成为促成业务部门成功的一个积极和关键的部分。" ①

其他正在或曾经管理数据分析小组的高管在我们的访谈中描述了他们的一些关键的成功点。

- **构建可持续的资源渠道。**数据分析小组需要项目资源、客户关系和分析技术的综合渠道。关键不仅是要有一两个成功的数据分析项目，而且要有随着时间的推移为客户公司创造可持续发展的机会。想要一口气投资所有这些能力，让数据分析仅维持几年，是没有意义的。打造成功案例，或是让数据分析成为公司成功的一部分，需要时间的积淀。成功的数据分析故事可以为公司灌输一种积极的心态，让决策者更有信心采取行动。
- **与技术的关系。**即使数据分析小组不是某个 IT 组织的正式成员，它也需要与组织保持密切的关系。数据分析型企业往往需要在技术方面"推动前沿问题发展"。一家消费品公司的数据分析小组经理表示，他的集团曾是超级计算机和多用户服务器的早期用户，并主导了第一个产品网站（第一天就获得了数千次点击）。探索新的信息技术不是公司的必要使命，而是一个加分项。这也有助于吸引公司高

① 本材料来源于托马斯·H. 达文波特于 2005 年 2 月 8 日对鲍勃·德安格利斯进行的电话采访。

级管理团队对数据分析的关注和想象力。

- **公司治理和资金支持。**我们采访的高管认为，如何管理数据分析小组、如何为其提供薪水是两个至关重要的问题。先说数据分析小组的管理问题。公司需要利用数据分析小组解决最为重要的战略发展问题。但如果数据分析小组向公司的中低层管理人员汇报工作，似乎往往会导致对数据分析资源的使用进行次优化处理；相反，如果数据分析小组向更多的公司管理层汇报工作，那就更能聚焦在公司战略重点工作上。再说说资金问题，付费方式也会影响数据分析小组的工作。比如，一组数据分析师完全由公司支付薪酬，这意味着他们不必忧心于金钱问题，也不用想着这个项目怎么有个莫名其妙的预算限制。另一家公司的数据分析师则需要通过每个项目来赚取薪水，偶尔还要去高级管理层那里获得许可，才能拒绝虽然利润丰厚但对公司发展不那么重要的工作。
- **办公室政治。**数据分析师的工作往往涉及棘手的办公室政治问题，从小组到底做什么工作，到所谓的职责划分，都有可能会触碰雷区。比如，一家公司把其数据分析小组命名为“决策分析小组”，结果有高管提出反对意见，因为他们认为做决策是自己的工作范畴。后来，这个小组被迫更名为“分析建议小组”。单是聘请数据分析师这个环节也可能并不简单。正如一个数据分析公司的负责人所说：“我可不能贸然地去跟市场研究部门说‘我有更好的方法来评估广告支出’，他们不一定会给出高兴的反馈。这件事对他们而言是挺有威胁的。如果你不仅要求他们承认自己的业务水平不行，还要求他们付钱给数据分析小组，那就更是难上加难了！”[①]数据分析小组负责人必须

① 本材料来源于托马斯·H. 达文波特于 2005 年 5 月 24 日对一位供职于消费品公司、不愿透露姓名的数据分析小组负责人进行的电话采访。

对办公室政治问题保持敏感，并努力避免政治雷区。问题在于，擅长数据分析的人往往对办公室政治没有耐心！所以，在进行任何数据分析之前，数据分析师必须与客户确定，客户和分析师对于任何特定结论都没有利害关系，什么样的数据分析结论都可能发生。首席执行官可以为数据分析专家背书，明确奖励那些以事实为基础进行决策的人，哪怕这些人与以前制定的政策背道而驰。

- **不要领先于用户。**数据分析师必须记住，他们的算法和过程必须由信息工作者来实现，这些信息工作者虽然可能对数据分析略知一二，但他们毕竟不是数据分析专家。如果数据分析过程和由此得出的结论过于复杂或带有高深的统计术语，它们很可能会被抛在一旁。一种解决方法是，使数据分析尽可能简单，或者将其嵌入系统中，这样复杂的过程就看不到了。另一种解决方法是，尽可能地对数据分析方法的使用者进行培训。施耐德公司的数据分析小组就为公司各个业务部门的用户提供了“数据分析简介”和“统计过程控制”等课程。这并不是这个小组的工作职责，但相关课程很受欢迎，从长远来看，数据分析小组也觉得这些课程让他们开展工作变得更容易了。

境外数据分析师或外包数据分析师

由于美国和欧洲公司内部的数据分析师供不应求，许多公司正在考虑将这些业务外包，甚至去印度或中国寻找人选。的确，越来越多的公司在数据挖掘、算法开发和定量融资等数据分析领域提供“知识流程外包”服务。在印度，穆西格玛（Mu Sigma）、评估服务（Evalueserve）和简柏特（Genpact）等公司在这些数据分析领域有大量的实践。简柏特此前属于通用电气资本的一个组成部分，从事过信用分析工作；现在单独设立公司后，还提供营销和销售分析方面的服务。包括埃森哲、德勤和 IBM 在内的大多数大型咨询公司也都在印度设立了大型数据分析集团。

然而，外包数据分析师很难与千里之外的决策者建立信任关系。这类工作唯一成功的商业模式很可能是将境内和境外能力结合起来。换言之，境内数据分析师可以与决策者密切合作，而境外数据分析师则可以进行后台数据分析工作。如果公司或赞助商能够在开发之前就清楚地知道自己想要什么样的软件，并且简洁地把需求说清楚，那么相关算法的开发很有可能被外包到海外去进行。

非专业的数据分析人士

数据分析战略的大部分日常工作必须由那些在统计或运筹学研究中没有博士学位的人来实施。那么，一个关键问题是，一线员工到底需要多强的数据分析背景，才能胜任自己的工作。当然，所需数据分析技能的性质和程度会因公司和行业情况而异。一些公司，比如第一资本，就聘请了大量的非专业的数据分析人士——这些数据分析人士具有一定数据分析背景（也许是工商管理硕士），但大多不是博士。有一次，当我们在第一资本网站上研究空缺职位时，数据分析师空缺的数量是运营岗位的三倍——这完全不是银行业人力资源管理中的正常比率。根据其特定的数据分析方向，一家公司只需确定在什么岗位上需要多少非专业的数据分析人士。有些人可能即将成为专业人士（我们称他们为半专业数据分析师）；其他人可能具有非常有限的数据分析技能，但仍需在大量基于数据分析的业务流程中工作。

我们在第一章中描述的波士顿红袜队在 2003 年所面临的情况，就是需要在整个球队范围内确立数据分析方向的一个例子。在此，我们进一步介绍两个想要在供应链分析上展开竞争的公司。第一啤酒（One）是一家啤酒制造商，它推出了新的供应链优化软件，以确保在恰当的时间生产和运输适量的啤酒。它甚至创造了一个新的职位——“啤酒流量协调员”（要是我们也能在名片上印着这么炫酷的职位该有多好啊！）来操作系统，优化分析算法并监督生产流程。然而，该公司的经理们承认，啤酒流量协调员并不具备让这一过程奏效的技能。他们并没有雇用新人，也没有对上岗人员进行实质性培训。至少在早期，新系统没有发挥实效。有人可能会说，该公司打着“啤酒级别”的预算，却想让人施展出“香槟酒级别”的技能！

在一家聚合物化学品公司，很多产品都已量产。公司高管们认为，必须优化全球供应链，才能最大限度地降低成本、提高公司价值。在过去几年中，该公司供应链的复杂性显著增加。为此，公司成立了一个负责全球供应链管理的子公司，专门负责产品和原料在世界各地的运输。在新的公司中，有专人负责全球供应链管理，各区域都有规划小组和规划人员。然而，在供应链中，最大的挑战在于由谁来承担这项工作。由于新的工作任务非常复杂，需要数据分析的复杂程度也越来越高。该公司明确地知道，此前进行供应链管理的人并不具备从事新的数据分析工作的技能，但思来想去，它还是保留了老员工的工作岗位。有一段时间，这家公司打算编制一份新岗位所需技能清单，并为老员工制定培训计划，或是雇用具备所需技能的新员工。但迄今为止，员工缺乏岗位技能仍然是该公司供应链优化管理的一大瓶颈。

当一家公司是数据分析型企业时，就需要确保各种各样的员工都有一定的数据分析基础。在这些公司，业务经理和分析师都在越来越多地被要求进行以数据为基础的实验，解释实验数据，并且创新地提供基于数据的产品和服务。许多公司得出的结论是：他们的员工需要额外的技能，才能在这种充斥着数据分析的环境中顺利完成工作。埃维诺分析公司（Avanade）的一项调查发现，超过 63% 的受访者表示，他们的员工需要培养新的技能，才能将大数据分析转化为洞见和商业价值。威卢克斯集团（Velux）是一家总部设在丹麦的天窗、太阳能电池板和其他屋顶产品的国际制造商，其前任全球商业智能主管安德斯·赖因哈特（Anders Reinhardt）深信："单向用户解释该如何访问数据、如何解读报告的标准培训方式已经捉襟见肘了；现阶段，大数据对用户的知识水平提出了更高的要求。"①

要想在数据分析型企业中取得成功，数据分析工作者和决策者需要精通以下三项核心技能。②

- **分析实验**。业务经理和数据分析师必须能够将科学实验的原则应用到他们的业务中去。比如，他们需要知道如何提出有见地的假设。此外，他们还需要了解实验设计的原则，包括人群选择和随机抽样，从而评价数据分析的有效性。随机测试与实验在金融服务业、零售业和电信业都变得越来越普遍，因此实验设计的相关背景将受到特别重视。谷歌的面试官深知，实验和测试是谷歌公司企业文化和业务流程不可或缺的一部分。因此，求职候选人会被问及"校车能容纳多少网球"或"布鲁克林有多少下水道口"等问题。问题的关键不在于找到正确的答案，而是要考验求职候选人在实验设计、逻辑理解和定量分析方面的技能。
- **数学推理**。数据分析型领导者告诉我们，对于他们的员工来说，解释和使用数据的技能变得越来越关键。威卢克斯集团的赖因哈特解释说："我们的员工不需要是统计专家，但他们必须了解如何正确地

① 本材料来源于珍妮·哈里斯于2012年9月对安德斯·赖因哈特的电话采访。最初由珍妮·哈里斯以名为《如果没有分析技能，数据一文不值》的文章发表，该文载于《哈佛商业评论》（2012年9月13日）。

② 分析经理所需的三项核心技能最初由珍妮·哈里斯在《没有分析数据的技能是无用的》一文中提出。

进行数据统计。我们希望自家员工能够了解如何解释数据、指标和统计模型的结果。”还有一些公司出于业务需要，在招聘环节就选择聘用那些擅长数学推理的员工。比如，第一资本的招聘原则就是只录用具有高度数据分析和数学计算能力的员工。在第一资本，无论是初级员工还是高级管理人员，都必须通过数学推理、逻辑运算和问题解决能力的严格面试，才能正式加入第一资本的大家庭。

- **数据解读。**公司管理层越来越需要熟练地查找、操作、管理和解释数据。这里的数据不仅包括数字，还包括文本和图像。优秀的数据解读素养正在迅速成为各项业务和工作的组成部分。宝洁公司的前董事长兼首席执行官鲍勃·麦克唐纳坚信：“数据建模、数据仿真和其他数字工具正在重塑我们的创新方式。”而这也改变了公司员工所需的技能。为了应对这一挑战，宝洁公司创建了“针对不同业务基础定制的数学基础技能课”。现任首席执行官大卫·泰勒也支持并继续推行这一政策。在威卢克斯集团，数据解读素养培训是公司非常看重的一项重点工作。公司经理需要充分了解哪些数据可用，并利用数据可视化技术对其进行处理和解释。“也许最为重要的是，我们需要帮助他们认识到，新数据是如何推导出新结论的。”赖因哈特解释说。[①]

根据不同的业务类型，有一些岗位可能需要更多的专业知识。例如，大多数技术人员应该对数据存储有一定的了解，从而确保数据在技术软件和数据库中的存储形式正确，并可以进一步用于数据分析。再比如，人力资源部门的员工需要了解一些数据分析知识，才能准确录用具有优秀的数据分析技能的候选人。即便是公司法务工作人员也可能需要了解公司数据分析和自动化决策的含义，以防在这一过程中出现法律风险。

① 本材料来源于珍妮·哈里斯对安德斯·赖因哈特的电话采访。

有些公司加强了对基层员工和公司管理层的数据分析技能培训，并且已经开始尝到甜头。比如，在一家崇尚数据分析策略的消费品公司，中层管理人员的知识储备正在发生翻天覆地的变化。公司的中高层管理团队也悉数拥有了数据分析的专业知识。中央分析小组调任了两个崇尚数据分析的新经理，他们使得分析团队的绩效又上了一个台阶。此外，公司管理层也开始结合数据分析结论，切实地讨论业务问题，而不再陷入办公室政治的“怪圈”。

非专业的数据分析人士使用的分析工具

非专业的数据分析人士面临的问题之一在于，他们不知道应该使用哪些技术软件来处理数据。有三种可能的选择，但似乎没有一个是理想的。第一种选择是为这些非专业的数据分析人士提供强大的统计分析工具，使他们能够挖掘数据并创建强大的算法（但他们并不具备这样的技能）。第二种选择是让规范性模型直接说出正确的答案——应该收取多少价格、应该装运多少货物等。虽然我们认为这可能是三种选择中最好的一种，但这有时可能会限制用户使用数据和做出决策的能力。第三种选择是迄今为止最常见的，就是让非专业的数据分析人士在电子表格上进行数据分析。

电子表格（当然，我们真正指的是微软 Excel 软件）目前仍然是非专业的数据分析人士操作数据和进行数据分析的主要工具。电子表格有一些优点，否则就不会那么常见了。它们易于上手（至少其基本功能非常简单）；行列排布便于理解；而且价格低廉（因为 Excel 与广泛使用的其他办公软件捆绑在一起）。然而，正如我们在第二章中所指出的，将电子表格广泛地用于数据分析活动中，是存在一定问题的。对于那些管理着海量数据的公司而言，由于电子表格往往存在错误，很难维持准确可靠的数据分析环境。那些将电子表格作为非专业的数据分析人士所使用的主要工具的公司必须构建高度稳健的数据结构，才能对数据分析工作保持有效控制。

一种折中的方法是，既保证非专业的数据分析人士能够查看和分析数据，但同时需要更高的权限才能对数据的基础结构进行调整。商业智能软件供应商就运用了类似的思路。他们允许普通用户查看数据分析过程，同时允许高级数据分析账户进行可视化查询或创建可视化报告。这些商业智能软件广受市场欢迎，并且推动了数据分析的普及进程。有时，我们甚至可能会看到“草根数据科学家”的出现，对他们而言，大多数困难繁杂的数据管理和数据分析工作都是由计算机自动完成的。

如何确定计算机自动化决策的权限

另一个必须要解决的关键问题是，计算机自动化决策的权限应该有多大。随着越来越多的决策可以通过自动化手段做出，各公司必须解决一个问题：哪些决策必须由真人做出，哪些决策可以经由计算机自动生成。在没有人为干预的情况下，自动决策软件通常可以自动完成一系列动作：它们可以自动分析在线的数据或条件，套用事先编写好的算法或程序，自动做出决策——这个过程不需要人为干预。

当我们把自动化决策技术嵌入日常工作流程中时，可以快速、准确、高效地将大量常规决策转化为行动。在数据分析型企业中，我们发现自动化决策技术被用于各种运营决策，包括信用额度审批、产品定价管理、收益率管理和保险承保业务等多个方面。如果数据科学家能够轻车熟路地编写算法规则，并且有高质量的数据作为支撑，那么自动决策化的条件就已经成熟。银行批贷的决策就是个不错的例子：这些决策是重复的，可以根据统一标准确定结果，因此完全可以把分析大量消费信贷数据的任务交给计算机完成。

同时，虽然某些类型的决策并不常见，但却很适合自动化——在决策速度至关重要的情况下尤为如此。比如，在电力网络领域，快速精准地决定在某地区关闭电网，对于避免全系统故障至关重要。这种快速反应的价值经常在大停电中得到证明，比如，美国各地区的自动化系统能够直接关闭电路，或将电力重新引导到具有备用容量的相邻线路上。类似的自动化决策在当今一些最先进的应急系统中也有显著体现，这些系统可以在发生重大灾害时自动决定如何协调整个城市的救护车和应急资源。

但是，自动化决策具有一些局限性。即使完全自动化的决策过程是可能的，信托、法律或道德问题仍然可能需要具有责任感的人类发挥积极作用。此外，自动化决策也给公司带来了一些挑战。由于自动化决策系统可以避免雇用大量的信息工作者，而只留下少数的数据分析专家，公司管理层必须挖空心思，才能聘请到技能过硬的专业人才。然而，这种只聘请数据分析专家的做法可能导致后继无人的尴尬局面。

自动化决策的结论

还有一个相关的问题在于，当个人意见和自动化决策的结论相冲突时，非专业的数据分析人士应该如何处理这种矛盾。一些公司，如凯撒娱乐，并不鼓励员工推翻自动化数据分析系统的结论，因为他们有证据表明，这些系统得出的结果比人类的更可靠。比如，凯撒娱乐的收入管理系统可以根据房源变动趋势和客户忠诚度水平计算出最优的客房价格，而酒店经理则没有权限对系统得出的价格进行调整和修改。正如我们在第三章中所讲到的，万豪酒店也有类似的收入管理系统。但是，万豪酒店却鼓励各店店长推翻系统算出的价格。万豪为店长开设了特殊权限，以便在当地意外事件影响到正常运行数据时，可以快速导入异常的信息。比如，在卡特里娜飓风来袭时，万豪的店长就用到了这个系统功能。万豪的收入管理系统检测到，当年八月份想要在休斯敦预定万豪房间的客户多得超乎寻常，于是它按照算法提高了房费。但万豪公司并不想迫使灾民离开其位于休斯敦地区的酒店，因此休斯敦地区的店长就推翻了系统设定，手动降低了房费水平。万豪公司的高管表示，这种推翻自动化系统的方法是与其公司理念一以贯之的。否则，他们认为，公司就不必费心雇用和培训那些能够做出明智决定的、具有高度数据分析能力的员工了。

为什么存在上述两种不同的公司哲学呢？其背后的原因关系到不同的系统设置、不同的业务流程和不同的技能水平。在非专业的数据分析人士的技能水平普遍较高的公司，当人们认为自己知道得比系统还多的时候，就可能会鼓励推翻系统生成的数据分析结论。伙伴医疗保健公司的医生往往也是哈佛医学院的教授。公司提倡，如果某种治疗方案更符合患者的最佳利益，那么医生完全可以推翻自动化决策系统的结论。有了这样训练有素的专家参与到医疗过程中来，最好的结果可能在于人类智慧与自动决策规则的结合。

反之，那些认为自动化数据分析模型已经涵盖了大部分变量的公司，以及一线员工的数据分析技能水平较低的公司，可能倾向于在推翻自动化决策的问题上采取更为强硬的态度。在某种程度上，这个问题的解决方法可以根据经验来决定——如果推翻自动化决策会带来更好的效果，就应该鼓励这种行为；反之，在大部分情况下，都应该禁止这种行为。如果一家公司确实决定允许推翻自动化决策，那么它应该开发配套系统来收集推翻决策的原因，以便进一步改进自动化决策模型。比如，在伙伴医疗保健公司，医生需要在推翻自动化系统决策时给出一个理由，公司还会对推翻系统建议次数较多的医生进行访谈，详细了解他们的诊断思路。

无论关于人类决策与自动化决策的最终决定是什么，本章的关键结论在于，人力资源也许是数据分析型企业能够培养的最重要的一种能力。当我们问及数据分析型企业执行他们的策略有什么困难时，大多数企业会答复说，最大的困难在于获得大量的、优秀的数据分析人员。仅凭借硬件和软件，根本无法创建出数据分析策略所需的各种功能。无论是高级管理人员、数据分析专家、数据科学家，还是一线的数据分析人士，每个人都要先做好自己手头的一摊事，才能共同推动公司的大数据竞争走向成功。

第八章

构建大数据分析的架构——以技术环境对标商业要求

在过去的十年间，抓取和存储海量数据在技术上和经济上都变得简便可行。随着数据量从兆字节增加到千兆字节，再到兆兆字节、拍字节，处理这些数据的难度随之不断提升。幸运的是，虽然低端个人电脑和服务器缺乏处理足够数据的能力，但高端的 64 位处理器、专业的数据处理设备和云服务可以快速搞定海量的数据。

然而，虽然各家公司掌握的数据量是史无前例的，但它们很少知道该怎么处理。这些系统中的数据往往就像您放在阁楼里的一箱照片，静静等待着，被强行赋予一些意义。IDC 估计，只有 0.5% 的数据曾经被认真分析过；我们预计，今后数据增长的速度也会远远快于数据分析的速度。

事实上，大多数公司的技术部门都难以满足最低的数据分析需求，反倒是将大量精力投入到了最为基础的公司技术环境支持和维护中。哪怕是拥有健全完备的交易系统的公司，在试图将大量数据整合到数据分析系统时，也毫无“先锋队”的传奇光环，而是需要与数据处理等细碎的问题做斗争。简言之，虽然数据存储能力的提升令人啧啧称奇，但大多数公司管理、分析和应用数据的能力并没有随之跟上。

虽然数据分析型企业也没有完全解决所有这些问题，但他们的日子显然比竞争对手要好过得多。在本章中，我们将会介绍大数据竞争所需的技术水准、数据标准和公司治理要求。我们还列出了数据分析技术的体系架构的核心要素，并预测这些要素在今后将如何演变。

数据分析技术的体系架构

虽然业务部门在数据分析中往往发挥着重要作用，但大多数公司还是倾向于将数据分析软件维护和其他技术管理业务交由专业的技术部门完成。例如，通过抓取独家数据或将其嵌入业务流程，技术部门可帮助开发并且保持公司独特的竞争优势。

但重要的是，要明白这项工作并不是只要委托给技术部门就万事大吉了。绝大多数的“简单数据”都可以在个人电脑上轻松进行数据分析，即使是最庞杂的数据也可以直接借助亚马逊网络云服务（AWS）或微软云技术进行处理。任何一个掌握了基础的数据分析知识并且愿意付费的人都可以进行数据分析。这虽然可能导致对同一套数据产生五花八门的解读，但或许也会给商业问题带来富有见地的答案。如何在鼓励后者的同时预防前者，是所有数据分析架构面临的一项关键任务。

即使确实需要技术部门的协助，确定大数据竞争所需的技术能力也需要技术部门和业务部门之间的通力配合、密切协作。进步保险等公司对这个原则理解颇深。进步保险前任首席执行官、技术主管格伦·伦威克（Glenn Renwick）就深知，将分析技术与公司战略结合起来是多么重要：“在进步保险，我们的技术部门经理与业务部门经理携手合作，共同解决业务问题。我们公司的业务部门经理也知道，自己有责任了解技术在业务中的实际作用。我们的业务和技术有着千丝万缕的联系，因为二者的工作目标是紧密相连的。”

虽然伦威克已经退休了，但是考虑到进步保险长久以来一直倡导技术与业务的统一性，更是非常热衷于进行数据分析，因此我们相信这家公司的大数据竞争不会因伦威克退休而止步。事实上，我们在许多数据分析型企业中都发现了技术与业务共生共荣的态势。

数据分析型企业还制定了一套原则，以确保其在技术方面的投资能充分配合公司的重点工作来展开。总的来说，这套原则主要包括以下内容：

- 公司将成为积极采用大数据和机器学习新技术的行业领导者；
- 必须降低因信息互相冲突而带来的无谓损失；
- 考虑到数据分析所涉及的跨部门数据越来越多，必须对软件进行必要的整合；
- 数据分析必须成为公司战略和独特竞争优势的一部分。

一家公司的首席技术架构官（或者首席数据官、首席技术官）的责任在于，让数据质量、技术资源和工作流程能够充分配合全公司的数据分析的需要。首席技术架构官（与首席信息官密切合作）必须能够确保数据分析技术基础架构（包括硬件、软件和网络以及外部云资源）实现高效协同工作，并且提供业务工作所必需的支持。对于奈飞或易贝等互联网公司来说，这项任务不是什么难事，因为它们从公司创建之初就打算进入大数据竞争领域，因此已经搭建好了自己的技术环境。然而，在很多大型老牌公司中，技术基础设施有时似乎是有一搭没一搭地建成的。当初设计要做什么，它也就相应地能做什么；但如果想要把这些技术基础设施用于解决其他问题，就往往会出现故障。

为了确保技术环境在大数据竞争的每个阶段都能充分满足公司的需求，公司必须将数据分析和大数据技术纳入其整体的技术体系架构。（请参阅《不同大数据竞争阶段的数据和技术能力》专题框。）

在本书语境中，我们使用的“数据分析”和“大数据”一词不仅包括数据分析本身（即使用海量数据和微型数据进行分析、预测、估算、优化等)，还包括相应的收集、构建、管理和报告用于决策的数据的过程和技术。数据分析和大数据体系架构（也正是整个技术体系架构的一部分）是整个公司的数据分析系统、软件和运转流程的总称。通过将数据、内容和分析结论适时传达给需要的人，大数据体系架构可以为公司提供必要的高级数据分析。（请参阅《衡量大数据竞争有效性的标志》专题框。）

不同大数据竞争阶段的数据和技术能力

老牌公司往往通过逐步演进的发展流程，培养其技术分析能力。

- **第一阶段：**公司饱受数据丢失、数据质量差、数据定义多以及系统难以整合的困扰。
- **第二阶段：**公司能够有效地收集业务数据，但往往由于缺乏恰当的数据，进而无法进行数据分析决策。公司内部出现了一些较为可行的数据软件或试点方案，甚至可能用到一些复杂的统计数据技术，但这些往往是由业务部门工作人员进行的小范围技术分析。
- **第三阶段：**公司拥有大量的商业智能软件、数据分析工具和数据存储库，但一些非业务数据仍然存在杂乱无章或是无法访问等问题。公司对数据分析技术的体系架构进行了更新，用以支持公司范围的数据分析。
- **第四阶段：**公司拥有质量上乘的数据，企业层面的数据分析计划、技术流程和治理原则，以及自动化数据分析。公司开始打造规模宏大、结构简明的数据集。
- **第五阶段：**公司拥有成熟的数据分析体系架构，该架构能在公司范围内实现自动化分析决策，可以轻松整合到业务流程中，并且具有较高的复杂性。公司还可以有效整合来自不同数据来源的海量数据，其中包括高度非结构化的数据。此外，公司开始探索和使用认知技术和自主分析技术。

需要用到数据分析体系架构的人包括数据科学家、统计分析人员、数据分析师、信息工作者、业务部门领导和公司管理层等。数据分析体系架构必须能够快速为用户提供可靠、准确的信息，并帮助他们做出复杂程度各异的决策。它还必须能够通过各种渠道提供信息，包括传统分析报告、临时分析工具、公司展示板、电子表格、电子邮件和短信警报等，甚至还需要提供基于数据的产品和服务分析。想要搭建数据分析体系架构，往往耗资巨大、耗时甚长。比如，亚马逊花了十多年的时间，花费了超过 10 亿美元来构建、整理并维护其数据仓库。

公司想要遵守法律和监管要求、实现合规经营，也必须有赖于强大的数据分析体系架构。比如，2002 年的《萨班斯 - 奥克斯利法案》要求公司高管、审计师和公司数据的其他使用者必须证明他们的决策是基于可靠、有用、权威及准确的数据。它还要求他们证明，这些数据提供了有关业务开展、行业趋势、风险机遇的准确信息。于 2010 年颁布的金融服务公司监管框架《多德 - 弗兰克法案》对金融行业也有同样严格的要求（尽管人们怀疑该法案是否会继续维持目前的严苛程度）。类似地，医疗保健公司也有自己的一套报告要求。

从概念上讲，可以将数据分析和大数据体系架构分解成以下六个要素（参见图 8-1）。

- **数据管理：**用于定义如何获取和管理准确的数据。
- **数据转换工具和流程：**用于描述如何提取、梳理、构建、传输数据并将其准确“填充”到数据库和数据存储库中。
- **数据存储库：**用于存储公司数据和元数据（有关数据的信息），以备后续使用。

- **数据分析工具和软件：**用于分析数据。
- **数据可视化工具和软件：**用于帮助信息工作者和技术分析师轻松地访问、浏览、可视化和操作数据。
- **数据部署流程：**确定如何实现数据安全、处理数据错误、保持数据“可供审计”的特性、管理数据存档及数据隐私等重要工作。

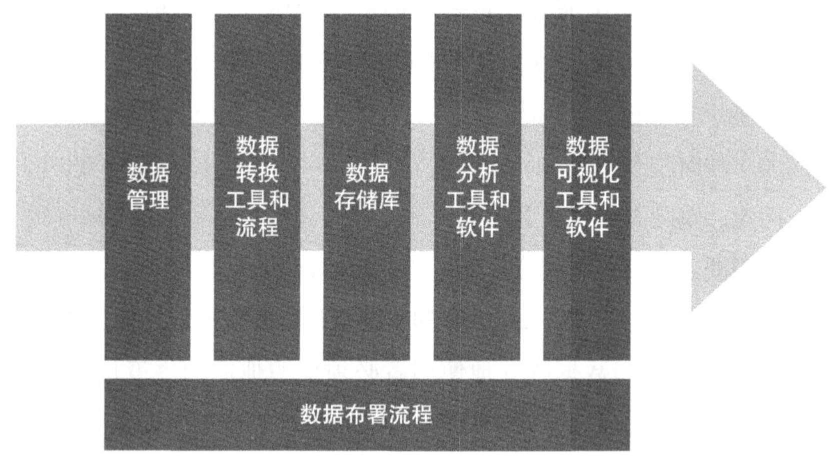

图 8-1　数据分析与大数据体系架构的六个要素

衡量大数据竞争有效性的标志

- 数据分析人员可以轻松直接、即时地访问数据，其中一些数据是动态更新的。
- 信息工作者能将时间真正运用在分析数据和了解数据含义上，而不是浪费在收集数据并对其进行梳理和整合上。
- 业务经理们可以专注于利用数据改进工作流程和业务绩效，而不是单纯地从笔记本电脑、报表和交易系统中筛选数据。

- 数据分析结论和数据本身都得以被纳入公司提供的产品和服务中。
- 业务经理们从不争论谁手头的数据是准确的。
- 在数据的创建、归档、销毁的整个生命周期中，都能实现公司层面的有效管理。
- 数据分析师可以方便快捷地进行分析、测试假设，而无须事先进行大量的手动准备工作，并且能够在没有假设的情况下搭建一些数据分析模型（即具备机器学习能力）。
- 数据分析师越来越多地采用“边缘分析法”进行数据分析，而无须从集中的数据存储库调取数据。
- 公司业务的供需双方所依赖的业务预测均采用了一致的数据。
- 公司能够实现大批量的高度自动化决策并对其进行整合处理。
- 公司与客户、公司与供应商之间都能够实现定期的数据自动共享。
- 公司报告和数据分析能够充分融合来自内外部多个数据源的信息。
- 公司将数据和分析视为所有业务项目的战略资源并对之进行管理，而不是单纯地构建数据仓库或进行数据分析计划。

我们将依次讨论大数据体系架构的六个要素，并着重讨论一下对数据的认识，因为数据是其他五大要素的源泉和基础。

数据管理

公司之所以要设计良好的数据管理策略，目的在于确保自己拥有准确的信息，并能够恰当地使用信息。大型公司已经投入了数百万美元，绞尽脑汁地想从每一个数据源那里获取数据。它们构建了公司资源规划系统、客户关系管理系统和销售交易系统，确保任何一项交易都“雁过留声”。许多公司还从诸如信息资源公司（IRI）、尼尔森等消费品信息供应商、昆泰（Quintiles IMS）等药品信息供应商那里购买外部数据。此外，优质的数据管理策略还必须确定，该如何处理从公司网站、社交媒体、互联网点击、物联网和各种其他外部来源中抓取到的大数据。

在这种环境下，数据量超载对时间紧张的经理和专业人员来说确实是个问题。但公司面临的最大数据挑战是“不清洁”的数据：这些数据可能前后不一、分散凌乱、断章取义，因此利用价值不高。即使是最好的公司，往往也难以解决数据管理问题。我们发现，在数据分析方面展开竞争的公司非常关注数据管理流程。比如，第一资本估计，25% 的技术公司致力于解决数据问题——与其他行业相比，这一比例高得惊人。

对于那些投入精力来进行数据管理的公司来说，这往往意味着一项丰厚的回报。比如，通用电气就成功解决了公司内部供应商数据来源重叠、口径不一致的问题。许多业务部门在数百个交易系统中都有自己独立的供应商数据库，同一供应商的销售代表也经常变化，因此他们提供的数据往往会存在细微差异。鉴于这种情况，通用电气根本无法进行基础的数据分析，它无法确定哪些供应商把货物卖给了哪些业务部门，又有哪些供应商同时也是通用电气的客户，以及公司与供应商的整体业务往来到底有多少。鉴于此，通用电气开始努力使用新的机器学习技术来管理和整合供应商数据。几个月后，这家公司建立了一个综合供应商数据库，从而可以开始向交易量最大的供应商施压，要求他们为通用电气提供批发折扣。总体而言，通用电气估计，这项工作在第一年就给公司带来了 8000 万美元的收益，预计未来的效益还会大幅增加。通用电气还采用相同的方法处理了公司的客户数据和零件数据。

为了实现大数据竞争的好处，技术专家和业务专家必须回答以下五个问题，来解决他们在数据方面的疑惑。

- 数据相关性：需要就哪些数据开展大数据竞争？
- 数据来源：在哪里可以获得这些数据？
- 数据数量：需要多少数据？
- 数据质量：如何使数据更准确、更有价值？
- 数据管理：需要建立哪些规则，来实现对数据全流程的有效管理？

数据相关性：需要就哪些数据展开大数据竞争

这个问题背后的含义是，哪些数据对实现公司差异化竞争和提高业务绩效最有价值。要回答这个问题，公司高管必须清楚地了解公司的独特竞争力所在，了解哪些工作帮助提升了公司竞争力，以及公司的战略和运营指标与业务绩效之间的关系。本书描述的许多公司都体现出了他们对于上述问题的创造性见解。

但要确保数据分析师能够获得准确的数据可能是件困难的事情。有时，我们需要一个新的指标：比如信用评分的出现，就用单一可量化的指标取代了对消费者信誉的定性评估，从而提高了抵押贷款业务的效率。但并不是所有的东西都能轻易地还原为一个数字。员工的绩效评级就无法像经理的书面考核那样完整地反映自己一年间的所有工作。当业务人员和技术人员互相指责对方收集了错误的数据或没有使用正确的数据时，情况就更为复杂了。研究一再表明，技术部门的高管认为，业务经理根本不了解他们需要哪些数据；而对业务经理的调查则恰恰相反，他们认为技术部门的高管缺乏提供有意义的分析结论的商业头脑。虽然这个问题没有简单的解决方案，但解决问题的起点在于技术部门和业务部门握手言和，承诺在这个问题上共同努力。在英特尔和宝洁公司，这一矛盾得到了一定程度的缓解。

在上述两家公司中，量化分析师与业务部门高管进行密切的合作。如果没有这种合作，一家公司收集大数据竞争所需数据的努力就注定要失败。

业务和技术协同的一个相关问题在于，如何才能准确定义数据分析中各项数据之间的商业关系。想要优化公司绩效，技术人员需要具备大量的业务知识，才能了解数据之间的潜在关系。我们可以举一个医疗保健领域的例子，来说明这项工作有多么重要而复杂。从保险公司的角度来看，他们有许多不同类型的客户——既有替员工购买保险的公司客户，也有个人客户，还有家庭客户。每个客户都有独特的病史，可能会或多或少地患有需要治疗的疾病。保险公司的客户也会与医院、医疗保健组织及医生等各种医疗服务提供者产生关系。其中，医生既可以是全科医生，也可能是专科大夫；一些医生会与特定的医院或保险公司合作，而另一些医生则可能和所有的医院或保险公司合作。此外，保险公司的个人客户也可以选择通过政府渠道获得保险。如果不深入了解这些纷繁复杂的关系，就很难把数据有效地运用在数据分析的过程中。

数据来源：在哪里可以获得这些数据

用于商业智能分析的数据可能来自不同的数据源，但关键的一点在于，必须通过公司层面的数据分析技术体系架构，对数据进行有效管理。只有这样，才能保证数据可以得到准确、一致和可扩展的运用。全公司上下使用统一的软件和数据至关重要，因为这可以确保同一套数据能够得出“同一口径的结论”，这对每个关注数据分析的人而言都是一个基本目标。虽然事后也有可能对多个系统的数据进行整合转换，并最终实现这样的目标，但最简便的方法还是在数据分析开始之前，公司就对其数据分析系统进行必要的更新与整合。

对于公司内部信息而言，应该从公司综合数据系统入手进行整合。具体来说，希望优化供应链的公司可能想从需求规划系统开始，但是这会导致难以分析来自交易系统（如库存情况）的数据，因为对于管理决策而言，两个系统的数据定义并不一致。

公司综合数据系统整合了各种业务流程（如订单履行）的全部信息流，可以提供一致、标准、准确、及时的数据，最能用于财务报告和供应链优化等任务，通常能够帮助公司沿着大数据竞争的道路前进。现如今，供应商越来越多地选择将数据分析功能嵌入它们的公司综合数据系统中，以便其客户能够自主进行销售预测，或是为业务问题找寻替代解决方案。然而，公司综合数据系统的数据对于具体某家公司而言，通常并不是很有特色，因此必须与其他类型的数据结合起来，才能实现差异化竞争。

除了公司综合数据系统外，公司的个人计算机和服务器中也存有一定数据。数据库、电子表格、演示文稿和报表都是数据源。有时，这些数据源存储在一个共同的资料管理软件中，但它们通常没法在公司层面加以使用。

公司内部数据还越来越多地包含那些来自物联网传感器和设备的数据，这些传感器和设备位于公司业务的“边缘”，比如在油田钻井设备、零售销售点设备或飞机发动机中。传统模型会将所有数据发送到一个集中的存储库进行存储和分析。但另一种分析范式，也就是“边缘分析”，变得越来越流行。物联网和其他产生数据的“边缘设备”的快速增长意味着将数据全部发送到公司总部甚至云端进行分析往往是不可行的。比如，在油田，钻井设备的操作数据（包括钻头转速、切削力大小、振动情况、温度高低以及油和水流的情况）可实时用于更改钻井策略，但是将所有这些数据发送到中央存储库往往是不可行的。一些钻井作业已经开始使用基于微处理器的数据分析来实时确定钻井策略。物联网将使边缘分析法在未来变得更加普遍。

在过去的十年里，公司外部数据激增，其中大部分来自互联网、社交媒体和外部数据提供商。长期以来，公司也能从提供金融市场信息和消费信贷数据的信息公司购买数据。此外，各级政府可以提供大量信息（自从十年前“政务信息公开”工作开展以来更是如此）；客户和供应商的公司网站也是一个强大的资源库。结构化程度较低的数据大多来自电子邮件、语音软件、图像（通过互联网获得的地图和照片）、照片（人、产品，当然还有猫的照片）和生物识别（指纹和虹膜识别）等来源。然而，标准化数据的类型越多，也就越难与其他数据进行整合和分析——尽管深度学习技术使图像识别更迅速、更准确。

想要收集到珍贵数据可能很困难，也很烧钱。（在某些情况下，它甚至可能是非法的，比如，公司不应该收集敏感的客户信息，或是有关竞争对手新产品计划或定价策略的情报。）数据分析型企业则采用创新方法获得合法许可，从而收集所需数据。正如我们在第三章中所描述的，进步保险的快照程序为同意安装快照设备的客户提供折扣，从而利用快照设备收集有关客户驾驶行为的数据。进步保险的前首席执行官彼得·刘易斯（Peter Lewis）将这一能力视为精准定价和识别最有价值客户的关键：“保险业务的成功要义在于，无论发生什么，都要想方设法地向客户收费，而不是听凭客户的说辞来决定是否收费。所以到底发生了什么呢？我们赢得了几乎所有从不开车的客户，而我们的竞争对手却卡在了更高的风险上。”目前，进步保险已经收集了超过 160 亿千米的客户驾驶数据，它已成为进步保险了解某项保险将会给公司带来多大损失的最佳数据源。

数据数量：需要多少数据

除了收集准确的数据外，公司还需要收集大量的数据，从而提炼数据发展趋势，并且预测客户行为。如何定义“大量”呢？2007 年，世界上最大的数据仓库是沃尔玛公司，它拥有约 600 千兆字节的数据量。大约在同一时间，美国国会图书馆的印刷藏书的数据量大约只有 20 千兆字节。

幸运的是，挖掘和管理大量数据的技术正在取得巨大的进步。最大的数据库不再是公司仓库，而是分布式计算群集，这种分布式计算群集能够跨越多个商品服务器存储数据。截至 2017 年，沃尔玛数据仓库存储量增长了 100 倍，达到 60 拍字节。互联网公司管理的数据则更是海量：雅虎公司高达 600 拍字节的数据分布在四万台分布式计算服务器上，这相当于存储了大约 30 万亿个网页。雅虎已经不再是数据分析型企业的完美典范，但像谷歌和脸书这样的成功公司也可能有类似的存储量。

在收集海量数据的同时，必须提防两个陷阱。首先，除非您像上述公司那样从事数据业务，否则最好抵制由于“以防万一”收集所有可能的数据的诱惑。一方面，如果高管不得不阅读的数据逐渐堆积如山，他们就会把全部数据都扔到一边，不再使用手头的数据分析软件。亚马逊的杰夫·贝索斯一直倡导的“永远不要扔掉数据”是可以做到的，但其成本超过了大多数公司的收益。同样，根本问题又绕回到是什么推动了一家公司的价值，对这个问题的理解将帮助公司避免不加区别地收集数据。

其次，第二个陷阱在于：公司应该避免收集那些容易抓取但不一定重要的数据。许多技术高管提倡把所有可得的数据悉数收入囊中，因为这种方法的风险很低，进而免除了他们确定哪些信息对业务有价值的责任。比如，许多公司只是单纯地向管理人员提供交易系统数据，因为这些数据是最容易获得的。也有人分析社交媒体数据，只是因为这些数据是可得的，然而在社交情绪出现下降或有所上升时，这些人并没有采取任何行动。也许有一天，新兴技术的出现会消除将小麦与谷壳分开的必要性。但在这种技术问世之前，对数据量进行智能化管理是必要的，只有这样才能避免数据超载。

数据质量：如何使数据更准确、更有价值

没有质量而堆砌数量是失败的良方。公司高管们已经意识到了这一问题：在一项调查中，当被问及公司在发展商业智能方面所面临的挑战时，

“数据质量”这一答案仅次于“预算约束”。哪怕是一些数据分析型企业也苦苦挣扎于数据质量的泥淖中。

很多公司倾向于将其数据存储在物理隔离的服务器中。因此，它们所拥有的数据通常杂乱无章、一片混乱。对于大多数公司来说，对客户或产品等关键概念的不同定义进一步加剧了这种混乱局面。例如，当加拿大轮胎公司（Canadian Tire Corporation）着手搭建数据分析架构时，它发现，公司的数据仓库可能会生成多达六个不同的库存水平数字；而诸如其旗下450多家商店的销售数据却不见踪影。于是近几年来，加拿大轮胎公司制定了一项计划，打算收集适合公司数据分析需求的新数据。

以下几个特征可以提升数据的价值。

数据应当是准确的。虽然有些数据分析可以通过概数进行，另一些数据分析需要精确到小数点后几位，但所有的数据分析都必须通过审查者的可信度测试。

数据应当是完整的。完整性的定义根据公司销售的到底是水泥、信用卡还是季票等而有所不同，但数据完整性与公司的独特竞争力密切相关。

数据应当是最新的。同样，及时性的定义也可能会有所不同。对于一些业务，如重大医疗危机而言，必须立即提供数据，以便实时部署救护车和急救人员（也可称之为零延迟）；对于大多数其他业务决策（如预算预测），只需定期更新（每天、每周或每月）即可。

数据应当是一致的。为了帮助决策者结束关于“谁的数据是正确的”的争论，必须对数据进行适用标准的共同定义。清理冗余数据可减少使用不一致或过时数据发生的机会。

数据应当是有内涵的。当元数据（通常定义为有关数据的结构化数据）丰富了数据的内涵时，其具体含义和如何使用就变得清晰起来。

数据应当是被控制的。为了遵守业务、法律和法规对安全、保护、隐私和“可审计性”的要求，必须对数据进行严格控制。

数据应当是可分析的。数据分析是提升数据价值的主要手段，数据分析能够创造产品并产生货币收益。通过数据分析获取的认知总是比原始数据更有价值，而原始数据是本书的核心主题。

数据管理：需要建立哪些规则，来实现对数据全流程的有效管理

数据管理生命周期的每个阶段都面临着独特的技术挑战和管理挑战，这可能对一家公司的大数据竞争力产生重大影响。一个寻求在业务“边缘”进行数据分析的公司更是不得不对这些任务进行高度压缩。

数据采集。创建或获取数据是数据管理生命周期的第一步。对于公司内部信息，技术部门负责人应与业务部门负责人进行密切合作。合作目标包括确定需要哪些数据，以及如何以最佳方式对技术系统与业务流程进行整合，以便在源头就能获取优质的数据。

数据处理。在任何商业智能计划中，发现并删除不及时、不正确、不完整或不简练的数据是最重要、最昂贵且最耗时的工作之一。据我们估计，25%~30% 的数据分析工作通常用于初始数据处理。技术部门的职责在于建立起收集、组织、处理和维护数据信息的方法和系统，但数据处理是生成和使用数据的每个人的责任。现在，数据处理、整合和管理越来越多地得到新工具的帮助，包括机器学习和众包模式。

数据管理和存储。数据被采集和处理之后，就必须对数据进行整合。接着，必须将数据以正确的格式放入正确的数据存储库，以便后续使用（请参阅本章后面对数据存储库的讨论）。某些数据存储技术比其他存储技术需要更多的管理和组织。

数据维护。创建存储库并填充数据后，数据管理系统必须决定如何以及何时更新数据。数据管理系统必须确保数据隐私性、安全性和完整性，防止因人为错误、软件病毒或硬件崩溃而损坏或丢失。此外，数据管理系统还必须制定具体的策略和流程，以确定何时以及如何保存或清除不再需

要的数据。一些数据分析型企业估计，他们每花费 100 万美元用于开发新的数据分析技术能力，就意味着需要花费 50 万美元用于进行系统维护。然而，我们认为，随着分布式计算和数据湖等较新的技术的出现，系统维护成本正在下降。

公司在解决数据管理问题后，下一步是确定将数据提取、转换和加载到数据仓库、分布式计算群集或数据湖所需的技术和流程。

数据转换工具和流程

从历史上看，要使管理人员能够使用数据仓库中的数据，就必须首先经历一个在技术上被称为 ETL 的过程，用以提取、转换和加载数据。数据必须放在相关格式中，即必须存储在行和列的结构化表格中。然而现在，像分布式计算这样的新存储技术允许数据以任何格式进行存储。数据湖可能基于分布式计算或其他基础技术，这个概念让以原始格式存储数据的想法成为现实。这些对于在公司知道该如何处理数据之前进行数据存储特别有用。但是，要对数据进行统计分析，最终还是必须以结构化的格式（通常是行和列）放置数据。无论是数据仓库还是统计程序，想要将非结构化数据转换成行列格式，都将是一项挑战。

虽然从其数据源中提取数据并将其加载到存储库中是相当简单的任务，但清理和转换数据则是个难题。为了使数据仓库中的数据准备就绪，必须首先使用数据清理整合软件（如流体科技或拓蓝软件）对数据进行清理，这些软件也可从 IBM、甲骨文或 SAS 等大型供应商处购买。业务经理和技术经理都必须花费大量精力才能将源数据转换为可用的信息。虽然 Informatica 公司、Ab Initio 软件公司和腾飞软件等供应商的自动化软件可以简化这一过程，但仍需要大量的手动工作。Informatica 的前首席执行官苏哈比·阿巴斯（Sohaib Abbasi）估计，“我们每在整合技术上花费1美元，就大约需要耗费7到8美元用于人工劳动（比如手动数据编码）。”

数据转换还需要对数据定义进行标准化，从而确保相关业务概念在整个公司中具有一致的可比较的定义。比如，“客户”可能在一个系统中被定义为公司，但在另一个系统中被定义为下订单的个人。它还要求业务经理自行决定如何处理缺失的数据。有时可以根据现有数据推断出数据并填补空白；有时鉴于这些数据不完整，它们就不能用于数据分析。这些数据转换工作看似平淡无奇，但又至关重要。想要完成数据转化，需要持续不断地努力，因为新的问题似乎会此消彼长地出现。

其中一些数据标准化和数据整合工作可以越来越多地依靠自动化机器学习系统来完成。数据分析公司塔莫（Tamr，本书作者托马斯是这家公司的顾问）和特立飞卡（Trifacta）等公司可以识别潜在的数据重叠和数据冗余问题。比如，塔莫公司与通用电气合作，完成了我们在本章前面描述的例子，他们整合了诸多业务部门的许多不同数据源，最后形成了统一的供应商数据。这个项目是在短短几个月之内完成的，比传统的人工识别方法要快得多。通用电气目前正在使用相同的工具来整合其客户和产品数据。

对于非结构化大数据，数据转换通常使用诸如Pig、Hive和Python之类的开源工具来执行。使用这些软件要求数据科学家具有丰富的编程经验，但它们却比数据转换解决方案更为灵活。

数据存储库

公司有以下几个用于管理和存储其数据的选项。

数据仓库（Data Warehouse）：包含来自不同数据源的数据并定期更新的数据库。比如，数据仓库可能包含时间序列（历史）数据，以便分析一段时间内的公司业绩。数据仓库还可能包含预先设定好的“数据多维数据集”，允许非专业的数据分析人士进行简单但有限的数据分析。数据仓库既可以是公司系统的内部模块，也可以是独立的数据库。一些公司还使用临时数据库，用以从许多不同来源处获取数据，为搭建数据仓库做好准备。

数据集市（Data Mart）：既可以指单独的存储库，也可以指数据仓库的一个分区。数据集市通常用于满足特定的部门或者用户的需求，它通常包含一些预先设定的数据分析，以便用户对部分数据进行独立分析，而不要求用户具备统计专业知识。一些最初认为需要建立数据仓库的公司创建了一系列独立的数据集市或分析模型，直接使用源数据。比如，一家大型化学公司有 16 个数据集市。这种方法在今天很少使用，因为它会导致数据的巴尔干化现象，并给技术部门的维护带来难题。因此，只有在设计人员确信不需要更广泛的数据集进行分析的情况下，才会使用数据集市。

元数据存储库（Metadata Repository）：包含技术信息和数据定义信息，比如有关源、计算方式、条目和度量单位的信息。它还可能包括有关数据可靠性、准确性的信息，以及有关如何应用数据的说明。所有数据分析软件使用的通用元数据存储库对于确保数据一致性至关重要。将数据清理所需的所有信息整合到一个元数据存储库中，可显著减少数据维护所需的时间。

开放源数据分布式数据框架：这种数据框架允许以任何格式存储数据，其成本通常大大低于传统仓库或集市，阿帕奇发布的分布式计算和 Spark 都是开放源数据分布式数据框架的代表。但是，开放源数据分布式数据框架可能缺乏公司数据仓库所需的安全性，也无法支持多用户同时使用，并且通常要求用户具备专业的技术和编程知识。一家叫作真车（Truecar）的公司存储了大量关于待售车辆及其特征和定价的数据（多达几拍字节）。在转换公司数据存储体系架构时，它对分布式计算和公司数据仓库之间的成本进行了比较。调查发现，此前在数据仓库中每月存储 1 兆字节数据（包括硬件、软件和支持）的成本为 19 美元；使用分布式计算，真车公司每月只需要为每千兆字节的硬件、软件和服务支付 23 美分的费用。这种规模成本差异一直吸引着许多公司。这些分布式计算工具也可以提高数据存储性能，但还是成本方面的差异更为显著。

数据湖（Data Lake）：使用阿帕奇分布式计算、Apache Spark 或其他一些技术（通常是开源技术）通过原始数据分类存储到不同的数据池，然后在各个数据池中将数据整合转化为容易分析的统一存储格式进行存储。像 Informatica 这样的传统数据管理供应商，以及像 Podium Data 这样的创业公司，都已经开始提供数据湖管理工具。

一旦数据充分整合并且准备就绪，就该确定公司所需的数据分析工具和软件了。

数据分析工具和软件

选择正确的数据分析工具和软件取决于几个因素。第一项因素是确定该项决策会在多大程度上被整合到业务流程和运营系统中去。是应该由人工审查分析并做出决定，还是应该由机器自动做出决定？随着认知计算（即人工智能）的兴起，在过去十年中，有好几种技术都可以分析大量数据、构建工作流程、联合多台计算机系统、自动做出决策、对应采取行动，甚至进行机器学习。其中一些流程是以分析和统计为基础的，另一些流程则依赖于规则引擎、事件流和工作流等技术的支持。我们在第七章中已经从人力的角度讨论了这个问题。

下一个决定在于选择使用第三方定制化软件还是自己独家开发的软件。市面上已经出现了越来越多的功能定制化或行业定制化的业务软件，如资本预算计算软件、抵押贷款定价软件和反洗钱监控软件等。对于 SAS 这样的数据分析软件公司来说，这些定制化软件是其业务的重要组成部分。公司系统供应商（如甲骨文、SAP 和微软公司）也正在推出更多、更复杂的数据分析软件。使用第三方定制化软件的做法具有很强的经济吸引力。IDC 的数据显示，第三方定制化软件所推荐的项目的投资回报率中值为 140%，独家开发软件所推荐的项目的投资回报率中值为 104%。“自建还是购买”的决策取决于市面上是否有合适的第三方定制化软件，以及公司内部是否具备开发独家软件的技能水平。还有一些研究机构得出的大数据竞争收益甚至更高。比如，核子研究公司 2014 年的一项研究认为，每在数据分析项目中投入 1 美元，其平均收益为 13.01 美元。

但也有许多功能强大的数据分析软件，可以帮助公司开发独家的数据分析工具（参见《常见的数据分析工具和软件》和《可飞公司是如何优化其数据分析架构的》专题框）。SAS、IBM 和 SAP 等公司提供数据分析产品套件，其中既可以包含数据整合工具、数据分析软件，也可以包含行业定制化、功能定制化的软件包。在过去几年里，开源工具 R 和 Rapidminer 一直是使用量增长最快的数据分析软件包。有些数据分析工具可以将数据条分缕析，对数据进行细致入微的观察；而另一些数据分析工具则可以完成复杂的数据统计分析。有些数据分析工具可以存储各种数据类型；而另一些数据分析工具则只能存储特定类型的数据（比如，只能存储高度结构化的数据或文本分析数据）。有些数据分析工具擅长通过历史数据推演未来发展趋势；而另一些数据分析工具则善于发现新的趋势或关联关系。另外，诸如 Python 等编程语言越来越多地用于统计数据分析，这些编程语言的灵活性更强，但通常同时需要分析师具有更多的专业知识和付出更多的努力。

常见的数据分析工具和软件

想要成为数据分析型企业的高管，就必须熟悉以下几种重要的数据分析软件工具。

- **电子表格**（如微软的Excel）是最常用的数据分析工具，因为它们用起来非常简单，且往往能够搭建出用户心中所想的模型。业务经理和数据分析师往往把Excel用于数据分析的“最后一千米”，也就是把数据以报告或图表的形式呈现给决策者之前的阶段。但是，太多的用户试图将电子表格运用在并不擅长的分析任务中，从而导致错误或失真的结论。即使运用得当，电子表格也容易出现人为错误；超过20%的电子表格存在错误，更有多达5%的计算单元格是不准确的。为了最大限度地减少这些问题，经理们必须坚持始终提供准确的、经过验证的数据，同时电子表格开发人员也需要具备开发模型的技能和专业知识。
- **在线数据分析处理器**以其英文缩写OLAP而闻名。OLAP经常用于相关数据的半结构化决策和分析。虽然关系数据库（或称RDBMS）即数据存储在相关表格中是一种高效地整合公司交易系统数据的方法，但在分析诸如时间序列等基于阵列的数据（数据像电子表格一样排列）时，RDBMS就败下阵来了。OLAP工具是专门为多维的、基于阵列的问题而设计的。OLAP可以将数据整合到“多维数据集”中，以便能够对跨越时间、空间、产品条线的数据进行分析。多维数据集是预先整理好、可以用于报告和分析的数据集合，您可以把它理解为“多维电子表格”。像Excel这样的电子表格最多可以有三个维度（向下、向右和跨工作表页面），而OLAP模型可以有七个或更多的维度。因此，OLAP工具需要用户具备专门的技能，当然也需要由熟悉其能力的“专业用户”来创建。与传统的电子表格不同，OLAP

工具必须处理数据扩散问题，否则模型很快就会变得笨重不堪。SAP 公司的 Business Objects 软件和 IBM 公司的 Cognos 软件是 OLAP 工具中的佼佼者。

- **数据可视化**。OLAP 工具曾经是创建数据可视化和报告的主要手段，但新一代更简洁的技术工具已然诞生，它可以对整个数据集（而不仅是多维数据集）进行操作，并获得了相当高的人气。Tableau 和 QlikView 是这个类别中最受欢迎的工具。微软、微战略和 SAS 等老供应商也在努力抢夺这个细分领域的市场。
- **统计算法或定量算法**可以帮助熟悉数据分析的管理人员或统计人员分析数据。他们利用算法处理诸如价格或贷款额等定量数据，用以达到最佳目标。在 20 世纪 70 年代，SAS 和 SPSS（现在是 IBM 的一部分）等公司推出了打包的计算机软件，使用户更容易进行统计分析。统计算法还包括预测建模、模型优化、模拟变量等。SAS 仍然是专有数据分析软件市场的领导者；R 和 RapidMiner 已成为开源市场的领导者。
- **规则引擎**可以处理一系列业务规则，这些规则利用有条件的语句来解决逻辑问题。比如，“如果摩托车保险的申请人是 25 岁以下的小伙子，并且既没有成家，也没有拿到毕业证，就不触发某种规则”。规则引擎可以成为自动化软件的组成部分，也可以独立地向需要做出特定决策的用户提供建议。FICO、IBM 的运营决策管理部门，以及 Pegasystems 是一些主流的规则引擎供应商。
- **机器学习和其他认知技术**可以随着时间的推移从数据中自主学习，这种技术已经取代了规则引擎，并在一定程度上得到了普及。这类技术主要包括机器学习、神经网络学习和深度学习在内的多项技术，这三种技术依次是前者的一种更复杂的形式，具有更多的解释变量。此外，此类技术还包括自然语言处理和生成，以及像IBM的Watson一样把上述技术结合在一起的智能软件。与上述那些以规则为基础的系统相比，认知技术的开发更加复杂，其理解也不那么简单，但随着时间的推移，认知技术具有从新数据中不断学习并提高数据分析性能的强大优势。

- **数据挖掘工具**（其中一些使用机器学习）利用了从简单的算术计算到人工智能、统计学、决策树、神经网络和贝叶斯网络理论等各种技术，其目的是确定复杂和定义不清的数据集的模式。比如，斯普林特公司和其他无线运营商使用神经分析技术来预测哪些客户可能会“携号转网”。SAS和IBM提供数据和文本挖掘功能，是这两个细分领域的主要供应商；R和RapidMiner则提供开源工具的替代品。
- **文本挖掘工具**可以帮助管理者快速识别近乎实时的新趋势。文本挖掘的一个简单例子是蜘蛛软件或数据爬虫工具，它们能够识别和统计网站上的单词和短语。文本挖掘工具在发现新趋势或潜在关系方面的作用非常大。比如，通过监测技术性用户的博客，供应商可以在发货后几小时内识别出新产品存在哪些缺陷，而不必被动地等待客户的投诉。其他文本挖掘产品可以识别出是否对特定人员、地点、事物或主题进行了引用，并借助这些信息对竞争对手的行为进行推断。
- **文本分类**使用统计模型或规则，从而评价文档与某个主题的相关程度。比如，文本分类可用于对竞争对手网站上的产品分类情况进行动态评估。
- **自然语言处理工具**超越了文本挖掘工具和文本分类的局限，能够挖掘语言的真正意义，甚至回答人类的问题。这项技术可以使用语义分析、统计分析，或把两者结合起来。语言生成工具则可以自动生成体育报告、公司收益报告和金融服务投资报告等。

- **事件流**并不是严格意义上的数据分析技术，但它正越来越多地与数据分析相结合，用以支持实时的智能流程。这样做的目的是分析数据的来龙去脉——这些数据通常来自物联网等庞大而快速的应用工具。事件流的目标通常不是对数据进行深入的分析，而是对数据进行“管理”，其中可能涉及对数据的筛选、组合、转换或重定向。在金融服务业，这种方法已经被采用了十年之久。
- **仿真工具**使用符号、数学、技术、工程和财务等一系列手段对公司业务流程进行建模。工程师可以使用计算机辅助设计（CAD）系统来模拟新产品的设计，并在工程、研发和其他环节中使用仿真工具。比如，仿真工具可以用于用户培训，并且帮助用户了解业务流程更改的内在含义。它们还可用于简化信息或产品，如可以帮助医疗保健公司的员工根据血型和地域等标准，决定将捐赠器官送到何处。
- **网页分析或数字分析**是一类专门用于管理和分析线上电子商务数据的数据分析工具。网页分析的大部分内容是描述性的——告诉网站管理者有多少独立访问者访问了一个网站，访问者在网站上花费了多长时间，访问的转换百分比等。某些网页分析工具允许A/B测试，从而可以对哪个版本的网站获得更多点击或转换进行统计比较。在公司分析领域，网页分析在很大程度上自成体系，但它也正在慢慢融入更大的定量分析框架中。数字分析工具则侧重于社交媒体分析，但它不仅能够计算社交活动量，还能评估与之相关的积极或消极情绪。

无论使用的是第三方定制化软件还是独家开发的软件，技术部门都有责任为公司不同类型的数据分析提供各种软件工具（有关当前和新兴的数据分析工具，请参阅《常见的数据分析工具和软件》专题框）。公司员工自然倾向于选择诸如 Excel 等他们熟悉的软件，即便这些软件并不适合进行数据分析。

另一个问题在于，如果没有一个整体的数据分析架构来指导员工选择数据分析软件，就会导致过度的软件扩散。在 2015 年的一项调查中，来自大型公司的受访者说，他们的营销部门平均使用 12 种以上的数据分析和数据管理工具，用于数据驱动的营销。这些公司的其他业务部门还可能使用更多的其他分析工具。即使是管理良好的数据分析型企业，也往往拥有大量的数据分析软件。在过去，这可能是必要的，因为不同软件侧重于不同的功能——一个软件可能侧重于财务报告，另一个软件可能侧重于临时查询，还有一个软件可能侧重于统计分析。现在，虽然不同的软件之间仍有差异，但领先的软件供应商已经开始提供更强大、更综合的商业智能分析软件组合。

还有一个问题是：应当在现场构建和管理分析软件，还是在云端使用“分析即服务”服务。与其他类型的信息技术一样，答案越来越倾向于后者。领先的软件供应商正在接受这一趋势，将其数据分析软件拆分为一个个可以执行特定数据分析任务的“微分析服务”。比如，SAS 高管就说，通过开放的应用程序接口访问算法和统计技术的方式变得越来越常见。这样一来，可以将数据分析与其他类型的事务和数据管理服务整合到一个软件中来。

数据可视化工具和软件

由于数据分析只有在采取行动的情况下才有价值，因此数据分析型企业必须授权其员工通过商业智能软件、数据可视化工具、绩效考核系统和公司门户系统等方式，将数据分析的结论传达给同事。员工可以借助商业智能软件撰写临时报告，实现复杂数据的可视化操作，并通过各种通信工具（如电子邮件、短信）发现异常情况，实现数据的协作共享。SAP、IBM、SAS、微软和甲骨文等软件供应商所销售的产品套件中，就包含数据可视化软件、商业智能软件和报告软件。商业版的数据分析软件通常设置了可供数据工作者、业务经理和数据分析师使用的接口。但对于专业数据分析而言，数据分析软件的不同决定了不同技术水平的员工如何使用数据。比如，统计学家可以直接使用统计模型，但大多数管理人员却搞不定这些专业的模型。

新一代的数据分析可视化工具（来自 Tableau 和 Qlik 等新型供应商以及 SAS 等传统数据分析提供商）可以通过直观的可视化界面，对数据和分析结果进行操作。比如，管理者可以直接查看数据图，排除异常值，并计算适合数据的回归线，所有这些工作都不需要任何统计方面的背景知识。

由于数据分析可视化工具能够帮助客户浏览数据，而不必担心误改了基础数据库，因此这使得普罗大众也可以使用复杂的数据分析技术了。在过去的几年里，科技公司把“数据分析大众化”从口号变成了现实。比如，在福泰制药公司，长期担任首席信息官的史蒂夫·施密特（Steve Schmidt，现为医疗设备数据分析专家）在几年前估计，只有 5% 的用户能够熟练地使用算法工具，但另外还有 15% 的用户能够使用数据分析可视化工具。我们的预测是，随着这些新软件越来越容易上手，数据分析可视化工具的潜在用户比例也将大幅提升。

可飞公司（Equifax）是如何优化其数据分析架构的

2010 年，本书作者托马斯对行业领先的消费者信贷和财务信息提供商可飞公司的数据分析能力进行了评估。可飞公司时任和现任首席执行官里克·史密斯（Rick Smith）是大数据竞争的倡导者，但他不确定可飞公司是否具备大数据竞争所需的能力。评估发现，可飞公司取得成功的一个关键障碍在于，由于管理问题和数据问题，数据分析活动耗时实在太长。虽然可飞公司已经有 SAS 统计包，但由于它们没有构建公司数据仓库，因此很难在必要的时间框架内收集不同类型的数据。此外，虽然公司具备强大的数据分析能力，但却没有将数据分析作为公司战略性资源来对待。托马斯给出的评估报告还建议，公司应该设立首席数据分析官的岗位。

七年之后，大数据分析的环境和能力发生了巨大的变化。普拉萨纳·多尔（Prasanna Dhore）是可飞公司的首席数据分析官，他曾参加了我们于 2006 年在另一家公司进行的“大数据竞争”研究。彼得·梅纳德从第一资本（另一个早期的数据分析型企业）跳槽到可飞公司，担任该公司的全球数据分析的高级副总裁。他告诉我们，在普拉萨纳的领导和可飞公司的基础设施投资下，公司数据分析的技术和速度都产生了惊人的飞跃。

这种飞跃的一个重要原因在于，公司转向了基于分布式计算的数据湖，这使得可飞公司得以实现低成本地存储和整合多种类型的数据。该公司还利用 SAS 高性能数据分析平台，从分布式计算的数据中获得了最大价值。

梅纳德指出，这种数据存储架构极大地提升了可飞公司的数据分析速度：“我们的建模基础已经从短短一个月的消费信贷数据，转变为长达两年的高质量数据，而且我们坚持利用跨时间维度的数据进行趋势分析。我们搭建起了神经网络模型，它能够查看所有数据，并确定消费者信用记录的发展趋势。每当我们在模型中引入新数据和变量时，我们都会确定这些新变量将如何影响趋势。在过去，评估新数据源大约需要一个月的时间，但现在只需要几天，因为我们的数据分析环境提供的速度比过去快多了。”

梅纳德说，神经网络模型是利用 SAS 公司的挖掘产品开发的。这是一个复杂的模型，因为它需要一套“原因代码”，以帮助向消费者解释具体的信用决策。

可飞公司数据分析技术架构还为 R 和 Python 等开源工具腾出了空间。梅纳德说，他们数据科学小组的应届毕业生都更喜欢开源工具，但他也补充说，可飞公司有很多现成的 SAS 模型和代码，公司里有许多数据科学家和量化分析师对此表示满意。梅纳德还在考虑以更快的速度转向 SAS 流分析，并通过风险管理工具，对 SAS 模型进行持续评估和管理。

梅纳德和他的同事定期参加 SAS 公司举办的活动，还会去位于北卡罗来纳州卡里市的 SAS 公司总部拜访其公司高管，介绍可飞公司现状，并讨论数据分析问题。可飞公司的数据分析型领导者对公司的数据分析方法进行了重大改进，他们对 SAS 公司的软件也在不断更新而倍感欣慰。

数据部署流程

数据部署流程也是数据分析体系架构的一个重要因素，它回答了有关公司如何创建、管理、实现和维护数据及相应软件的问题。除非有效地进行流程部署，否则就算再伟大的算法也没有什么价值。数据部署流程还可能侧重于如何利用一组标准的、已被认可的软件和技术来确保技术环境的可靠性、可拓展性和安全性。此外，技术人员还应当确保，所有的概念标准、执行策略和算法流程都在公司层面得到统一定义、统一执行。有时，特定的业务部门可能需要自己独特的数据分析技术，但通常来说，对技术进行集中管理和统一协调是一家公司的数据分析工作水平高低的标志。还有一些公司开始使用结构化的“数据部署平台”来管理数据部署流程。比如，一家名为 FICO 的公司就搭建了自己的数据部署平台，并将数据部署流程看成一种“数据分析领域的供应链管理问题”来进行讨论。

数据的后期部署问题，包括数据隐私、数据安全、数据存档和数据的可审计性等问题，对于确保数据和分析软件的完整性至关重要。这既是一个业务问题，也是一个技术问题，因为数据隐私和数据安全方面的失误（比如，客户信用卡数据被盗刷或被破坏）可能会在业务和技术两方面都产生可怕的后果。此外，监管部门和法律规则的要求也在不断变化更新，这带来的一个后果是，如果公司高管未能建立足以记录和证明其商业决策的数据有效性的软件程序，甚至会存在过失犯罪的可能。

本章小结

对于大多数公司来说，站在公司视角对数据和分析进行管理需要对当前公司管理手段进行重大调整，因而它经常被视为一种“离经叛道”的活动。但是，设立统一的数据分析管理岗位（如首席数据分析官），并在一定程度上对数据进行整合协调，是一家公司在数据分析层面实现一致行动的具体体现。公司管理层可以帮助数据分析技术架构团队搭建一个强大的技术环境，并且帮助技术团队建立起数据分析体系架构的指导原则。这些原则有助于确保数据分析体系架构决策与公司的商业战略、企业文化和管理风格保持一致。为了实现这一点，公司的高级层必须致力于大数据竞争。高管人员必须与技术部门合作，制定并严格执行全面的数据管理策略，确保数据标准和数据定义的统一性。他们还必须致力于创建和使用高质量的数据（无论数据量大小），并且确保这些数据的扩展性强、整合度高、依据充足、前后一致，并且遵从统一标准。还必须强调的是，数据分析技术的体系架构应该是灵活的，能够适应不断变化的业务需求和目标。在瞬息万变的环境中，墨守成规的数据分析架构无法满足公司的需求。考虑到过去十年数据分析技术世界发生的巨大变化，数据分析领域很可能在下一个十年依旧风云涌动。

第九章

大数据竞争的未来——技术、人力和公司战略驱动下的变革之道

行文至此，我们已经对大数据竞争的现状进行了详细的描述。在许多情况下，我们发现的数据分析型企业已经有很多成熟和进步的做法，并且领先于他们各自的行业，成为引领同行走向未来的风向标。在本章中，我们将会大胆猜测数据分析型企业未来还会采取哪些不同的做法。

正如威廉·吉布森曾经指出的那样，未来已来，不过是差距甚广。我们观察到，有些领先于时代的公司甚至已经开始采用本章描述的做法，但我们相信，这些做法将会进一步变得普遍和细化。与大多数预言家一样，我们预测本章内容将成为更普遍的现实情形：更多的公司会选择在数据分析方面展开竞争，并将其作为公司独特的竞争力；也会有更多的公司从数据分析型企业的身上取经，从而让自己也走上大数据竞争的道路，并且在实际业务中更多地使用数据分析。我们不知道是否有公司已经开始采取了特定的实践，但逻辑和趋势都决定了这些公司不久之后必然会采用上述方法。

对于科学技术、人力资源和公司战略将在何时进一步驱动数据分析领域的变革，我们不敢妄下定论。但我们预计，大概五年左右就足以让其中许多想法成为现实。如果这个世界持续不断地进行着大数据竞争，那么改革的进展速度甚至有可能超出我们的想象。在起初的三十年间，数据分析

和决策支持的发展速度是相对缓慢的。但正如本书的前言所描述的那样，在过去的十年里，我们看到，数据分析领域的变化可谓日新月异。

我们将数据分析领域的变革分为三类：由科学技术驱动的变革、由人力资源驱动的变革和由公司战略驱动的变革。科学技术可能是这三个领域中变化最快的一类，并且往往会迫使其他两个方面随之发生改变。

科学技术驱动的变革

一系列的先进的技术已经在公司层面得到小规模的使用，我们预计它们会在不久的将来继续发展壮大。我们的预测主要有以下几点。

- **数据将变得无处不在。**可以说，数据分析在过去十年间的最大变化——也可能是下一个十年的最大变化——正在于海量数据的可用性。互联网和社交媒体软件已经在大量地传输数据，比如，在2017年的超级碗比赛上，球迷流媒体所产生的数据就高达25太字节。物联网传感器（据估计，2017年投入使用的传感器有84亿台）在汽车、工厂、医院和许多其他场所得到使用，这也将产生更多的数据。在个人层面，智能手机、人体活动跟踪器和其他个人设备都会生成和接收海量数据。

  我们当然需要更强大的数据分析手段来理解所有这些数据。目前，我们不过是接触到了数据分析的皮毛，粗浅理解了数据分析能够如何改变我们的工作和生活。无处不在的数据正在改变数据分析的地位和用于分析的技术，同时还意味着我们需要更加精良的数据分析软件——包括我们在第八章中描述的机器学习工具——来处理、整合和匹配数据。而技术在创建和改进数据模型方面也发挥着更重要的作用（详见下一个趋势），这就是机器学习的真正意义所在。

- **数据分析和决策将变得更为自动化，而不需要依赖人类来查看数据并做出决策。**数据分析方面最短缺的资源是必须依赖于人类来监测数据、解释数据并在此基础上做出决定。认知技术、人工智能、机器学习、深度学习，所有这些技术都将提高机器进行自动化分析、做出自动化决策和实现自动化操作的能力。机器学习已经帮助许多公司利用之前只能搭建一个模型的时间来创建出成千上万个模型，从而显著提高了人类分析师的工作效率。虽然量化分析师和数据科学家的工作还没有受到威胁，但他们确实需要学会如何使用这些新软件、新工具。目前，机器搭建出的模型可能还很难对数据进行解释；但在未来，我们将能够看到，机器不仅可以找到最贴合数据的模型，还能为人们提供准确而翔实的数据解读服务。
- **数据分析软件将进一步呈现出大众化趋势。**从软件的角度来看，数据分析和报告的能力已经非常普遍。（如微软等）供应商将数据分析功能整合到了办公软件之中（尤其是Office365这一云服务版本），其中甚至包括在线数据分析和个人工作效率分析。许多传统的应用系统，如用于销售、营销、服务和电子商务工作的Salesforce系统，也开始提供各种形式的数据分析服务，其中甚至嵌入了人工智能功能。一些小公司就算买不起昂贵数据分析软件，也可以利用免费或廉价的开源工具，如R和RapidMiner等。甚至连很多大型的、财务预算充足的公司也在使用这些免费的开源工具。此前，最先进的数据分析能力一度和高昂的价格画等号，但开源软件的开发速度实在太快，以至于优秀的数据分析能力现在更有可能是免费提供的。当然，软件成本的降低有时会被技术专家高昂的人力成本所抵消——那些能熟练使用开源数据库的数据科学家的薪酬要价远比具有特殊软件技能的定量数据分析人员高得多。
- **数据分析的内存处理的使用进一步增加，从而显著提升了普通数据**

分析的响应和计算时间。这些数据和算法不是存储在磁盘上，而是加载到了计算机的内存中。SAP（Hana）、SAS、Tableau、Qlik 等供应商都已经提供了相关的产品。在未来，我们可能会发现，芯片数据分析的速度进一步得到提升。我们也已经见识到了“边缘分析”的魅力，边缘分析和决策是由网络边缘的小型智能设备执行的。

- **提升对实时（或至少是“及时”）数据分析的使用。**从历史上看，公司需要一些时间——从几天到几周——才能从交易系统中提取数据，将其加载到数据分析软件中，并通过数据分析实现对数据的理解。然而，管理者越来越需要做出更迅速的决策，公司也在尝试在一些重大决策中进行实时数据分析。一些实时处理系统可以利用自主化决策，将人类完全排除在决策过程之外。实时决策程序的鼻祖是 UPS 公司的 ORION 系统，我们在这本书中也提到了这个项目。ORION 系统为 UPS 公司的司机提供导航服务。在开始使用 ORION 系统之前，UPS 的司机每天都会沿着相同的路线开车；如今，司机每天早上都会收到 ORION 系统推送的一条新路线。ORION 系统可以根据前一晚收到的取送件要求，优化送货和取件路线。未来（或至少在未来几年内），UPS 公司的取送件路线将能够根据交通、天气和客户对取送件的新要求等因素进行实时调整。

  大多数公司应采取“有缓有急”的办法，在整个公司内确定每一类决策的时限，并搭建必要的数据分析软件，以便及时做出决定。在《信息周刊》的一项调查中，59% 的技术高管受访者表示，他们正在努力实现业务信息的实时推送。但托马斯此前对 SAP 公司的研究表明，许多经理更关心某些特定方面的实时信息。因此，公司不应再无谓地把精力浪费在提供冗杂过量的电子数据上。

- **不要滥用自动警报策略，要保持公司管理层对数据的敏感程度。**对于寻求公司管理层关注的项目来说，数据警报一直是一种有用的策略。他们会说："看看这个数字——您之前说过，要是这个数字涨到这么高，您需要知悉一下！"更多的公司开始使用自动警报策略，从而在关键指标达到极端水平时及时通知业务经理。比如，英特尔就利用自动警报服务，让其供应链经理知道何时应该对采购和定价数据采取行动。但是，对这种自动警报策略的担忧在于，太频繁的警报会导致"狼来了"效应。当然，如果一个系统可以进行自动化决策，就可以防止人类会不断听到数据警报的问题了。

- **更多地使用解释性数据分析，而不是数字和编程语言。**这种趋势已经发生了一段时间，其背后的原因很简单——许多经理更喜欢阅读和理解可视化的数据分析成果。当然，不同的人有不同的学习风格。但对于喜欢讲故事的人来说，他们可以越来越轻松地将视觉分析转换为一个言简意赅的故事。最新的发展趋势是，数据分析软件可以将您的数据、决策或问题自动选择最佳呈现方式。我们希望所有这些发展都意味着"饼图时代"的结束，因为视觉数据分析专家早已注意到，饼图是一种不怎么有用的数据呈现方式。
- **数据分析预测和解决方案越来越多（而数据分析报告越来越少）。**预测未来将要发生的事情显然比解释已经发生的事情要有用得多。然而，"预测未知情况"通常需要比"报告或解释既成事实"所需的数据分析更为复杂。规范性分析要求数据分析人员足够了解事件背景，这样才能认清任务和情况，提出明智的建议。尽管存在这些挑战，预测性和规范性分析依旧扩展到了越来越多的业务领域——从预测客户的行为到推荐客户购买产品，从预测疾病到推荐治疗策略等。例如，在对 Salesforce 系统用户的访谈中，托马斯听到许多客户反馈说，他们不只想要实现传统的描述性分析。一位客户评论说："我们没有时间让大家先看条形图，再想明白要做什么。"他们更乐于看到"挖掘智能数据"的想法（Salesforce 和其他公司已经开始实施这种策略)。这种想法在于，智能工具可以（无须人工假设）自动识别出数据的发展趋势和异常情况，并指出其对用户的影响。用不了多久，经理们或许就能和自动化电子助理沟通，后者可以帮助解释财务报告，指出需求规划预测中的弱点，预测诸如库存可能还有两个季度就耗尽了的问题。除了快速发掘数据外，这种方法的另一个好处在于，与传统的描述性和预测性分析相比，它能够避免带有偏见的人为解释的影响。如果一台机器从数据中找到了特定规律，想要让机器“屈打成招”可就太难了。

- **更深入地挖掘文本、语音、图像和其他结构更简单的数据形式。**现阶段，结构化数据的挖掘和分析工作相当先进，但文本、语音、图像甚至视频的挖掘显然还处于早期阶段，在未来几年内，这种数据挖掘可能会锐增。在多数情况下，机器在实验室中对数据含义进行分类和识别的能力已经超越了人类，但它们还没有琢磨透彻一些业务流程。比如，苹果的 Siri 和亚马逊的 Echo/Alexa 等交互软件还在进一步发展，公司也开始在产品和应用中使用它们。基于神经网络的深度学习算法能够学习如何对非结构化数据进行分类和决策，并且至少能够在数据量足够大时进行机器学习。培训数据（比如，1400 万张 ImageNet 图像或 800 万张有标签的 YouTube 视频）的可得性将在未来几年内显著提高这些算法的性能。
- **数据分析模型管理走向成熟。**数据分析领域的另一项重大进展源于数据分析过程的最后环节，也就是从数据分析和实验结果中获取模型、参与学习并取得结论。在数据分析导向或实验结果导向的公司文化中，可能会有很多模型都出自不同员工之手，每个模型都有自己的假设、变量和结果。类似地，不同的实验也有各自的实验设计、实验环节、控制组设置以及实验结果。如何能在没有数据存储库的情况下对这些模型和实验进行跟踪呢？答案当然是无计可施。第一资本是最早进行商业实验设计的公司之一，它的数据库里保存着大量的实验结果，但对于普通用户来说，搜索和学习的过程都是极其漫长的。因此，第一资本公司决定把实验结论直接传导给分析师。比如，该公司建立了一个系统，需要分析师为一部分客户设计出新的信用卡。接着，这个系统可以利用公司实验的结论，在设计过程的每个环节都就哪个选项最有效提出建议。它所能提供的建议范围非常广泛，大到余额转账的最佳利率，小到给客户的邮件信封的最佳颜色。

这种维护模型信息的系统被称为模型管理系统，目前只在金融机构中广泛使用（第一资本正是早期采用这些系统的金融机构之一）。它们之所以适用于金融行业，主要是因为监管机构对金融行业具有严格的要求。然而，随着大数据分析成为公司的战略资源——产生公司竞争优势的源泉——我们希望看到，即使监管机构没有强制要求，也会有更多的模型管理工具被利用起来。它们不仅会在量化分析师离职时提供技术保障，还可以在公司其他员工已经执行过类似的数据分析时避免进行重复劳动。

人力资源驱动的变革

虽然人类的变化并不像信息技术那样迅速，但大数据竞争的变化也会受到公司内数据分析人员的能力和岗位配置的影响。我们预计，首先，大数据竞争的增长将导致对专业数据分析人员（包括数据分析师和数据科学家，以及更多的非专业的数据分析人士）的需求不断提升。如果想要在详细数据分析的基础上做出更多的决定，就必须有更多的员工对如何进行这些数据分析以及何时应该推翻自动化决策结论有一定的了解。总之，越来越多的非专业的数据分析人士将开始使用数据分析进行决策。

这些专业数据分析人员以及一线的非专业的数据分析人士将从何处而来呢？我们认为，其中一些分析人士将毕业于不同大学的商学院和其他类似学院，这些大学一直在教授与统计和数据分析相关的课程。在过去的五年里，数百所大学增加了数据分析和数据科学方面的学位课程、学历课程和讲座。我们期望，有远见卓识的学校和他们的学生在今后将会更加注重数据分析能力的培训。专业的数据科学家还是会拥有多样化的学科背景，如计算机科学和物理博士等。因为到目前为止，数据科学的博士学位项目依旧非常少见。

公司还可能需要提供内部培训计划，对员工进行各式各样的数据分析和数据科学培训。比如，思科系统与两所大学合作，为感兴趣和有资质的员工提供了一个数据科学远程培训项目。该项目为期 9 个月，员工最后可以获得对应大学的数据科学证书。该公司的 200 多名数据科学家接受了这项培训并获得了学历认证，目前在思科系统的不同业务部门工作。思科还推出了一个为期两天的、由商学院教授授课的基础课程，课程内容包括什么是数据分析和数据科学，以及它们通常如何应用于商业问题。该课程还会讲到如何管理包括数据科学家在内的人力资源，以及如何分析公司产品是否具有竞争优势。

当然，并不是所有的员工都需要参与所有的数据分析活动。数据分析专业人员很可能不仅要成为定量分析方面的专家，还要成为一线分析师，以及工作和流程设计方面的专家。他们还可能需要为一线业务人员搭建信息环境，为业务人员提供分析和信息，使之能够有效地开展工作。正如一位数据分析师（他将这一概念称为“无处不在的商业智能”）所说：“事情的关键在于，如何把通常向公司管理层报告的相关信息也成功推送给广大员工。数据分析在公司不同层级的呈现形式有所差异，其目的是让员工能够专注于与其日常工作相关的数据信息。”

我们还预计，外包和离岸数据分析服务将大幅增长。其中一些数据分析服务已经以“数学工厂”的形式出现，如印度的穆西格玛。我们在第七章中指出，很难在数据分析师和公司高管之间建立数据分析决策所必需的广泛而密切的信任关系。然而，肯定也有一些数据分析工作不需要与公司高管密切互动。比如，后台算法的开发和优化、数据的清理和整合以及小规模实验的设计往往可以远程完成。印度、俄罗斯和中国都有大量受过数据分析培训的员工，他们无疑将在未来承担更多的数据分析工作。提供外包业务的海外公司也开始专注于此类服务。然而，如果说数据分析任务可以外包，那么它就越来越有可能通过机器学习等工具实现自动化。随着时间的推移，这可能会减少对外包数据分析服务的需求。

我们还预计，越来越多的公司将在其技术部门发展强大的数据分析能力。我们在前文已经描述了高德纳 2006—2016 年的调查发现。高德纳指出，商业智能或数据分析是公司的首要技术工作。正如我们在前几章中指出的那样，“更好的管理决策”也是安装了资源规划系统的大公司的第一目标。有了“首要工作”这一头衔的加持，首席信息官和其他技术主管自然会希望提高支持数据分析的技术能力。这意味着他们将大量聘请量化分析师、数据分析软件专家，以及在数据仓库和数据集市方面具有专业知识的技术专业人员。比如，宝洁公司就将这一功能作为整个技术框架的核心能力，同时将不太关键的能力外包给外部供应商。技术支持的业务部门，包括物流和供应链管理、营销，甚至人力资源，也将聘请具有强大技术能力的数据分析专家。未来，想要区分技术部门的数据分析人员和业务部门中的数据分析人员将会越来越困难。如果您有意学习一技之长，那么数据分析是个不错的选择。

随着整个公司的数据分析人员的增多，我们可以预计，在数据分析管理活动过程中也将需要更严格的架构和指导——无论是由人类进行管理还是由电脑进行管理。正如我们前面所指出的，数据分析工具当然永远不会告急，无论是电子表格、数据分析可视化系统、机器学习，还是其他形式的软件。然而，如果公司战略依赖于数据分析的结果，那么就必须以准确和专业的方式来完成数据分析。

公司该如何为具有战略意义的数据分析提供更优质的数据分析体系架构和更强大的人力资源支持呢？这个问题的答案不会是采用某种单一的方法，而是综合运用各种工具和方法。其中一种方法是利用软件进行数据分析，但同时需要让人类数据分析师知道软件对数据做出了哪些假设，使用了哪些统计分析方法，或者采用了什么数据可视化工具来实现数据汇总。数据分析软件还可以帮助数据分析师完成决策过程，要么实现自动化决策（人类可以推翻自动化决策的结论），要么确保人类决策者掌握了决策需要的全部信息。另一种方法是对公司员工进行深度培训。我们相信，大多数公司将从培训中受益，因为这样可以培养出更有能力的数据分析师，进而提高公司的现有数据分析技术。第三种方法是聘请一群数据分析“教练”，来帮助非专业的数据分析人士，确保非专业人士也能顺利地完成数据分析。对于那些会对财务业绩产生重大影响的数据分析工作，可能需要内部审计部门和外部审计师参与其中。毫无疑问，审计工作也出现了数据分析的态势。无论采取上述何种手段，公司都需要在员工中普遍建立起数据分析能力，并确保他们做好工作。正如我们之前所说的，一些领先的公司已经开始使用这些方法，通过构建数据分析中心来培养其员工的数据分析能力。

这种对人力资源的关注并不会在某些特定的数据分析阶段停止。许多公司打算开始自动化决策和操作，这将对以前执行这些任务的人员产生相当大的影响。托马斯·H. 达文波特和朱莉娅·柯比合著了一本书，详细介绍了人类如何提高机器智能的价值，因此我们不会在这里详细讨论这个话题。但是如何摆正人与机器之间的关系，以及如何利用机器智能来修正人类的工作流程和业务流程，显然将是未来的一项重要课题。

公司战略驱动的变革

我们预计，数据分析环境中的一些变化将由公司战略推动。随着越来越多的公司意识到大数据竞争的可能性，它们将在产品、服务和商业模式中突破传统数据分析的界限。比如，几乎每个数据和信息服务提供商都可能将数据分析作为提供给客户的增值服务。大数据本身已经成为一种商品，拥有数据的客户往往不具备自行分析数据的时间或人力。曾经主要专注于业务交易的软件，现在越来越多地将大数据分析收入囊中。

我们还希望看到更多提升产品和服务价值的数据分析服务。比如，在面向客户的业务流程中可以描述使用产品的最佳方式。我们在第三章中提到的高尔夫挥杆智慧分析仪，它能够显示高尔夫玩家的挥杆水平，这就是一个很好的例子。我们已经看到汽车（或至少是保险公司）开始显示司机开车的安全系数，医疗和健身跟踪器可以分析使用者的饮食和生活的健康程度，工业器械也开始显示设备的利用程度。就连通用电气和孟山都这样的工业公司现在也在销售产品或服务，来告诉客户如何更有效地使用他们的产品。当然，我们可能厌倦了这些过多的建议，但它们可能非常有用。

这一趋势是对客户和供应商提供数据分析潮流的绝佳反映。我们已经提到了一些公司，如沃尔玛，他们为客户或渠道合作伙伴提供数据分析信息。还有一些我们没有提到的公司，已经开始在一定程度上做到这一点。比如，万豪正在与其渠道合作伙伴（如在线和传统旅行社）以及主要公司客户共享数据分析信息。万豪的渠道合作伙伴能够获得关于定价、联合促销和库存情况的数据分析，万豪客户可以利用数据和分析进行旅程规划。我们预计，大多数公司会将其内部员工视为信息共享的对象，同时继续向供应商和客户提供越来越多的分析数据。

另一个战略发展趋势与数据分析的内容有关。到目前为止，大多数定量分析都是针对公司内部业务数据展开的，如库存单位、产品价格、客户情况等。然而，大多数公司都意识到，无论内部信息的数据分析做得多好，都只能体现出事物的一个方面。彼得·德鲁克在1998年评论说，管理层倾向于“关注公司内部成本和内部努力，而不关注外部的变化、机遇和威胁。”德鲁克说，之前不存在太多的外部信息，但现在这种外部信息实打实地存在着。无论是不是公司客户，对一家公司的评价、对行业趋势的关注，以及对可能影响未来的经济和社会发展的数据分析都与日俱增。任何希望掌控或至少对外部变化做出快速反应的公司，都必须将数据分析应用于这些外部场景。

到目前为止，我们还没有办法持续快捷地访问外部信息。人们通常只能对外部信息进行描述性分析，而且除金融行业外，很少有行业能对其有预测性或规范性分析。但这种结构化的信息系统——在军事和情报界被称为情态感知系统——开始在公司中渐露踪影。比如，几个城市的政府（如芝加哥的WindyGrid）和警方（纽约警察局的区域感知系统DAS）都正在使用这种系统。再比如，德勤公司分别为其高管和客户定制了不同版本的外部信息分析软件。托马斯推荐的一家叫作记录未来（Recorded Future）的公司通过对网络文本进行扫描和分析，更好地了解世界各地的人们在说什么、做什么，这家公司的竞争优势集中显现在情报和网络安全方面。此外，还有许多公司都在使用类似的方法来了解客户对产品和品牌的看法。

最后，我们预计，公司战略问题也将促使公司在数据分析和绩效考核中高度关注新的指标及其相互关系。我们从许多数据分析型企业那里听说，他们开始考虑将数据分析应用于独特的业务指标。具体而言，他们要么利用自己的独家数据发明新的指标，要么完善现有的指标。随着数据指标变得随处可见（比如，正如我们之前所讨论的消费信贷领域FICO指标，或是棒球运动的平均击球成绩），公司和其他机构可以超越这些普通的指标，达到数据分析的新境界。我们预计，人力资源和人才管理领域的活动将大量涌现，因为这些活动在过去相对没有被数据化衡量过。当然，一旦公司选择制定了指标，就必须把这些指标纳入既定的绩效考核和量化过程之中，并且探索和理解不同指标之间的关系。最为重要的是，这些指标必须整合到业务和管理决策过程中。单纯地制定一个衡量指标，并在一些数据分析中使用它，是远远不够的。

大数据竞争的未来

我们将在本书的最后展开想象，讨论今后的数据分析型企业会面临怎样的未来。这既是对数据分析型企业关键特征的总结，也是对数据分析行业发展的预测，因为数据分析型企业将不断巩固其竞争优势，持续领先于行业水平。

数据分析型企业将继续检视他们的公司战略和业务能力，从而了解他们可以从哪里获得大数据竞争优势。随着越来越多的公司加入大数据竞争，至少从表面上看，数据分析的重要性与日俱增。但最优秀的公司将专注于那些让自己脱颖而出的独特竞争力，并且关注数据分析将如何支持或推动其特殊的竞争优势。当这些公司通过数据分析巩固了自己最具独特优势的细分领域后，还将把数据分析运用于公司业务的其他部分。这些公司的座右铭是："如果一件事是值得做的，那么就值得对它进行大数据分析。"这些公司会把其他竞争对手尚未发觉的独特竞争优势纳入考量中。在确定如何量化相关指标后，它们将收集数据，并将基于数据的决策整合到日常工作流程中。

以谷歌公司为例。谷歌公司也许是当今全球开展数据分析最多的公司。但其他数据分析型企业在市场上的存在并没有让谷歌公司打退堂鼓。相反，谷歌公司在人工智能软件、独家地图数据、自动驾驶车辆数据分析、YouTube 视频分析等业务上屡创佳绩。谷歌公司从年龄排名算法开始发力，然后拓展其广告算法，但后来又成为人力资源分析、数字广告分析、风险投资等领域的佼佼者。不出意外，谷歌公司的表现将持续优于市场。

为了继续完善其数据分析能力，数据分析型企业将专注于其人力资源和技术层面。在人力资源方面，各家公司会努力进一步将数据分析纳入公司文化，并尽可能多地对假设进行检验。纽万塔于 2017 年对 50 家大公司高管进行的一项大数据调查显示，虽然公司发现大数据工作是成功的，在财务上是有回报的，但在那些拥有数据资源的公司中，如何营造崇尚数据分析的企业文化一直是个问题。对此，86% 的公司高管表示，他们的公司一直在不断努力，但只有 37% 的高管表示他们在这方面取得了成功。

不过，最优秀的数据分析型企业将不断努力，营造出崇尚数据分析的企业文化。公司高管将身体力行，以热忱的态度为数据分析策略和数据分析决策背书。公司的中层经理会不断地向下属施压，要求员工在提供数据或分析之后，才能采取重大行动。各级员工必须利用数据和分析做出决策和采取行动。数据和分析将会成为用来寻找公司发展的秘诀，而不会沦为办公室政治的武器。

在未来，数据分析型企业的管理者将不会是单纯意义上的“量化分析狂人”。他们将始终深入思考其分析模型和数据对公司业务产生的影响，并不断地重新审视数据分析模型背后的假设。如果某种类型的数据分析可以为整个行业实现收益，他们就会为公司的大数据竞争找到一些新的基础。当无法通过实验验证结论，或是无法通过收集数据进行分析时，他们会谨慎而有策略地凭直觉行事。此外，这些管理者会变得更有实验精神和创新精神，积极倡导机器学习和认知技术等新方法和新技术。他们将努力探索该如何将这些智能技术用于新的业务战略和模型，以及如何在每个项目中提高生产率。

这些数据分析型领导者无疑会受到其他想要进行大数据竞争的公司的青睐。如果他们的老东家足够聪明，就会给予这些数据分析狂人充分的职业认可和升职空间，让他们感到现有的工作既刺激又满足，从而避免因跳槽导致人才流失。

在这些公司，一直会有主要工作是进行数据开发和数据分析的员工（包括数据分析师和数据科学家）。这些数据分析人士要么在一个中央小组工作，要么呈高度网格化分布，但他们会分享工作方法和想法。他们还将努力培训公司员工，让大家了解数据分析模型和工具是如何支持和改进日常工作的。未来的数据分析型企业还将以外包或离岸数据分析的专业资源补充公司内部的数据分析资源。而这些公司会大胆地尝试自动化分析决策。同时，它们将特别关注自动化分析决策中真正耗费大量人力的部分：数据准备工作。

数据分析型企业将继续拥有从公司系统、销售网点系统和网络交易生成的大量数据，以及来自客户和供应商的各种类型的外部数据。它们会对数据进行科学的组织管理，并将其存储在数据仓库和以分布式计算为基础的数据湖中。这些企业将确保数据能在重要的业务领域中实现整合和协同。这些公司将构建支持自动报告和数据分析的综合数据分析软件包，其中既包括第三方软件，也包括独家开发的软件。在必须频繁、迅速地做出决策的领域，这些公司还会将数据分析嵌入自动决策系统中，并只允许其员工在特定条件下才能推翻自动化决策的结论。

最重要的一点是，数据分析型企业将不断寻找超越竞争对手的方法——它们会赢得最优质的客户，并向客户收取最合理的费用。它们将采用最高效的营销方案和促销活动，提供最出色的客户服务，并以赢得良好的客户忠诚度作为回报。它们的供应链将最为高效——既不会有冗余库存，也不会导致产品缺货。数据分析型企业还会将数据和分析整合到创新型产品之中。它们将拥有业内最优秀的人才，其员工将根据自己的实际贡献进行绩效考核。它们还将充分熟悉其内外部业务环境，并且能够提前预测、识别和诊断问题。数据分析型企业会赚得很多利润，赢得大数据竞争，或者解决世界上最紧迫的问题。

数据分析型企业将持续带领我们走向未来。